MÜTTER KLAGEN AN

CHRISTINA MUNDLOS

MÜTTER KLAGEN AN

Institutionelle Gewalt gegen Frauen
und Kinder im Familiengericht

BÜCHNER

ISBN (Print) 978-3-96317-332-5
ISBN (ePDF) 978-3-96317-891-7
ISBN (ePUB) 978-3-96317-892-4

Bildnachweis Cover: Basierend auf Käthe Kollwitz, ›Weiblicher Rückenakt auf grünem Tuch‹, 1903; Kunsthalle Bremen; © Kunsthalle Bremen – Der Kunstverein in Bremen

Satz und Umschlaggestaltung: DeinSatz Marburg | tn

Druck und Bindung: totem.com.pl, Inowrocław/Polen
Printed in EU

Bibliografische Informationen der Deutschen Nationalbibliothek

Die Deutsche Nationalbibliothek verzeichnet diese Publikation in der Deutschen Nationalbibliografie, detaillierte bibliografische Angaben sind im Internet unter http://dnb.de abrufbar.

www.buechner-verlag.de

Inhalt

Karoline Herfurth & Sonja Howard

Vorwort

Das Entsetzen in der Gesellschaft ist groß, wenn wieder einmal in einem der medial ausgeschlachteten Missbrauchsfälle herauskommt, dass eine Mutter schon jahrelang von den Taten wusste, oder vielleicht auch nur etwas ahnte, ihr Kind aber nicht geschützt hat. Ebenso bei Fällen häuslicher Gewalt. Da schlägt den Müttern völliges Unverständnis und sogar Hass entgegen, weil sie sich nicht »einfach trennen«.

Die Kommentare in den sozialen Medien überschlagen sich dann: »Ich würde sowas niemals zulassen! Wenn mein Kind sich mir anvertrauen würde, würde ich sofort zur Polizei gehen!«, »Ich würde meine Kinder nehmen und ins Ausland abhauen!« »Eine Ohrfeige und der Mann würde mich und die Kinder nie wiedersehen!«, »Wozu gibt es denn Frauenhäuser? In Deutschland muss niemand Gewalt aushalten!«.

Gleichzeitig stellt sich die Politik hin und fordert Menschen auf, hinzusehen, zuzuhören, ihr Bauchgefühl ernst zu nehmen, kindliche Aussagen ernst zu nehmen, sich Hilfe zu holen, schützend einzugreifen.

Doch wenn man sich einmal eingehender mit der Thematik befasst, wird man schnell feststellen, dass es überhaupt nicht so einfach ist, wie sich Politik und Gesellschaft das immer vorstellen. Wir leben in dieser Idealvorstellung eines funktionierenden Rechtsstaats, in dem Opfer zuverlässig geschützt werden. Wir gehen davon aus: Wer Hilfe sucht, bekommt sie auch. Und sollte sich ein Verdacht am Ende nicht bestätigen, würde das doch dem Hilfesuchenden niemals negativ ausgelegt werden. Oder?

Was passiert aber wirklich, wenn ein Kind seiner Mutter erzählt, dass der Papa es »angefasst« hat?

Vielleicht hat dieses Kind eine Mutter, die ohne weiter nachzudenken sofort handelt. Sie wendet sich ans Jugendamt, macht eine Meldung bei der Polizei, packt ihr Kind und verlässt die gemeinsame Wohnung.

Und plötzlich wird diese Mutter mit einem staatlichen System konfrontiert, das ihr schnell klar macht, dass »einfach so« überhaupt nicht einfach ist. Die Polizei wird zum Beispiel sagen, dass das Kind gar nicht als aussagefähig gilt, weil es noch zu jung ist. Somit steht die Aussage der Mutter gegen die Aussage des Vaters, das Verfahren wird eingestellt. Das Jugendamt sagt: »Naja, behauptet werden kann ja viel, wir schauen uns mal das Kind an«.

Und in den meisten Fällen von innerfamiliärem Missbrauch lieben die Kinder ihre Täter trotzdem und haben eine Bindung zu ihnen. Selbst in Fällen schwerster Gewalt gibt es eine Bindung. Eine Angst-Bindung zwar, aber die muss man als Außenstehender erstmal erkennen können. Es kann nämlich auch reiner Selbstschutz sein, wenn ein Kind lächelt und sagt: »Ich liebe meine Eltern«. Doch dazu müsste man ausgebildet sein und in einem Drittel der Studiengänge Soziale Arbeit ist Kinderschutz nicht einmal ein verpflichtendes Modul.

Wenn die Mutter dann das alleinige Sorgerecht beim Familiengericht beantragt, wird sie schnell merken, dass die wiederum sagen »Naja, es wurde kein Missbrauch festgestellt, es gibt keine strafrechtlich relevanten Gründe, Vater und Kind zu trennen und der Vater hat natürlich ein Recht auf Umgang.«

Wenn sie Pech hat, wird ihr der Missbrauchsvorwurf sogar zum Verhängnis. Denn nicht wenige staatliche Stellen werfen einer Mutter, die ihre Kinder schützen will, gern mal vor, das Ganze nur erfunden zu haben, um ihrem Ex-Partner zu schaden. Und dann kann sie das Sorgerecht sogar komplett verlieren.

Selbst in Fällen, in denen es ärztliche Gutachten oder rechtsmedizinische Untersuchungen gab und Gewalt nachgewiesen wurde, steht der Beschluss eines Gerichts über dem Kindeswillen und Kindeswohl. Weigert sich ein Kind, zu einem Elternteil zu gehen, wird es schon mal mit Polizeigewalt aus seinem Zuhause gezerrt und umplatziert. Somit steht diese Mutter, wenn alles schiefläuft, am Ende allein da und kann ihre Kinder überhaupt nicht mehr schützen. Im Gegenteil: Die Gewalt an ihren Kindern setzt sich auf institutionalisierter Ebene fort, wird dort nicht selten manifestiert.

Ein verbesserter Kinderschutz ist uns beiden ein sehr persönliches Anliegen und wir sind Christina Mundlos sehr dankbar, dass sie sich in ihrem

Buch dieses wahnsinnig komplexen Themas annimmt. Denn nach wie vor gibt es viel zu wenige FürsprecherInnen, die sich tief genug in die Materie einarbeiten, um überhaupt begreifen zu können, wie sich der deutsche Staat im Kinderschutz oft selbst im Weg steht.

Dieses Buch zeigt auf, dass das Patriarchat noch lange nicht ausgestorben ist und auch im Rechtsstaat nach wie vor auf Kosten der Kinder verteidigt wird. Es zeigt dorthin, wo wir ansetzen müssen für eine gewaltfreie Zukunft unserer Kinder. Es ist dringend notwendig, diese Mütter und besonders ihre Kinder nicht mehr alleine zu lassen, Licht in dieses Dunkel zu bringen und Mechanismen zu etablieren, die EntscheidungsträgerInnen ausbilden, weiterbilden und auch kontrollieren können. Es ist dringend notwendig, den Schutz von Kindern als eine gemeinsame, gesellschaftliche Aufgabe zu begreifen, die Lobby für Kinder zu stärken und die Institutionalisierung von Gewalt an Kindern mit gesammelter Kraft zu verhindern.

Zwei Bemerkungen vorab

In diesem Buch geht es um ganz verschiedene Formen von Nachtrennungsgewalt und institutioneller Gewalt. Deshalb muss hier eine **Triggerwarnung** ausgesprochen werden. Auch starke Gemüter können von den Berichten in diesem Buch verstört werden. Und auch wenn dies nicht das Ziel des Buches ist, ist es vermutlich notwendig, damit endlich eine breite Front gegen die institutionelle Gewalt protestiert und die Politik endlich beginnt, Frauen und Kinder vor Gewalt zu schützen, statt sie auch noch selbst an ihnen zu verüben. Ein Tipp, den ich auch beim Schreiben des Buches beherzigen musste: Es ist keine Schande, wenn man Pausen einlegen muss. Die Inhalte des Buches sind schwere Kost, die nicht an einem Tag verdaut werden können.

Im Folgenden werden diverse Gewaltformen explizit benannt. Darunter

Psychische Gewalt	Zwangskontrolle	Demütigungen
Vergewaltigung	Häusliche Gewalt	Stalking
Finanzielle Gewalt	Körperliche Gewalt	Beleidigung
Sexualisierte Gewalt	Kindesmisshandlung	Verleumdung
Kindesmissbrauch	Institutionelle Gewalt	

Ein zweiter Hinweis vorweg: Es geht in diesem Buch um Mütter, die Gewalt im familiengerichtlichen System erlebt haben. Es gibt natürlich auch Väter, die ihre Behandlung als ungerecht beschreiben. Doch wir leben im Patriarchat. Diese Fälle sind daher nicht vergleichbar. So wie auch bei Gewalt-Studien immer festgestellt wird, dass es zwar zu einem gewissen Teil auch Täter*innen* gibt. Die Gewalt der Frauen kann jedoch nicht mit der Gewalt gleichgestellt werden, die von Männern ausgeht. Schwere Gewalt bis hin zu Femiziden geht von Männern aus. Väter sind in unserer Gesellschaft ansonsten privilegierte Menschen in einem System, das in der Regel für sie arbeitet und sie allein aufgrund ihres Geschlechts bevorzugt. Mütter werden im Patriarchat ausgebeutet, geringgeschätzt und haben aufgrund ihres Geschlechts wenig Chancen auf Gerechtigkeit oder Gleichbehandlung. Alle Personen, mit denen sie zusammentreffen, sind im Patriarchat sozialisiert. Und wir wissen, dass es schon da losgeht, wo Frauen unterbewusst als weniger kompetent eingeschätzt werden. Es gibt Studien, die belegen, dass ÄrztInnen Schmerzen bei Frauen bei gleicher Intensität weniger ernst nehmen als bei einem Mann und ihnen weniger Schmerzmittel verabreichen.[1] Das Vorurteil, Frauen wären hysterisch und zimperlich, hält sich trotzdem hartnäckig. Wenn Väter nun einmal Ungerechtigkeit erleben, was also auch noch selten vorkommt, ist das nicht vergleichbar mit den Rahmenbedingungen, in denen Mütter sich bewegen. Gleichzeitig ist bekannt, dass Männer bereits Gleichberechtigung als Benachteiligung empfinden.

Für Männer ist ein absolutes Ungleichgewicht zu ihren Gunsten der Standard, an den sie gewöhnt sind. Nicht jedes Mal, wenn ein Mann schreit »Ungerecht!«, ist es das auch wirklich. Viele Männer fühlen sich ja schon davon bedroht, wenn Frauen in der Sprache mitgenannt werden sollen. Würden nun die Männer gar nicht mehr genannt, sondern nur mitgemeint (so wie es Frauen lange Zeit ging und bis heute oft noch geht), gäbe es einen riesigen Aufstand. Frauen sind gleichzeitig an Geringschätzung, Nicht-Gehört-Werden, Weniger-wert-Sein, Mehr-Machen-Müssen für die gleiche Entlohnung etc. gewöhnt. Über Ungerechtigkeiten beschweren sie sich meist erst, wenn sie noch viel schlimmer ist als die übliche Benachteiligung. Es gibt also viele gute Gründe, hier nur von den Erfahrungen der Mütter zu schreiben. Ebenso halte ich es auch in meinem Coaching. Anders als manch anderer Coach berate ich tatsächlich ausschließlich Mütter. Ich kann für die Mütter nur eine wirkliche Unterstützung sein, wenn ich parteiisch für Frauen bin. Das ist mein Anspruch. Es steht Vätern frei, sich anderswo Unterstützung zu holen – oder ihre eigene Rolle bei der Lektüre dieses Buches erstmal zu reflektieren. Und so wie es Kardiologinnen oder Neurologinnen gibt, gibt es eben auch Expertinnen für die Benachteiligung und Diskriminierung von Frauen. Solch eine Expertin bin ich und daher geht es hier auch um diese Formen von Benachteiligung und Gewalt gegen Frauen. Darum ging es in meinen letzten sieben Büchern und darum geht es also auch in diesem Buch.

Kapitel 1
Einleitung

Deutschland hat ein enormes Problem mit Gewalt an Frauen und Kindern. Die größte Gefahr geht dabei aber nicht vom Fremden auf dem dunklen Parkplatz aus. Die größte Gefahr stellen Männer aus dem engsten Umfeld dar – am häufigsten die eigenen (Ex-)Partner.[1]

Seit einigen Jahrzehnten können Frauen sich leichter trennen oder scheiden lassen, als dies noch vor fünfzig oder sechzig Jahren der Fall war. Doch es gilt: Die Zeit nach einer Trennung ist die gefährlichste im Leben einer Frau. Ganz gleich, ob die Partnerschaft nicht mehr funktionierte, ob er oder sie sich getrennt hat oder ob die Trennung stattfand, weil es bereits in der Beziehung zu Gewalt gegen Frau oder Kinder kam. Spätestens die Zeit rund um die Trennung lehrt viele Frauen das Fürchten. Diese psychische und körperliche Gewalt während und nach der Trennung nennt man Post-Separation Abuse oder auch Nachtrennungsgewalt.

Der ehemalige Partner entpuppt sich als Psychopath, der allein aufgrund der Trennung eine derartige (narzisstische) Kränkung erlebt, dass ihn fortan nur ein Wunsch antreibt: die Ex-Frau zu zerstören. Die Kinder sind diesen Vätern nicht nur herzlich egal. Sie werden fast immer instrumentalisiert, als Kollateralschaden bewusst in Kauf genommen oder gezielt vernachlässigt und verletzt, um der Mutter wehzutun. Denn wie könnte man einer Mutter mehr zusetzen, als wenn man ihre Kinder bedroht, vernachlässigt, entführt, verprügelt oder sexuell missbraucht – ohne dass sie dagegen etwas unternehmen könnte?

Rund 120 000 Fälle häuslicher Gewalt von (Ex-)Partnern gegen Frauen hat das BKA 2020 gezählt.[2] Die Zahlen steigen seit Jahren. Und natürlich sind das ausschließlich die Fälle, die vom BKA überhaupt erfasst werden (können). Eine Studie von 2014 legt dar, dass in 20 Prozent der aktuellen Paarbeziehungen »relevante und folgenreiche Formen von körperlicher, sexueller und psychischer Gewalt gegen Frauen vorkommen«[3]. In 6 Prozent der Beziehungen handelt es sich sogar um schwere Gewalt. Männer, die während der Beziehung gewalttätig waren, sind auch im Kontext einer Trennung gewalttätig. Zu ihnen gesellen sich diejenigen hinzu, die nach der Trennung erstmals offen gewalttätig werden. Dazu passt, dass 30 bis 40 Prozent der Frauen angeben, nach einer Trennung schon körperliche und/oder sexuelle Gewalt erlebt zu haben.[4] Psychische Gewalt ist hier noch nicht einmal inbegriffen.

Einige Frauen und Kinder überleben die Gewalt nicht. Jeden dritten Tag stirbt in Deutschland eine Frau durch Männergewalt – häufig nach einer Trennung.[5] Andere flüchten ins Frauenhaus: 34 000 Frauen und Kinder suchen dort jährlich in Deutschland Schutz.

Damit aber nicht genug. Wenn gemeinsame Kinder im Spiel sind, haben die Mütter fast keine Chance, sich und die Kinder tatsächlich zu schützen. Ganz im Gegenteil: Sie werden vom Staat zum Täter-Kontakt gezwungen. Das Recht des Vaters an dem von ihm mitgezeugten Kind wiegt um ein Vielfaches schwerer als der Gewaltschutz für Mutter und Kind. Das gilt auch, wenn die Gewalt durch den Vater nachgewiesen ist und ebenfalls nach sexuellem Missbrauch des eigenen Kindes. Diese frauen- und kinderfeindliche Praxis treibt mitunter derartige Blüten, dass AnwältInnen Müttern inzwischen raten, die Gewalt bloß nicht vor Gericht zu thematisieren.[6] Nun fragt man sich: Wie können diese Rechtsversteher nur? Darauf gibt es eine einfache Antwort: Sie wissen, dass Mütter, die ihre Kinder vor Gewalt schützen wollen und diese Gewalt thematisieren, nicht selten im schlimmsten Fall ihre Kinder ganz verlieren. Von einem Schutz vor weiterer Gewalt kann nicht die Rede sein. Dies bestätigen auch Kinder- und HausärztInnen, so beispielsweise die 37 MedizinerInnen, die in einer Studie des Soziologen Dr. Wolfang Hammer Hinweise auf Gewalt dokumentiert hatten.

Familiengerichte, Jugendämter, VerfahrensbeiständInnen & Co. sitzen nämlich einem absurden Glauben auf, wenn eine Mutter von väterlicher Gewalt spricht: Weist der Vater die Vorwürfe zurück, wird angenommen, dass Mutter und Kinder lügen und der Vater die Wahrheit sagt. Folglich müsse der Mutter das Sorgerecht entzogen werden, da sie böswillig versuche, das Kind vom Vater fernzuhalten, es zu seinen Ungunsten zu manipulieren und es sogar zum Lügen angestachelt habe. Gibt der Vater zu, dass er gewalttätig war, oder ist die Gewalt nachgewiesen durch ZeugInnen oder vorhergehende Urteile, werden entweder Belege und sogar Geständnisse ignoriert oder es folgen Aussagen wie »Ein gewalttätiger Vater ist besser als gar kein Vater« oder auch »Hängen Sie mal nicht so an der Vergangenheit, wir wollen in die Zukunft schauen«.

Doch was für eine Zukunft soll das sein? Kann die Mutter nicht freudig in eine gewaltvolle Zukunft für sich und ihre Kinder schauen, gilt sie als unkooperativ und psychisch krank. Als Nächstes werden ihr Bindungsintoleranz, Vater-Kind-Entfremdung oder eine psychische Erkrankung namens Münchhausen by proxy (im Deutschen Münchhausen-Stellvertretersyndrom) vorgeworfen.

Was hat es mit diesen Begriffen auf sich? Weshalb schützen Jugendämter und Familiengerichte nicht Kinder und Mütter? Welche Verantwortung hat die Politik? Und wie können Mütter sich in diesem patriarchalen System überhaupt bewegen, solange die Politik nicht eingreift?

Um diese Fragen geht es in den nächsten Kapiteln.

Den Zuschauenden von außen muss sich auch folgende Irritation förmlich aufdrängen: Mütter erledigen auch heute noch ungebrochen den Großteil der Fürsorgearbeit. Sie versorgen, fördern und hüten die Kinder, sie erledigen den Haushalt, sie managen die Vereinbarung von Terminen und To-dos der ganzen Familie und tragen damit die sogenannte Mental Load. Väter, die den Müll rausbringen? Die »helfen« *ihr* bei der Hausarbeit. Sie helfen. Sie tragen nicht die Verantwortung. Sie übernehmen nicht gleichberechtigt 50 Prozent der Aufgaben, Belastungen und Organisationsakrobatik. Die Verantwortung für die Carearbeit liegt größtenteils bei Frauen.

Während der Ehe oder Beziehung ist den Vätern die Aufgabenteilung nur allzu recht. Wobei das Wort »-teilung« schon mehr suggeriert, als sich dahinter oft verbirgt, denn häufig geht es um eine Nicht-Teilung. Die Mutter ist fast immer die engste Bezugsperson der Kinder. Auch dazu hört man von Vätern keinerlei Klagen. Im Gegenteil.

Kaum kommt es allerdings zur Trennung zwischen Mutter und Vater, haben die Väter plötzlich allergrößte Zweifel an der Eignung der Mutter. Natürlich: Dass eine Mutter sich von ihrem Partner trennt, ist wirklich suspekt – liegt nahe, dass sie nicht mehr ganz bei Trost ist und einen schädlichen Einfluss auf die Kinder ausübt. Wer könnte diesen Mann als Partner ablehnen? Richtig: nur eine Verrückte. Klingt lustig? Ist aber so. Das ist das Frauenbild unserer Justiz im Jahr 2022.

Deutsche Familiengerichte veranlassen daher jedes Jahr Hunderttausende von Gutachten, um die Tauglichkeit der Mütter zu überprüfen. Innerhalb eines Jahres kommt es zu 270 000 Gutachten an deutschen Familiengerichten![7] Zum Vergleich: In Zivil-, Arbeits-, Finanz- und Verwaltungsgerichten wurden insgesamt lediglich 30 000 Gutachten angeordnet.[8] Um sich klarzumachen, was das für eine enorme Zahl ist, braucht es ein Gedankenspiel: Setzen wir sie einmal in Bezug zu der Anzahl der Kinder eines Geburtsjahrgangs: 2015 wurden 270 000 Gutachten erstellt. Sechs Jahre zuvor, im Jahr 2009, wurden gerade mal rund 665 000 Kinder geboren. Ein Gutachten betrifft, je nach Familie, aber auch mal mehrere Kinder.[9] Es müsste also mehr Kinder in Deutschland geben, die irgendwann familiengerichtlich begutachtet werden, als Kinder, die eine solche Begutachtung nicht erleben!

Viele dieser Gutachten werden erst nach Trennungen durchgeführt, meist weil die Frage im Raum steht, ob die Mutter den Kindern schadet (oder vielmehr dem Vater), ob sie die Kinder im Sinne des Vaters erzieht oder ob sie die Kinder zum Nachteil des Vaters beeinflussen würde.

War also für den Vater in der laufenden Beziehung die Mutter die beste Betreuerin und Versorgerin der Kinder, ändert sich dies schlagartig mit der Trennung. Ebendiese Väter ziehen nach dem Ende der Paarbeziehung vor das Familiengericht, da sie angeblich der Ansicht sind, die Mutter wäre nun die schlimmstmögliche Bezugsperson für den Nachwuchs. Ja, die Mutter wäre sogar derart miserabel geeignet, dass ihr die Kinder weggenommen oder ihr Kontakt zu Letzteren vollständig eingestellt werden müsste. Eine Zunahme der Sorgerechtsverfahren von insgesamt rund 25 Prozent im Zeitraum von 2010 bis 2019 zeichnet ein ähnliches Bild.[10]

Was den Vätern nicht gefällt, ist aber, dass die Mutter es gewagt hat, sich von ihnen zu trennen. Sie wird zur Persona non grata. Mit der Erziehung der Kinder hat das nichts zu tun. So langsam dämmert einem, weshalb sich die Mütter von diesen Vätern getrennt haben. Dass nicht spätestens hier Tausenden von RichterInnen, VerfahrensbeiständInnen, GutachterInnen und Jugendämtern die Haare zu Berge stehen, lässt ernsthafte Zweifel an unserem familiengerichtlichen Justizsystem und der deutschen Jugendhilfe aufkommen! Nur geht die Geschichte noch weiter: Gericht, Jugendamt &

Co. folgen vollständig der Argumentation des Vaters und treten eifrig in die Pedale der Maschinerie, die auch als Gutachtenmafia bezeichnet wird. Profitieren tun sie letztlich alle, denn mit dem Hass der Väter und dem Mütter-Bashing lässt sich sehr viel Geld verdienen.

Das Patriarchat sitzt tief. Offenbart sich doch hier sehr genau, dass der Vater immer noch der »Herr im Hause« oder der »Kopf der Familie« ist. Als wären sie Chef einer Firma, in der die Kinder das Produkt sind und die Frauen die Angestellten. Sie dulden, nein sie wünschen sogar, dass die Mütter die Carearbeit erledigen und sich hingebungsvoll um die Kinder kümmern. Kommt es jedoch zur Trennung der Angestellten vom Chef, fliegt diese aus der Firma raus und das Produkt gehört dem Chef.

Wenn wir Vätern nach einer Trennung zugestehen, dass sie ganz nach Gutdünken die engste Bezugsperson ihres Kindes frei wählen und die Mutter getrost entsorgen dürfen, dann nur, weil sie diese Position auch schon in der Beziehung hatten.[11] Deutschlands Mütter sind Angestellte, die jederzeit fristlos entlassen werden können. Insbesondere wenn sie dem Chef nicht mehr für eine (sexuelle) Beziehung zur Verfügung stehen (wollen). Das heißt: Rechtlich gesehen ist eine Trennung oder Scheidung für Frauen erlaubt. Faktisch ist es ein Selbstzerstörungskommando. Sie riskieren immer, dass man sie als Mutter ihres Amtes enthebt.

Nicht immer geht es darum, die Kinder aus dem Haushalt der Mutter zu entfernen. Doch es geht immer um Kontrolle über die Mutter. Und mit der Drohung, man könne ihr jederzeit die Kinder ganz wegnehmen, werden Mütter oft genug gefügig gemacht. Und diese Drohung steht nicht nur als theoretische Option im Raum. Immer wieder wird sie von RichterInnen und anderen Verfahrensbeteiligten ausgesprochen. Gerne zum Beispiel, um die Mutter zu einem Wechselmodell zu zwingen, bei dem die Kinder rund 50 Prozent der Zeit beim Vater leben und die Mütter daher meist keinen Unterhalt mehr erhalten.

Jugendämter, Verfahrensbeistände und RichterInnen sind mehr und mehr durch sogenannte Väter-Lobbys geschult und entsprechend eingenordet. Dabei haben Väterrechtler schon vor Jahrzehnten eine geschickte Strategie entwickelt, um Mütter zu entsorgen oder zu zerstören. Orientiert an den Fantasien und Theorien von Richard A. Gardner – dem Unterstützer aller Pädokriminellen – entstand in den 1980er Jahren eine Art standardisiertes Vorgehen für Väter und gleichzeitig die entsprechende Beeinflussung der EntscheiderInnen in familienrechtlichen Angelegenheiten. Dessen Ziel: Vätern auch bei Gewalt und Missbrauch an den Kindern weiterhin umfangreichen Zugang zu ihren Opfern zu ermöglichen.

Zur selben Zeit entdeckte man in Pädagogik und Psychologie die Bindungs- und Bedürfnisorientierung, die im Laufe der letzten Jahrzehnte immer wichtiger wurden. Das sogenannte Attachment Parenting ist längst *der* Mainstream-Erziehungsstil in Mütterzeitschriften, -blogs und -büchern.

Müttern wird also beigebracht, ihren Kindern zugewandt zu sein, sich in sie hineinzuversetzen, hochempathisch auf ihre Bedürfnisse einzugehen und maximale Gewaltfreiheit zu leben (bis hin zu dem Punkt, wo Säuglinge vor dem Wickeln gefragt werden, ob sie gewickelt werden dürfen).

Im Familiengericht ist davon nichts bekannt. Auch nicht im Jugendamt. Im Gegenteil. Dank der Beeinflussung durch die Väterrechtler ist den Behörden eine gute Mutter-Kind-Bindung sogar ein Dorn im Auge und höchst suspekt.

Was Sie in diesem Buch lesen werden, klingt eigentlich so unglaublich, dass es schwer vorstellbar ist. Ich kann versichern: das Einzige, was hier wirklich *unglaublich* ist, ist die Tatsache, dass Täter-Väter von deutschen Gerichten, Jugendämtern und weiteren Verfahrensbeteiligten bei der Gewaltausübung unterstützt werden.

Schlimmer noch: Was Familiengerichte und Behörden Kindern antun, ist eine der schrecklichsten Formen von Gewalt. Sie setzen die Gewalt, die die Kinder psychisch und physisch bereits durch ihre Väter erlebt haben, nahtlos fort. Das ist eine Menschenrechtsverletzung! Und was könnte hilfloser und verzweifelter machen als die Tatsache, dass man Gewalt erlebt hat und dann vergebens auf Hilfe aus dem Justizsystem wartet? Dass man sogar als schutzloser, abhängiger, kleiner Mensch erfährt, dass unsere Justiz den Tätern weiter Zugang zu ihren Opfern ermöglicht. Selbst nach aktenkundiger Gewalt und sexuellen Übergriffen werden Kinder gezwungen, weiter Kontakt zu den (Pädo-)Kriminellen zu haben. Mütter haben aktuell keine guten Chancen, sich und ihre Kinder zu schützen, wenn sie selbst oder die Kinder Gewalt durch den Vater erlebt haben. Dies ist auch der Grund weshalb unser Justizsystem Femizide nicht verhindert, sondern erleichtert – und Femizide sind nur die Spitze des Eisbergs.

Nachtrennungsgewalt hat viele Gesichter. Nicht immer kommt es zu körperlicher Gewalt, manchmal handelt es sich auch um übelste Belästigungen, Beleidigungen, Bedrohungen, Verleumdungen und alle Facetten psychischer Gewalt, die man sich vorstellen kann. Die Opfer sind aber nicht weniger schwer traumatisiert, wenn der Vater regelmäßig Mutter und Kindern vor Schule, Supermarkt oder Wohnung auflauert, abends durchs Küchenfenster reinstarrt und täglich Morddrohungen ausspricht.

Zwangskontrolle, Gaslighting[12], finanzielle Gewalt – in den meisten Fällen ist es eine bunte und gefährliche Gewaltmischung. Nicht selten führt das dazu, dass am Ende Kinder und Mutter in Therapie sind – während der offensichtlich psychopathische Täter untherapiert bleibt.

Im nachfolgenden Kapitel werde ich die Hintergründe und Abläufe genauer vorstellen, die den Boden für institutionelle Gewalt und Fehler in unserer Justiz bereiten. Dabei werden auch einige Fachbegriffe eingeführt, die ich anschaulich erläutere, da sie zum Verständnis des Themas wichtig sind. Im dritten Kapitel folgen 16 ausführliche Erfahrungsberichte von betroffenen Müttern. Anschließend kommen Expertinnen und Experten zu Wort, die das System und die Entstehung der Gewaltspirale aus ihrer Perspektive erläutern und notwendige Veränderungen ansprechen. Über die Folgen für Mütter, Kinder und die gesamte Gesellschaft, die aus den Missständen in Justiz und Jugendhilfe resultieren, informiere ich im fünften Kapitel. Darauf folgen wichtige Tipps und Hinweise für Mütter, die auch Bestandteil meines Coachings sind und die sich im Umgang mit einer ungerechten und frauenfeindlichen Institution bewährt haben. Am Ende werden schließlich Lösungen von der Politik nicht nur eingefordert, sondern bereits konkrete Maßnahmen vorgestellt, die besser gestern als heute umgesetzt werden müssen. Strukturelle Veränderungen sind notwendig, denn es handelt sich hier nicht um ein paar bedauernswerte »Ausreißer«:

Täterschutz und Mittäterschaft statt Kinderschutz – das beschreiben immer mehr alleinerziehende Mütter. Wer sich die Berichte im Rahmen der White Lily Revolution[13] ansieht oder auch die Studie von Dr. Wolfgang Hammer[14], weiß, dass es sich *nicht* um Einzelfälle handelt. Die Gewalt im System hat System.

Kapitel 2
Hintergrundwissen

Um zu verstehen, wie es in Familiengerichten zu Haltungen, Äußerungen und Entscheidungen kommt, die dem Kindeswohl diametral entgegenstehen, müssen die dahinter verborgenen Entwicklungen und Theorien erläutert werden. Daher folgt nun erstmal ein kurzer »Ritt« durch die Gewaltformen, von denen Mütter und Kinder betroffen sind. Außerdem beschreibe ich die Theorien und Beeinflussungen durch die Väterrechtler sowie ihre Auswirkungen auf Politik und Familienrecht.

Nachtrennungsgewalt (Post-Separation Abuse)

Es gibt diverse Gewaltformen, die Mütter durch ihre (Ex-)Partner, die Gesellschaft und die Verfahrensbeteiligten erfahren. In den meisten Fällen vermischen sich dabei verschiedene Arten von Gewalt. Es ist mir kein einziger Fall bekannt, in dem es nicht zu mindestens einer Form von Gewalt gegen die Mütter und Kinder kam. In einigen Fällen kommt es schon lange vor der Trennung zu Übergriffigkeiten, Vergewaltigung, häuslicher Gewalt etc. In anderen Fällen beginnt die Gewalt für die Opfer – zumindest bewusst – erst nach der Trennung. Alle Formen von Gewalt, die durch einen Ex-Partner an Müttern und Kindern verübt werden, fallen unter den Begriff der Nachtrennungsgewalt bzw. des Post-Separation Abuse.

Der Fokus des Buches liegt zwar auf der Nachtrennungsgewalt, aber die Gewalt, die Mütter und Kinder vor der Trennung erlebt haben, hat ebenfalls Einfluss auf die familiengerichtlichen Verfahren – am häufigsten dergestalt, dass sie ignoriert wird: Mütter und Kindern wird eine Traumatisierung nicht zugestanden – und damit zugleich weder eine berechtigte Distanzierung noch Schutz. Hierdurch wird Nachtrennungsgewalt oft erst möglich.

Der Gewaltschutz für Frauen und Kinder hat vor Gericht meist zurückzustehen vor dem Recht des Vaters auf das Kind. Und letztlich auch vor dem Recht des Vaters auf die Mutter, weil er sie vom Gericht zum Kontakt zwingen kann, weil er grundlegenden Entscheidungen über ihr Leben zustimmen muss oder sie auch ablehnen kann. Mütter und Kinder werden so zu Geiseln der Väter. Und während Gewalt- und Kinderschutz in der Regel einigermaßen greifen, wenn die Gewalt von Fremden ausgeht, werden sie den Betroffenen viel zu oft versagt, wenn es um einen Vater und Ex-Partner geht. Hierdurch kommt es zur faktischen Unantastbarkeit gewalttätiger Väter.

Deshalb sind nicht alle Väter gewalttätig, aber gewalttätige Väter sind daher ein sehr großes Problem. Sie haben Narrenfreiheit und können den deutschen Rechtsstaat bemühen, um sich ihre Opfer quasi noch frei Haus liefern zu lassen. So heißt es auch im Alternativbericht des Bündnisses Istanbul-Konvention:

»Die Synchronisierung von Gewaltschutz und Kindschaftsrecht ist weder im Recht noch in der Praxis gelungen. Gewalttaten gegen Frauen und Kinder und Missbrauchsfälle gegen Kinder werden bei Entscheidungen in Kindschaftsverfahren gegenüber den Rechten der gewalttätigen Person nicht in den Vordergrund gerückt.«[1]

Trennungen sind für Frauen gefährlich. Bei jeder zehnten Trennung kommt es zu Gewalt gegen Frau und/oder Kinder durch den Ex-Partner.[2] Für Mütter ist die Lage noch bedrohlicher als für kinderlose Frauen bzw. Frauen, die keine gemeinsamen Kinder mit dem Ex-Partner haben. Fast die Hälfte der Mütter, nämlich 41 Prozent, und 15 Prozent aller Kinder wurden vom Kindsvater während der Umgangszeiten oder Übergabesituationen körperlich angegriffen.[3] Femizide und Kindstötungen stellen die größte Eskalation von Nachtrennungsgewalt dar.

»In 27 % der Fälle wurde die Drohung ausgesprochen, die Kinder zu entführen, in 9 % der Fälle wurden die Kinder tatsächlich entführt. In 11 % der Fälle wurde versucht, die Frau zu töten.«[4]

Dass Trennungen für Frauen derart riskant und lebensbedrohlich sind, liegt daran, dass Männer, mit denen Frauen Beziehungen führen, eine Gefahr darstellen. Man kann sich nicht vor Trennungen schützen und sollte das Beenden einer Beziehung auch nicht problematisieren. Männer, die nach einer Trennung gewalttätig werden, sind auch als Partner gefährlich. Entweder weil sie auch in der Beziehung gewalttätig sind. Oder weil Frauen, die Beziehungen mit diesen Männern führen, befürchten müssen, dass eine Trennung tödlich verlaufen kann. Folglich leben auch viele Frauen in Beziehungen mit Männern, die aktuell nicht gewalttätig sind, nach einer Trennung aber ihr wahres Gesicht offenbaren. Nicht die Trennung ist das Problem. Die Männer sind es.

Nachfolgend gebe ich einen Überblick über verschiedene Formen der Gewalt, denen Mütter und Kinder ausgesetzt sind.

Häusliche Gewalt

Mit häuslicher Gewalt werden diverse Gewalttaten bezeichnet, die innerhalb einer Partnerschaft oder Familie verübt werden.[5] Sie umfasst körperliche, aber auch psychische Gewalt, welche wiederum viel zu selten wirklich erfasst wird. In den meisten Fällen sind die (Ex-)Partner und Väter die Täter, während Frauen, Mütter und Kinder vor allem die Opfer sind. Die Juristin und Kriminologin Prof. Dr. Susanne Nothhafft spricht davon, dass es bei häuslicher Gewalt vor allem um »Macht, Kontrolle und Dominanz« geht.[6] Häusliche Gewalt ist häufig ein Symptom toxischer Männlichkeit. Je patriarchaler eine Gesellschaft, desto mehr häusliche Gewalt. In Deutschland ist sie derart weit verbreitet, dass wir es in jeder fünften aktuellen Beziehung mit häuslicher Gewalt zu tun haben!

Studien zeigen, dass etwa jede vierte Frau irgendwann Opfer körperlicher und/oder sexueller Gewalt durch einen (Ex-)Partner wird. Es ist jedoch davon auszugehen, dass es keine Studie gibt, die Frauen am letzten Tag ihres Lebens befragt – wobei sicher eine höhere Zahl herauskommen würde. Befragt man beispielsweise Frauen zwischen 30 und 60, dann sind all jene Gewalttaten nicht erfasst, die erst nach der Befragung in den nächsten Lebensjahrzehnten stattfinden. Häusliche Gewalt ist also kein Randthema. Sie existiert mitten unter uns. Jede/r von uns kennt garantiert mehrere Frauen, die schon Gewalt durch einen (Ex-)Partner erlebt haben. Auch wenn wir oft nichts davon wissen.

Es gibt einige Mythen, die sich um häusliche Gewalt vor allem in Zusammenhang mit Sorge- und Umgangsverfahren ranken. Die Wichtigsten will ich hier kurz benennen:

Insbesondere wenn Mütter in Gesprächen mit Jugendamt oder Verfahrensbeistandschaft häusliche Gewalt erwähnen, gerät ihnen dies oft zum Nachteil. Wie kann das sein? Viele »Profis« aus dem System sind der Ansicht, häusliche Gewalt sei eine absolute Seltenheit – vor allem in familiengerichtlichen Verfahren. Damit liegt für sie der Verdacht nahe, dass die Mutter sich die Gewalt nur ausgedacht hat. Sie halten die Wahrscheinlichkeit, dass eine Mutter sich häusliche Gewalt ausdenkt für viel wahrscheinlicher, als dass sie und ihre Kinder tatsächlich welche erleiden mussten.

Frühere Studien belegen hingegen, dass die Zahl der Fälle am Familiengericht, bei denen Väter gewalttätig sind oder waren, bei 25 bis 50 Prozent liegt.[7] Aktuellere Untersuchungen zahlreicher Studien aus Großbritannien zeigen sogar, dass häusliche Gewalt 50 bis 63 Prozent aller Familien in Sorgerechts- und Umgangsverfahren betrifft. Die überwältigende Mehrzahl der Täter: die Väter.[8]

Außerdem ist die Annahme, dass Mütter am laufenden Band lügen würden, um Fälle am Familiengericht zu gewinnen, ebenfalls falsch. Es sind nur 1,3 Prozent. Tatsächlich sind es viel häufiger Väter, die falsche Angaben machen. Nämlich 21 Prozent.[9]

Hinzu kommt, dass wir alle Bilder vom Prototypen eines Vaters, der Frau und Kinder schlägt, im Kopf haben. Wir denken an einen ungehobelten, ungepflegten Proleten aus der unteren Bildungsschicht mit Bierdose in der Hand. Doch Männer sind durch alle Gruppen und Klassen gewalttätig. Gerade Professoren, Ärzte, Polizisten und Lehrer werden nicht als Gewalttäter gesehen, wenn sie dem Jugendamt die Tür zu einem schicken Haus öffnen und freundlich und eloquent wirken. Für Mütter ist es dadurch noch schwerer, sich vor diesen sozial angesehenen Tätern zu schützen.

Ein weiteres Problem, über das Mütter oft stolpern, wenn sie es mit dem Familiengericht oder Jugendamt zu tun haben: Wenn der Vater körperliche Gewalt (bislang) nur gegen die Mutter gerichtet hat oder zumindest keine körperliche Gewalt gegen die Kinder nachgewiesen werden kann, dann interessiert das die »Profis« ungefähr so sehr wie der berühmte Sack Reis in China. »In der Praxis wird das Miterleben von Gewalt durch Mädchen und Jungen nicht per se als Kindeswohlgefährdung behandelt.«[10] Gewalt gegen die Mutter wird häufig nicht als Gewalt gegen die Kinder erkannt. Dabei belegen Untersuchungen, dass Gewalt gegen die Mutter ein Vorbote für Gewalt an den Kindern ist.[11] Auch nach einer Trennung der Eltern kann häusliche Gewalt gegen die Mutter als sogenannter »Prädiktor« von – man könnte sagen: als Hinweis auf – Gewalt gegen die Kinder angesehen werden. »60 Prozent der Kinder erfahren beim Umgang mit einem Elternteil, das häusliche Gewalt ausgeübt hatte, selbst Gewalt.«[12]

Und was genauso wichtig ist: Kinder sind ZeugInnen der Gewalt und folglich selbstverständlich ebenfalls traumatisiert, wenn ihre Mutter als engste und wichtigste Bezugsperson geschlagen, getreten, beschimpft, angespuckt oder die Treppe heruntergeschmissen wird. Sie hören das Geschrei und die Schläge, sie hören die Beleidigungen und Demütigungen, sie hören die Schmerzensschreie, sie sehen die blauen Flecken und die Tränen. Mütter sind für Kinder gleichzeitig Quelle und sicherer Hafen. Ein Angriff auf die Mutter – selbst wenn die Kinder nicht mal anwesend sind – ist immer auch ein Angriff auf die Kinder. Wird die Mutter verletzt, bedeutet das Existenzängste für Kinder.

Gewalt gegen die Mutter ist Gewalt gegen das Kind. Und umgekehrt gilt natürlich dasselbe. Zumal wir noch sehen werden, dass Väter Gewalt gegen die Kinder oft bewusst einsetzen, um die Mütter zu treffen.

Es ist also auch nicht verwunderlich, dass die Folgen häuslicher Gewalt für Kinder immens sind und sich bis ins Erwachsenenalter hineinziehen. Im Gegensatz dazu heißt es in der Erziehungsberatungsstelle oder im Familiengericht nicht selten »Das ist doch abgeschlossen, das war nur die paar Mal, das hat keine weiteren Auswirkungen auf die Kinder, schauen Sie doch endlich nach vorn.« Man glaubt also ausgerechnet an den Stellen, an denen man sich mit Kindern und Kinderschutz auskennen sollte, dass die Auswirkungen von Gewalt auf Kinder nur minimal wären. Ein weiterer Mythos, der längst widerlegt ist.[13]

Psychische Gewalt, Coercive Control, Stalking, Gaslighting

Häusliche Gewalt beinhaltet nicht nur körperliche Gewalt, sondern auch psychische Gewalt. Diese ist jedoch zahlenmäßig deutlich schwerer zu erfassen, da sie seltener angezeigt wird und sich somit oft nicht in den Kriminalstatistiken des BKA niederschlägt.[14] In der Zeit nach einer Trennung werden die Frauen aber besonders häufig Opfer von Bedrohungen, Stalking und Nötigungen. Zwei Drittel dieser Straftaten gehen auf das Konto von ehemaligen Partnern.[15]

Psychische Gewalt umfasst Beleidigungen, Demütigungen, Verleumdungen, Bedrohungen, Zwangskontrolle (Coercive Control), Stalking, Gaslighting, Nötigung und vieles mehr. Der »Fantasie« der Täter sind leider keine Grenzen gesetzt. Das Ziel ist, wie generell auch bei häuslicher Gewalt, Dominanz und Kontrolle sowie die Zermürbung des Opfers.

Die Auswirkungen werden vom Umfeld häufig noch unterschätzt. Nicht selten werden die Mütter mit schriftlichen und mündlichen Beleidigungen überzogen. Und durch das Verfolgen, Auflauern, Bedrohen und terrorisierende Anrufe fühlen sich viele Betroffene schon nach kurzer Zeit in ihrer Umgebung, beim Einkaufen, Arbeiten oder auch zu Hause auf dem Sofa nicht mehr sicher. Belästigung und Stalking strapazieren die Nerven, denn die nächste Bedrohung, der nächste Angriff, lauert hinter jeder Tür, auf dem AB oder im Briefkasten. Die Opfer sind einem fortwährenden Dauerstress ausgesetzt. Unter den Beleidigungen und Demütigungen leidet das Selbstwertgefühl der Betroffenen.

Der Spruch »Hunde, die bellen, beißen nicht« gilt bei männlicher Gewalt gegen Mütter und Kinder übrigens nicht. Gewaltdrohungen werden aber leider von behördlicher Seite kaum ernst genommen. Doch Polizei, Gericht und Jugendamt täten gut daran, jede Form von angedrohter Gewalt als deutliches Warnsignal zu verstehen – und als Aufforderung, zu handeln, bevor es zu spät ist. In der Studie »Gewalt gegen Frauen in Paarbeziehungen« vom Bundesministerium für Familie, Senioren, Frauen und Jugend (BMFSFJ) wurde festgestellt: »Drohungen im Kontext von Trennung und Scheidung waren häufig (etwa zur Hälfte) mit realisierter Gewalt verbunden.«[16]

Teilweise richtete sich die darauffolgende Gewalt gegen Eigentum oder es handelte sich um Wohnungseinbruch. Mehr als doppelt so oft folgten jedoch körperliche/sexuelle Übergriffe auf die Mütter oder Kinder. Drohungen stellen an sich bereits Gewalt dar. Aber Drohungen sind meist keine bloßen Versuche der Einschüchterung. Sie sind häufig auch Vorboten für weiterführende körperliche Gewalt.

Beim *Gaslighting* wird die Wahrnehmung der Opfer permanent infrage gestellt und ihnen vorgegaukelt, sie befänden sich in einem fortwährenden Irrtum über sich selbst und die Welt.[17] Dabei reichen dem Täter schon einfachste Aussagen des Opfers, um sie zu verdrehen.

Wenn gestern die Sonne schien und sie sagt, dass gestern schönes Wetter war, kann er sagen »Soll das ein Scherz sein? Es hat doch aus Eimern geschüttet.« Oder sie ruft ihn an und fragt »Wo bist du denn? Du bist ja gar nicht zu Hause.« Er behauptet dann: »Das habe ich dir doch gestern lang und breit erklärt. Du vergisst wirklich alles.«

Gerne werden auch Gegenstände verlegt, so dass das Opfer danach suchen muss und die Sonnenbrille plötzlich in der Waschmaschine findet.

Über kurz oder lang führt Gaslighting dazu, dass die Opfer sich selbst nicht mehr trauen, völlig verunsichert sind und das Gefühl haben, mit ihnen würde etwas nicht stimmen. Verunsicherung und ein schlechtes Selbstvertrauen sind wiederum optimale Voraussetzungen, um (weiter) manipuliert zu werden.

Hinter *Zwangskontrolle (Coercive Control)* verbergen sich ähnlich perfide Vorgehensweisen der Täter. Plötzlich wollen die Täter bestimmen, was ihre Partnerin tragen darf, wo sie hingehen darf, mit wem sie reden darf, kontrollieren ihre Kontakte oder auch ihren Zugang zu Telefon und Internet. Sie entscheiden, wann sie schlafen darf, was und wann sie essen darf, kontrollieren die Finanzen und das Sexualleben.[18]

Die Partnerin oder Ex-Partnerin soll vollständig unter der Kontrolle des Täters stehen. »Die Täter übernehmen und steuern das Leben des Opfers.«[19] Bei Müttern beginnt Zwangskontrolle nach einer Trennung auch bereits dort, wo der Kindsvater die von ihm benötigte Unterschrift, beispielsweise bei Urlaub, Umzug, Schulanmeldung und Passanfertigung, nicht oder nicht rechtzeitig erteilt. Oder auch wenn Kinder vom Umgang zu spät zurückgebracht werden oder der Vater zum Umgang nicht erscheint, während zu Hause alle mit gepackter Tasche sitzen und warten.

Zahllose Mütter berichten von geplatzten Urlauben, Konzerten, Verabredungen, Stress am Flughafen oder auch dem Verlust des Platzes an der Wunschschule. Fast immer sind solche Angriffe auf Mutter und Kind gleich mehreres auf einmal:

- psychische Gewalt
- Zwangskontrolle
- Gaslighting (»Ich wusste ja nicht, dass ihr in den Urlaub wollt – warum hast du nichts gesagt?«)

- finanzielle Gewalt (weil Flugtickets verfallen oder Gerichtskosten zur Ersetzung von Unterschriften anfallen).

Wer Zwangskontrolle für einen exotischen Ausnahmefall hält, dem sei gesagt, dass die aktuelle Rechtslage dem getrennt lebenden Elternteil (also meist dem Vater) sogar die Zwangskontrolle überträgt: Mütter dürfen mit ihren Kindern nicht umziehen ohne Zustimmung des Vaters. Egal, ob die Wohnung zu klein geworden ist oder die Mutter näher an Arbeitsplatz, Kita oder Schule wohnen möchte: Ohne Erlaubnis des getrenntlebenden Vaters, darf sie nicht umziehen.[20] Da haben es Frauen ohne gemeinsame Kinder mit dem Ex leichter. Sie dürfen allein über ihre Wohnung entscheiden. Die Väter hingegen dürfen selbstverständlich ohne Zustimmung der Alleinerziehenden umziehen. Selbst wenn der Umzug für das Kind gravierende Auswirkungen hat, weil es beispielsweise am Wochenende nun 600 km zurücklegen muss, um zum Umgangswochenende zu reisen. In Großbritannien hingegen »wird die sogenannte Zwangskontrolle (›Coercive Control‹) als Form der häuslichen Gewalt anerkannt und stellt eine Straftat dar.«[21]

Im Coaching hatte ich auch schon Mütter, deren Handy vom Ex-Partner zerstört oder geklaut wurde, deren Laptop, Smartphone etc. von ihm getrackt wurden oder die vom Vater bestohlen wurden. Entweder schon im Zuge der Trennung, als er sie aus dem Haus warf, ihr den Zugang versperrte und später alle ihre Besitztümer und Gegenstände verschwunden waren. Oder auch – was viele erleben – wenn der Vater beim Umgang ständig Kleidung der Kinder zurückbehält. So lange, bis er einen ganzen Schrank damit füllen kann, während die Kleiderschränke in den Kinderzimmern irgendwann leer sind. Hier vereinen sich nicht nur Zwangskontrolle und finanzielle Gewalt, sondern häufig auch noch Gaslighting (»Du hattest keine Regenjacke mitgegeben«. Oder ans Jugendamt: »Die Mutter hat so wenig Kleidung für das Kind.«).

Vielen Müttern und Kindern wird also nach der Trennung eine verheerende Mischung aus verschiedenen Formen psychischer Gewalt angetan. Das ist absolut keine Ausnahme. Selbst wenn es nur um eine einzige Gewaltform wie Stalking geht, geben bereits 31 Prozent aller Frauen an, dass sie diese nach der Trennung durch den Ex-Partner erlebt haben.[22]

Beim *Stalking* geht es nicht nur um Nachstellungen und belästigende Kontaktaufnahmen. Es werden Tagesabläufe überwacht, dritte Personen ausgefragt oder über diese indirekt Kontakt aufgenommen.[23] Das passiert oft auch, wenn die Frauen schon versucht haben, so viele Kanäle wie möglich für den Ex-Partner zu schließen und ihn zu blockieren. Dann melden sich plötzlich täglich Großeltern, Tanten, Nachbarn, Schulfreundinnen, die man seit Jahren nicht gesehen hat, und übermitteln Botschaften (und Verleumdungen) des Täters (ohne sich dessen wirklich bewusst zu sein): »Geht es dir gut? Der Jens hat gesagt, du warst schon länger nicht beim Sport, weil du ein Drogen-Problem hast?« oder auch »Vielleicht musst du mal Urlaub machen. Du arbeitest einfach zu viel. Das hat ja auch die Beziehung zu Jens belastet.« Da werden plötzlich von Dritten Dinge angesprochen, die sie nur vom Ex-Partner gehört haben können und es finden regelrechte Verhöre statt. Denn der Stalker übermittelt nicht nur Botschaften und traktiert mit Verleumdungen, er sammelt mittels Dritten auch Informationen über sein Opfer.

Ein zunehmendes Problem stellt außerdem Cyberstalking dar. Unerwünschte Inhalte, zum Beispiel persönliche Daten oder auch private Fotos werden öffentlich geteilt. Die Frauen werden online gestalkt, verfolgt, ausspioniert, zum Teil eben auch mit professionellen Trackingprogrammen.

Diese psychische Gewalt wirkt, wie körperliche Gewalt auch, lange nach. Wenn eine Mutter einmal abends im Dunkeln den (Ex-)Partner auf der eigenen Terrasse erblickt hat, wie er ins Wohnzimmer starrt, wird sie auch an den folgenden Abenden dort nicht mehr ruhig sitzen können. Wir haben es hier also mit einem äußerst geringen Aufwand für den Täter zu tun, der für die Opfer aber große Folgen nach sich zieht. Allein deshalb ist es wichtig, dass psychische Gewalt und Stalking auch von Polizei, Justiz und Politik endlich ernster genommen werden.

Sexuelle Gewalt

Wir wissen über sexuelle Gewalt, dass diese nicht sexuell motiviert ist. Sie ist ebenso wie andere Gewaltformen Ausdruck vom Wunsch nach Kontrolle und der Demonstration von Macht und Dominanz. Männer, die sexuelle Gewalt anwenden, vergewaltigen, Kinder sexuell missbrauchen, zur Prostitution zwingen etc. wollen überlegen sein und ihre Opfer demütigen und verletzen. Es mag sein, dass einige Täter einen psychopathologischen

Hang zu Pädokriminalität haben, der in einer traurigen Kindheit begründet liegt, die ebenfalls durch Missbrauch geprägt war. Ich warne aber vor einer zu schnellen Psychologisierung der Sexualität der Täter. Es gibt genügend Taten von sexuellem Missbrauch, die nicht im Kontext einer »Erotisierung« von Kindern stattfinden. Dann stecken ausschließlich Machtfantasien dahinter. Die Täter wollen und können andere erniedrigen. Zu einer Abgrenzung zwischen psychischer Erkrankung und toxischer Männlichkeit kommen wir aber später noch konkreter. Sexuelle Gewalt durch (Ex-) Partner umfasst Belästigungen, Nötigungen, körperliche Übergriffe, Vergewaltigung, Prostitution/Pornographie[24], Veröffentlichung intimer Bilder und Videos gegen den Willen der Abgebildeten, das Ausspionieren intimer Situationen (zum Beispiel Beobachtung oder Filmaufnahmen des Badezimmers etc.), Upskirting, das Entblößen der Person gegen ihren Willen (in der Öffentlichkeit), jede Form von sexuellen Handlungen an oder mit Kindern, das Ansehen von Pornos in Gegenwart von Kindern etc.

Leider ist sogar bei Polizei, Jugendamt und im Familiengericht der Glaube weit verbreitet, dass Mütter in Trennungsphasen oder Umgangsprozessen regelmäßig sexuellen Missbrauch des Kindes erfinden würden – mit dem Ziel, das Gerichtsverfahren für sich zu entscheiden. Dabei belegen Studien, dass die überwiegende Mehrheit aller Anschuldigungen wahr ist.[25] Ein weiterer Teil ist vielleicht nicht wahr oder nicht belegbar, kann aber dennoch gerechtfertigt sein, wenn begründete Zweifel bestehen, sich diese jedoch später wieder zerstreuen. Lediglich ein kleiner Teil von Anschuldigungen ist also bewusst erfunden. Untersuchungen zeigen darüber hinaus, dass Falschanschuldigungen durch Mütter in familiengerichtlichen Verfahren genauso selten auftreten wie sonst und keineswegs häufiger.[26]

Ich wiederhole noch einmal die oben bereits genannten Zahlen, weil Sie besonders eklatant sind: Mütter führen nur zu 1,3 Prozent absichtlich falsche Beschuldigungen an. Knapp 99 Prozent der Mütter sagen also die Wahrheit. Väter hingegen bringen sehr viel häufiger bewusst Falschanschuldigungen gegen die Mütter vor – nämlich in 21 Prozent der Fälle![27] Bei Vergewaltigungen sind die Zahlen ähnlich: Falschanschuldigungen stellen nur 1–3 Prozent der erhobenen Vorwürfe dar. Bei Polizei und Justiz scheint man davon wiederum nichts wissen zu wollen, denn hier ist die Auffassung weit verbreitet, dass Falschanschuldigungen ein großes Problem für ihre eigenen

Ermittlungen bei Vergewaltigungsvorwürfen seien.[28] Der Frust der Bevölkerung über die völlig unzureichende Belangung von Vergewaltigern durch unsere Justiz wird bei dieser Argumentation ganz wunderbar kanalisiert: in Richtung der Opfer. Sie seien alle Lügnerinnen und daher schuld, dass in unserem Rechtsstaat Vergewaltigung faktisch ein straffreies Verbrechen ist. Das ist die gesamtgesellschaftliche Variante von »Du bist selber schuld an der Vergewaltigung.«[29]

Wo werden denn bitte diejenigen, die stets besonders ehrlich und offen sind, für die Lügner gehalten und die Lügner wiederum für rechtschaffene, ehrliche Personen? Im Patriarchat. Und solange die Ermittlungsbehörden mit Täter-Opfer-Umkehr beschäftigt sind, statt Vergewaltiger wegzusperren, wird sich für Frauen nichts ändern.

Es ist nicht so lange her, da gehörte der Beischlaf noch zu den ehelichen Pflichten. Deshalb verwundert es mich nicht, dass viele meiner Klientinnen auch von sexuellen Übergriffen und Vergewaltigungen noch vor Beziehungsende oder nach der Trennung berichten. Aber auch diese Gewalt muss erstmal als solche eingeordnet werden. Manche Frauen berichten, dass vom Partner ohne ihre Zustimmung Geschlechtsverkehr während des Schlafs mit ihr vollzogen wurde. Sie erkannten vielleicht, dass das »irgendwie nicht in Ordnung« ist, konnten es aber erst später als Vergewaltigung benennen. Dann gibt es bei der Trennung gute Gründe, seine Kinder nicht in Obhut des Täters lassen zu wollen, es gibt jedoch keine Unterlagen zu Anzeigen bei der Polizei, weil die Gewalt nicht angezeigt oder überhaupt irgendwo angesprochen wurde. Ohnehin werden rund 95 Prozent der Vergewaltigungen nicht angezeigt. Eben weil die Opfer fürchten, man würde ihnen nicht glauben und sie nur demütigenden Befragungen unterziehen.

Aber auch wenn Mütter die Täter anzeigen, zu Beratungsstellen gehen, ihre Kinder beim Arzt mit typischen Verletzungen vorstellen etc., ist das alles längst keine Garantie, dass ihnen geglaubt wird. Auch Frauen, die Vergewaltigungen (oder Gewalt in der Geburtshilfe) anzeigen, kennen das. Der Angeklagte gilt als unschuldig, solange nichts bewiesen werden kann. Bedeutet hier: Sie gelten als Lügnerinnen und Rufmörderinnen, solange sie die Gewalt nicht beweisen können.

Das Personal der entsprechenden Behörden hat dabei nicht nur große Wissenslücken in puncto Traumapsychologie. Auch die knallharten Fakten sind den ermittelnden Beamten oft nicht geläufig. Und auch wenn ihr der sexuelle Übergriff geglaubt wird, kommen dann die bekannten Ausreden spätestens von Jugendamt oder der Verfahrensbeistandschaft. »Das ging ja nur gegen sie und nicht gegen das Kind.« Oder: »Das liegt in der Vergangenheit, wir wollen in die Zukunft schauen.« Oder: »Weshalb thematisieren sie das, das hat ja mit dem Kind nichts zu tun und sie wollen wohl nur den Vater schlechtmachen«.

In der medialen Wahrnehmung geht es immer mal wieder um die Frage, ob an sexuellem Missbrauch durch den Vater dieser allein schuld sei. Ob nicht auch die Mutter, die in der Beziehung verblieben ist, eine Mitschuld trägt. Es gibt natürlich Fälle, in denen Mütter ihre Kinder nicht schützen wollten, Mittäterinnen waren oder sogar selbst missbraucht haben.

Doch solange die Möglichkeit, ein Kind durch eine Trennung vorm gewalttätigen und/oder pädokriminellen Vater zu schützen, ausschließlich in der Theorie existiert, brauchen wir darüber gar keine Debatte führen. Sie verfestigt nur den Mythos, dass eine Mutter mit einer Trennung das Kind vorm Vater schützen könnte.

Das Gegenteil ist viel zu oft der Fall: Eine Trennung sorgt dafür, dass der Vater freien, uneingeschränkten, unkontrollierten Zugang zum Kind hat und dass das Kind ihm komplett allein ausgeliefert ist. Bei mir melden sich Mütter mit gewalttätigen Partnern, die Angst davor haben, sich zu trennen, weil sie befürchten, das Kind dann beim Vater alleinlassen zu müssen und nicht mehr alles beobachten zu können. Diese Angst ist berechtigt.

Hinzu kommen pädokriminelle Taten, die nicht schon vor der Trennung verübt werden, sondern die überhaupt erst nach der Trennung losgehen. Ob körperliche, psychische oder sexuelle Gewalt. Kinder sind nach einer Trennung *nicht* sicherer vor Gewalt. Stattdessen nutzen Täter-Väter Gewalt auch noch, um den Verlust der Kontrolle über die Mutter (da sie sich – gottbewahre – getrennt hat) mittels Gewalt gegenüber den Kindern zu kompensieren.[30]

Ein Schutz vor sexueller Gewalt durch Musikschullehrer, Nachbarn, Pfarrer, Trainer etc. mag halbwegs gewährleistet werden können, wenn die Taten ans Licht kommen. Doch es gibt aktuell keinen wirksamen Schutz vor dem eigenen missbrauchenden Vater. Erst recht nicht, wenn die Mutter diesen Schutz begehrt. Das wiederum könnte dazu führen, dass Männer, die pädokriminelle Taten begehen wollen, diese erst recht an ihren eigenen Kindern begehen. Dabei ist auch klar, dass 87 Prozent der Täter bei sexuellem Missbrauch Männer sind und hiervon die größte Tätergruppe die eigenen Väter darstellen.[31] Es werden also ausgerechnet diejenigen von vornherein als komplett unschuldig erachtet, die am wahrscheinlichsten die Täter sind. Ein System, das vor Pädokriminellen schützen sollte, schützt also vor allem die Pädokriminellen.

Der Ablauf ist häufig ähnlich: Zunächst besteht bei der Mutter, ErzieherInnen, Verwandten, ÄrztInnen, TherapeutInnen ein begründeter Verdacht. Das Kind erzählt, dass der Vater es berühren würde, berichtet in »Kinderworten« zum Beispiel von einem »brennenden Drachen, der in den Po kommt«, beschreibt, dass der Vater es immer unangenehm lange baden, duschen, einseifen würde, das Kind hat jedes Mal einen wunden Intimbereich oder Po, wenn es vom Vater kommt, es benimmt sich sexualisiert, es kennt altersuntypische Begriffe, es weigert sich, zu duschen, oder duscht stundenlang, es verliert an Gewicht oder nimmt stark zu, es verweigert, über den Vater oder das Umgangswochenende auch nur ein Wort zu verlieren, es neigt zu selbstverletzendem Verhalten, es reagiert aggressiv auf die Erwähnung des Vaters, es lässt keinerlei rektales Fiebermessen zu oder benimmt sich dabei auffällig, es bekommt untypische Angst vor allen Männern, möchte den Vater partout nicht mehr sehen etc.

Zu mir kommen Mütter in die Beratung, die – auch nach Gesprächen mit ÄrztInnen und TherapeutInnen – von einer sehr hohen Wahrscheinlichkeit ausgehen müssen, dass ihr Kind vom Vater missbraucht wird. Die aber dennoch keine Handhabe haben. Das Kind muss weiterhin unbegleiteten Umgang mit dem Vater haben oder sogar ganz bei ihm leben. Auch in den Berichten werden wir sehen, dass Nachtrennungsgewalt und institutionelle Gewalt durch Familiengerichte sehr oft Hand in Hand gehen mit sexueller Gewalt gegen die Kinder. Im Herbst 2021 machte der Redakteur Gunter Held erstmals in der Neuen Westfälischen auf den Fall von »Elke D.« aufmerksam (in den Medien auch »Anna Korn« genannt).[32] Bei ihrem Sohn Anton hatten Mutter und Kinderarzt den Verdacht, dass dieser vom Vater sexuell missbraucht wird. Eine spezialisierte Klinik in Paderborn stellte in einem Schreiben an das zuständige Familiengericht klar: Der Umgang zum Vater muss für Anton dringend unterbunden werden. Die Mutter verlor daraufhin das Sorgerecht für ihren Sohn und musste letztlich – auf Anraten des Anwalts – untertauchen, um ihren Sohn zu schützen. Und das obwohl es inzwischen ein Urteil vom Verwaltungsgericht Minden gibt, dass der Sorgerechtsentzug rechtswidrig war. Über diesen aufsehenerregenden Fall haben mittlerweile unter anderem auch WDR und RTL berichtet sowie Rebecca Immanuel.[33] Im ExpertInnen-Teil des Buches rollt Sonja Howard hier noch einmal den gesamten Fall auf.

Natürlich kann einer der oben aufgeführten Punkte zu auffälligen Verhaltensweisen allein vollkommen harmlos sein. Wenn sich diese aber häufen oder das Kind erzählt von expliziten sexuellen Handlungen, ist es absolut richtig, alarmiert zu sein und dies als Verdachtsfall des sexuellen Kindesmissbrauchs anzusehen. Einen wirklichen Beweis wie eine Videoaufnahme, ein Geständnis des Vaters oder Zeugen des Missbrauchs haben die Mütter natürlich in aller Regel nicht.

Woher sollten solche Beweise auch kommen? Ohne diese Beweise sieht das Familiengericht jedoch fast immer die Mutter als Lügnerin an, die dem Vater das Kind entfremden und seinen Ruf schädigen will. Der Vater ist in ihren Augen das arme Opfer. Für das Kind interessiert sich keiner mehr. Wenn die Bedingungen für echten Kinderschutz so hoch sind (Videobelege oder ZeugInnen), heißt das faktisch, dass es keinen Kinderschutz gibt. Kinder gelten dann immer als Lügner, wenn sie Vorwürfe gegen ihre Väter erheben.

In anderen Fällen werden beide Augen verschlossen, wenn der Vater Vorfälle zugibt und es dann heißt, dass diese ja in der Vergangenheit liegen und daher keine Rolle mehr spielen würden. »Red Flags« als Warnzeichen werden geflissentlich übersehen. Selbst Kinderschutzfachkräfte (nach § 8a SGB VIII) sind auf diesem Auge gerne blind. So saß beispielsweise eine Mutter in einer Erziehungsberatungsstelle, die für ihre »tolle Arbeit« überregional bekannt war. Sie konfrontierte den Vater in Anwesenheit einer Fachkraft für Kindeswohlgefährdung damit, dass der Vater den zwölfjährigen Sohn immer duschen und dabei ausgiebig von Kopf bis Fuß einseifen würde. Dem Sohn wäre dies unangenehm. Der Vater solle damit aufhören. Sie erhoffte sich Unterstützung von der Fachkraft. Der Vater jedoch gab an, er könne damit nicht aufhören, weil dies für ihn und seinen Sohn »ein so lieb gewonnenes Ritual« wäre. Der »Experte« in der Runde konnte darin weder ein auffälliges Verhalten noch eine Kindeswohlgefährdung erkennen. Vater und Mutter hätten nur »unterschiedliche Erziehungsstile« und die Mutter müsse jetzt mal aufhören mit ihren Vorwürfen, da hier beim besten Willen keine Kindeswohlgefährdung vorliegen würde.

Femizide

Die extremste Form von Nachtrennungsgewalt ist der Femizid: »Die Tötung einer oder mehrerer Frauen durch einen oder mehrere Männer, weil sie Frauen sind.«[34] Ein großer Teil der Femizide wird von Ex-Partnern verübt. Einige töten nicht nur die Mutter, sondern bringen auch die Kinder um. Manche ermorden dagegen nur die Kinder, aber nicht die Mutter – die auch dann in gewisser Weise Adressatin des Tötungsaktes bleibt, aber in keiner Statistik auftaucht. Die männliche Gewalt hat hier gleichermaßen tödliche Folgen für Mütter und Kinder. Wenn die Mutter ermordet wurde und die Kinder weiterleben, wird nicht erfasst, wie viele Kinder vom Mord an der Mutter betroffen sind. Diese Zahlen werden bis heute nicht erhoben.[35]

Während es 2020 in Deutschland 139 Femizide gab (Dunkelziffer höher), sind es weltweit jährlich rund 50 000 Mädchen und Frauen, die durch einen (Ex-)Partner oder ein anderes männliches Familienmitglied getötet werden. Und mindestens täglich versucht ein Mann in Deutschland eine Frau umzubringen.[36]

Was oft nicht betrachtet wird, ist die dahinterstehende Dunkelziffer. Die Aufklärungsrate lag bei Mord 2021 wieder über 94 Prozent. Das ist üblich. Doch weshalb liegt die Rate so hoch? Wer zu viel CSI-Serien genetflixt hat, könnte meinen, dass jedes Haar im Umkreis von 500 Metern um den Tatort gefunden, analysiert und zur Täteridentifikation genutzt wird. Man könnte meinen, dass unsere technischen Fortschritte, Aufzeichnungen darüber, wer sich mit welchem Handy in der Nähe welchen Funkmastes befunden hat etc. zu dieser hohen Aufklärungsrate führen. Das mag in einigen Fällen stimmen. Doch in Wirklichkeit ist die Aufklärungsrate so hoch, weil Täter natürlich oft versuchen, ihre Tat zu vertuschen, beispielsweise indem sie ihre Opfer vergiften, einen Unfall provozieren oder auch einen Suizid inszenieren. In diesen Fällen werden Morde oft überhaupt nicht als Morde erkannt. Tatsächlich ist es sogar so, dass ÄrztInnen, Polizei, Gerichtsmedizin und Bestatter auch nicht wirklich ein Problem damit haben, einfach »Todesursache unbekannt« einzutragen.[37] Wer glaubt, eine tote Frau in ihrer Wohnung würde eine ganze Maschinerie an DetektivInnen und LaborantInnen in Gang setzen, könnte auch gleich glauben, dass irgendwo im Ozean auf einer Insel namens Isla Nublar Dinosaurier leben.

Wie bei anderen Morden auch werden also Femizide oft nicht mal als Mord erkannt. Mindestens die Hälfte aller Morde bleibt unentdeckt.[38] Doch auch hier können nur die Morde erfasst werden, die später im Nachhinein erfasst werden – etwa durch späte Geständnisse der Täter oder Aufzeichnungen, die auftauchen. Die Dunkelziffer bleibt höher. Die Wahrheit ist also, dass die Wahrscheinlichkeit, mit einem Mord davonzukommen, höher ist als die Wahrscheinlichkeit, gefasst zu werden.

> »Wer in Deutschland einen Menschen töten will, braucht sich nicht allzu viele Gedanken zu machen. Die Chance, dass das Verbrechen ungeahndet bleibt, ist selbst bei ungeschicktem Vorgehen groß.«[39]

Wir können davon ausgehen, dass in Deutschland Väter leben, die die Mutter ihrer Kinder umgebracht haben, und der Mord nicht als Mord eingestuft wurde, der Täter nicht gefasst wurde und die Kinder nun bei diesen Vätern leben. Das ist die bittere Wahrheit.

Von den Medien werden Femizide noch sehr oft beschrieben mit Begriffen wie »Beziehungsdrama«, »Liebestat«, »Paarkonflikt«, »Familiendrama« etc. Doch es handelt sich hier nicht um ein Drama im Alltagsgebrauch des Wortes – also beispielsweise, wenn sonntags das Nutella-Glas leer ist. Es findet auch keine Liebestat statt – Töten ist Hass pur. Und um einen Konflikt oder Streit zwischen zwei Parteien handelt es sich auch nicht. Einbrüche oder Überfälle sind auch keine Konflikte zwischen Nachbarn. Die Täter und ihre Taten müssen klar benannt werden. Frauenleben sind es wert, dass ihre Ermordung Mord genannt wird. Daher ist es wichtig, dass auch wir im Alltag darauf achten, von Frauenmord oder Femizid zu sprechen.

DARVO/Täter-Opfer-Umkehr/Victim Blaming

Die Abkürzung DARVO kommt aus dem Englischen und steht für: Deny (leugnen) – Attack (angreifen) – Reverse (umdrehen) – Victim (Opfer) –

Offender (Angreifer). Sie beschreibt eine Technik, die Täter oder täterfreundliche Personen und Gesellschaften anwenden, um die Rollen von Täter und Opfer zu vertauschen. Auf Deutsch auch Täter-Opfer-Umkehr genannt. Die Täter werden damit von ihrer Schuld befreit und die Verantwortung für die Tat von ihnen genommen. Gleichzeitig wird das Opfer als der eigentliche Bösewicht ausgemacht und ihm sämtliche Schuld und Verantwortung aufgebürdet. Victim Blaming wiederum ist ein Teil dieser Technik, denn es beschreibt die Phase der Opfer-Beschuldigung. Da damit letztlich natürlich eine Entlastung für den Täter einhergeht, können alle drei Begriffe auch synonym verwendet werden.

Alleinerzieherinnen scheinen prädestiniert zu sein, ein solches Victim Blaming erleben zu müssen. Schon die Journalistin Christine Finke beschrieb Schuldzuweisungen als quasi reflexartige Reaktion der Gesellschaft auf Mütter nach einer Trennung, während sie und ihre Kinder gleichzeitig von ebendieser Gesellschaft im Stich gelassen werden.[40]

Konkret kann die DARVO-Strategie für Mütter nach Trennungen beispielsweise so aussehen: Die Eltern sind getrennt, das Kind lebt bei der Mutter und hat regelmäßig Umgang mit dem Vater. Der Vater ist in den Umgangszeiten gewalttätig oder sexuell übergriffig gegenüber dem Kind. Die Mutter bemerkt Hinweise beim Kind oder das Kind berichtet der Mutter von der Gewalt. Daraufhin möchte sie der Sache auf den Grund gehen, stellt das Kind bei ÄrztInnen vor, spricht mit Beratungsstellen oder sammelt entsprechende Aussagen von ErzieherInnen. Sie will ihr Kind schützen und thematisiert den Verdacht gegenüber dem Jugendamt oder beim Verfahrensbeistand. Dort wird weder ihr noch den Aussagen des Kindes oder anderen Personen geglaubt (Deny). Plötzlich wird im Gerichtsverfahren die Mutter beschuldigt, mit ihren Vorwürfen dem Vater das Kind vorenthalten zu wollen (Attack). Die Mutter soll sich nun psychologisch begutachten lassen, da sich die Verfahrensbeteiligten bereits einig sind, dass *sie* lügt, das Kind manipuliert und gegen den Vater aufhetzt. Und dass *er* ein überaus charmanter Mann ist, ein armer Tropf, der mit einer ganz fürchterlichen Ex-Frau geschlagen ist und der ja auch von sich selbst sagt, er wäre ein ganz toller Daddy (Reverse, Victim und Offender). Sie verliert in der Folge das Aufenthaltsbestimmungsrecht und das Kind wird zum Vater umplatziert.

Der Wissenschaftler und Experte Dr. Wolfgang Hammer beschreibt diese gängige Täter-Opfer-Umkehr folgendermaßen: »Der Wunsch der Mütter nach einem rechtsmedizinischen Gutachten und Aufklärung wird oft als Beleg dafür gewertet, dass sie dem Vater etwas anhängen wollen«.[41] Er geht sogar noch weiter, denn laut seinen Untersuchungen sei das »selbst dann der Fall, wenn Gewalt gegen das Kind oder die Mutter aktenkundig sei – und Zeugen bereit wären auszusagen.«[42]

Insbesondere da Unterlagen, Belege oder Aussagen von ZeugInnen nicht einmal von den Verantwortlichen gesichtet werden, wenn sie Gewalt durch Väter an Müttern und Kindern belegen, kann diese auch – wen wundert es – von den Familiengerichten nie festgestellt oder in den Beschluss mit einbezogen werden. Aber auch in Fällen, in denen es nicht um Gewalt geht, sondern darum, die Qualität des Vaters als Elternteil in Szene zu setzen, finden absurde Verdrehungen statt. Ein Vater behauptete beispielsweise, dass die Mutter nur ein »Parasit« wäre, sie hätte sich nur »eingenistet und durchgefressen«, obwohl er nicht erwerbstätig war, die Mutter arbeitete und alles bezahlte.[43]

Wie blind und ideologisch die Behörden mit Vorwürfen gegen Väter umgehen, zeigt folgender Fall: Eine Mutter zeigte schließlich den Vater an, da das Kind direkt nach dem Umgang wiederholt Verletzungen aufwies. Die Wunden des Kindes waren vom Arzt und vom Weißen Ring begutachtet worden und deuteten auf Gewalteinwirkung hin. Die Mitarbeiterin im Jugendamt sah das hingegen ganz anders: »Es sind immer die Mütter, die den Vätern etwas anhängen wollen.«[44] Ein klassischer Fall von Täter-Opfer-Umkehr. Perfiderweise funktioniert dies in diesen Dreieckskonstellationen mit Mutter, Kind und Vater nochmal raffinierter. Der Täter (Vater) wird zum Opfer erklärt. Die Mutter (Zeugin/Verfasserin der Anzeige) wird zur Täterin erklärt. Und das Kind (Opfer)? Es verschwindet in diesen Geschichten, die Taten werden geleugnet, seine Verletzungen werden unsichtbar.

Es ist kein Zufall, dass sich Familiengerichte mit Belegen, Akten und ZeugInnen nicht befassen wollen. Und es ist kein Einzelfall, sondern die Regel. Die schockierenden Zahlen, die Hammer erhoben hat, zeigen: Den Aussagen von Vätern und ihren Angehörigen wurde in allen 362 Fällen, die er untersucht hatte, ohne jegliche Prüfung der Akten geglaubt. Die Angaben der Mütter wurden in 126 Fällen, und damit ebenfalls ausnahmslos, ohne Prüfung als Falschaussagen deklariert.[45] Das ist ein Skandal, der seinesgleichen sucht. Die Vorannahme, Väter wären nie gewalttätig und Mütter würden immer lügen, führt natürlich auch dazu, dass nie gewalttätige Väter gefunden werden und keiner Mutter je geglaubt wird. Die Chancen von Müttern, ihre Kinder bei Gewalt durch den Vater zu schützen, sind nicht nur vernichtend gering. In den von Hammer untersuchten Fällen tendieren sie gegen null.

Doch selbst wenn Akten angesehen oder ZeugInnen gehört werden, werden die Kinder nicht geschützt – nicht einmal dann, wenn Väter die Taten zugeben. Ein Vater (selbst Pädagoge) gab gegenüber dem Jugendamt freimütig zu, seine Tochter gebissen zu haben (offenbar war er sich sehr sicher, dafür keinerlei Sanktionen zu erwarten zu haben). Im Gerichtssaal hieß es dann vom Jugendamt, er hätte sie zwar gebissen, aber aus rein pädagogischen Gründen. Er hätte ihr beibringen wollen wie sich das anfühlt. Mit derselben Begründung könnte man dann jede Form der Gewalt oder auch Vergewaltigung rechtfertigen. Eine rein pädagogische Maßnahme. Nach dem Motto: Hat dem Vater auch echt keinen Spaß gemacht, aber musste halt sein.

Die Vorverurteilung von Frauen und die in Geschenkpapier verpackten Freibriefe für Väter erinnern an die Justiz vor Hunderten von Jahren: Als Frauen ins reißende Wasser geworfen wurden, um zu testen, ob die Beschuldigten »Hexen« seien. Ertrank die Beschuldigte, war sie keine »Hexe«. Pech gehabt. Überlebte sie, wurde sie als »Hexe« ermordet. Das Ergebnis ist damals wie heute dasselbe: Es gibt für Frauen kein Entkommen.

Und so wie heute Femizide »Beziehungsdramen« genannt werden, hießen sie damals »Hexenverbrennungen«. Der Begriff ist bis heute geläufig und Bestandteil des Schulunterrichts. Ein Skandal. Man würde bei anderen Morden an ganzen Bevölkerungsgruppen auch nicht von Insektenvergasung oder Rattenerschießung sprechen, weil die Täter ihre Opfer »Insekten« oder »Ratten« genannt hatten.

Eine sehr geläufige Täter-Opfer-Umkehr in familiengerichtlichen Verfahren, Erziehungsberatungsstellen oder Mediationen ist übrigens die Verwendung der Begriffe »Partnerkonflikt« und »Konfliktparteien«. Es spielt keine Rolle, dass Gewalt glasklar aktenkundig ist oder dass der Täter und das Opfer identifiziert werden können: Selbst dann wird Müttern, die vom Vater drangsaliert und attackiert werden, gesagt, es handele sich um einen »Konflikt« zwischen Eltern. Das Opfer wird gleichermaßen zur Konfliktpartei wie der Täter. Dass das Opfer nicht einverstanden ist mit den Taten des

Täters, wird als sein »Anteil am Konflikt« erachtet. Das ist eine Absage an jegliche Justiz und Strafverfolgung. Man stelle sich vor, es würden Finanzamt und Steuerhinterzieher in eine Mediation gezwungen, um über den Konflikt zu sprechen. Täter- und Opferrolle werden unscharf. Es kommt zu einer folgenschweren Gleichmacherei. Hammer schlussfolgert: »Indem ein Opfer zu einer ›Konflikt-Partei‹ wird, erfolgt eine Täter-Opfer-Umkehr.«[46]

Familienrecht und institutionelle Gewalt

Institutionelle Gewalt kommt in vielen Institutionen vor. Denken wir nur mal an Kirchen, Schulen, Betreuungs- und Pflegeeinrichtungen oder das Gesundheitssystem. Insbesondere in den letzten zehn bis zwanzig Jahren gab es immer wieder öffentliche Thematisierungen dieser Gewalt – vor allem wenn massenweise Übergriffe und Missbräuche in einzelnen Institutionen zutage traten. Eines der letzten Tabus im Bereich institutioneller Gewalt war die Gewalt in der Geburtshilfe. Diese konnte nach Erscheinen meines Buches *Gewalt unter der Geburt* aus der Unsichtbarkeit geholt und öffentlich als systematische Misshandlung von Gebärenden angeprangert werden.[47] Obwohl es daraufhin eine recht breite mediale Thematisierung gab, war mein Buch bis zum März 2022 das Einzige dieser Art zu der Thematik – weltweit. Es ist ein langer Weg, um institutionelle Gewalt abzuschaffen – selbst wenn die Gründe und Ursachen dafür längst von ExpertInnen identifiziert wurden.

Aus gutem Grund hat der Verein Mütterinitiative für Alleinerziehende (MIA e.V.) die Gewalt, die Mütter rund um familiengerichtliche Auseinandersetzungen erleben, als das bezeichnet, was sie ist: institutionelle Gewalt. Also eine Gewalt, die nicht nur durch das Handeln und den Willen der einzelnen beteiligten Personen bestimmt wird. Jedenfalls nicht nur. Eine Gewalt, die systemimmanent ist und die verursacht wird durch ungerechte, Gewalt fördernde oder Gewalt verdeckende Regelungen, Gesetze und Rahmenbedingungen einer Institution.

Das Perfide im Familiengericht: Diese Form der institutionellen Gewalt kann von Einzelpersonen außerhalb des Systems benutzt und gegen andere Menschen eingesetzt werden. Ich als Privatperson kann nicht bewirken, dass jemand anderes geburtshilfliche Gewalt erleben muss (hier wird eher ein Mangel an Alternativen wirksam). Doch jeder Vater in Deutschland ist frei, die Waffe »Institutionelle Gewalt im Familiengericht« einzusetzen. Man könnte ganz naiv annehmen, beide Elternteile seien gleichermaßen berechtigt, einen Antrag im Familiengericht zu stellen. Was so erst einmal auch stimmt. Weshalb es aber vor allem Vätern möglich ist, Familiengerichte gezielt gegen Mütter einzusetzen, sehen wir im dritten Teil dieses Kapitels.

Am Anfang institutioneller Gewalt im Familiengericht steht meist ein Mann, der versucht, weiter Kontrolle über die von ihm getrennte Frau auszuüben. »Das Vehikel, was sich anbietet, ist das Umgangsverfahren.«[48] Oder ein Sorgerechtsverfahren. Auch wenn bereits vor der Trennung Gewalt gegen die Mutter, die Kinder oder beide stattgefunden hat, ist es wahrscheinlich, dass der Vater die häusliche Gewalt letztlich fortführt, indem er sie in institutionelle Gewalt überführt.

»Denn Institutionen stellen immer wieder keinen Gewaltschutz für Frauen und Kinder, sondern verhandeln stattdessen das Umgangsrecht der Täter – alles für das Kindeswohl.«[49]

Im Folgenden werde ich zunächst einige der Gründe für die institutionelle Gewalt benennen, die von falschen und gefährlichen Regelungen im Familienrecht herrühren.

Zwang zur Einigung bzw. Kooperation mit Tätern

Familiengerichte haben das Ziel, dass die richterliche Person möglichst kein Urteil fällen muss, sondern dass eine Einigung zwischen AntragstellerIn und AntragsgegnerIn zustande kommt.[50] Das hat verschiedene Gründe und verhängnisvolle Auswirkungen. Zum einen sind Urteile für die Justiz aufwendiger. Die rechtsprechende Person muss eine Urteilsbegründung verfassen. Darüber hinaus können hinterher beide Parteien noch Widerspruch einlegen. Eine (erzwungene) Einigung scheint der schnellere und somit zeitsparendere Weg zum Ziel.

Bereits seit der »Sorgerechtsreform 1998 soll in familienrechtlichen Verfahren auf das Einvernehmen der Eltern hingewirkt werden.«[51] Es gibt aber noch einen weiteren Grund dafür, weshalb im Familiengericht Eltern seit einigen

Jahren immer öfter zur Einigung gezwungen und erpresst werden: Ein Richter im Amtsgericht der kleinsten Kreisstadt Deutschlands setzte in den 1990er Jahren eine Vorgehensweise ein, die inzwischen als das Cochemer Modell bekannt ist. Seit der großen Familienrechtsreform 2009 hat vieles aus dem beschaulichen Cochem Eingang in das Familienverfahrensgesetz gefunden und wird damit deutschlandweit angewendet. Das Hauptziel, das nun von Familiengerichten verfolgt werden muss, sind Kooperation und Einigung um jeden Preis. Gerichtstermine sollen beim Cochemer Modell schneller als zuvor terminiert werden, nämlich innerhalb von 14 Tagen.[52] Es eilt also vor Gericht. Ausnahme: Gewaltschutzverfahren. Hier gilt der Beschleunigungsgrundsatz nicht. Hier ist keine Eile geboten. Die Frage, ob beim Entwerfen des Cochemer Modells nur schludrig gearbeitet wurde oder täterfreundliche Ideologien hinter solchen Entwicklungen stecken, wird an späterer Stelle nochmal aufgegriffen. Gerichtliche Entscheidungen sollten vermieden werden, stattdessen sollte von Beginn an von allen Verfahrensbeteiligten auf eine elterliche Einigung hingewirkt werden – und zwar völlig unabhängig von dem konkreten Fall oder der Vorgeschichte. Das Gerichtsverfahren gerät zum Mediationsverfahren. Falls sich die Elternteile am Ende des Gerichtstermins immer noch unwillig gegenüber einer Einigung zeigen, folgt der Beratungszwang.[53] Die Teilnahme an einem Beratungsgespräch wird angeordnet und in einem kurz darauffolgenden zweiten Gerichtstermin sollen die Eltern sich nun reumütig einigen. Nach außen wurde dieses Modell als Möglichkeit der Konfliktlösung im großen Stil angesehen. Toll, wenn sich plötzlich alle Streithähne einig sind. In Wirklichkeit findet jedoch keine Konfliktlösung, sondern eine Gewalt- und Konfliktverdeckung statt. Man verbietet Eltern uneins zu sein und freut sich dann darüber, dass sie sich nun einig sind.

Dem Cochemer Modell liegen mehrere Prämissen zugrunde:[54]

1. Das gemeinsame Sorgerecht entspricht immer dem Kindeswohl.
2. Das gemeinsame Sorgerecht führt dazu, dass mehr Väter ihrer Unterhaltspflicht nachkommen.
3. Zwischen den beiden Parteien im Familiengericht gibt es keinerlei Machtgefälle.
4. Gewalt gibt es nicht.
5. Erzwungene Einigungen sind nachhaltig.

Nun muss man keine Marie Curie sein, um zu erkennen, dass keine einzige dieser Prämissen etwas taugt. Natürlich kann man nicht pauschalisieren, dass es keine Gewalt gibt und schon allein aus diesem Grund kann man auch nicht einfach annehmen, dass das gemeinsame Sorgerecht immer das Beste fürs Kind sei. Dass Gewalt, Kontrollwahn sowie Angriffe auf Mütter völlig verzerrt und verharmlost im Familiengericht als »Teil eines Elternkonflikts« wahrgenommen werden – hier hat es seinen Ursprung. Die vollständige Ausblendung von Gewalt hilft nur einem: dem Täter.

Noch 2007 hatte die Erziehungswissenschaftlerin Prof. Dr. Kerima Kostka auf einer Fachtagung vor der ungeprüften Übernahme des Cochemer Modells gewarnt. Es gab bis dato keinerlei Evaluation des Modells, keine empirischen Daten. Die Einschätzung des Modells beruhte ausschließlich auf vereinzelten Aussagen aus den beteiligten Professionen.[55] Im Oktober 2007 wurde eine Stellungnahme zur geplanten Familienrechtsreform verfasst. Neben zahlreichen namhaften FamilienrechtsexpertInnen und Jura-ProfessorInnen wurde die Erklärung auch mit verfasst von dem Verband alleinerziehender Mütter und Väter (VAMV e.V.), vom Bundesverband Frauenberatungsstellen und Frauennotrufe Frauen gegen Gewalt e.V., vom Verein Frauenhauskoordinierung e.V., vom Kommunikationszentrum für Frauen zur Lebens- und Arbeitssituation (Kofra), der Zentralen Informationsstelle autonomer Frauenhäuser (ZIF) sowie der Evangelischen Arbeitsgemeinschaft für Familienfragen (EAF). Auch diese gemeinsame Erklärung zur Reform warnte davor, an diversen Gesetzesstellen des FamFG das Cochemer Modell zu übernehmen und Gewalthintergründe auszublenden. Es ging deutlich daraus hervor, dass die geplanten Änderungen sehr zulasten gewaltbetroffener Frauen und Kinder gehen würden.[56]

Ein Erfolgsversprechen des Cochemer Modells war es, dem Gericht und der Jugendhilfe Geld einzusparen. Geworben wurde mit denselben Versprechungen, wie sie von Mediationen bekannt sind. Und das Cochemer Modell führt tatsächlich auch häufig zu angeordneten Mediationen. Zu Mediationen hingegen gibt es aber Studien und Evaluationen. In den meisten Untersuchungen gab es nur geringe und vor allem nur kurzfristige Verbesserungen bei Kooperation und Kommunikation nach Mediationen. Spätestens nach zwei Jahren waren die Effekte vollständig verschwunden.[57] Weshalb sollten erzwungene Einigungen vor Gericht nun nachhaltiger sein?

Ist man erstmal der Ansicht, ein Einvernehmen der Eltern sei stets das Beste fürs Kind, kommt man schnell zu dem Schluss, dass derjenige, der nicht zur absoluten Kooperation bereit ist, der eigentliche Täter ist. Mütter, die sich und ihre Kinder vor Gewalt schützen wollen, laufen somit zwangsläufig Gefahr, am Ende mit einem Sorgerechtsentzug abgestraft zu werden. Gerade in Fällen von vorliegender Gewalt legt das Jugendamt in den von Wolfgang Hammer untersuchten Aktennotizen und Hilfeplanprotokollen den Versuch von Müttern, ihre Kinder zu schützen, als mangelnde Kooperationsbereitschaft aus.[58] Während Väter, die im Verdacht stehen, ihre Kinder körperlich zu misshandeln oder sexuell zu missbrauchen, als besonders kooperationsbereit bewertet werden. Die Gründe dafür liegen auf der Hand – interessieren im Familiengericht aber nicht.

Stefanie Ponikau, stellvertretende Vorsitzende von MIA e.V. fasste es gut zusammen: »Die Gerichte versuchen, auf einen Elternkonsens hinzuwirken. In einem Täter-Opfer-Gefälle ist aber kein Konsens auf Augenhöhe möglich.«[59] Perfide ist dabei, dass auch Willensäußerungen der Kinder somit vor Gericht keine Rolle mehr spielen, obwohl ja genau zur Ergründung ihres Willens ursprünglich VerfahrensbeiständInnen eingesetzt wurden. Die Willensäußerungen von Kindern, die ihren Vater nicht oder weniger sehen wollen bzw. die nicht zu ihm umplatziert werden wollen oder Gewalt explizit benennen, werden durchweg auf eine mangelhafte Kooperationsbereitschaft der Mutter zurückgeführt »oder als Beleg für eine zu enge Mutter-Kind-Bindung ausgelegt.«[60]

Zwei Jahre, nachdem Kostka und andere ExpertInnen darauf hingewiesen hatten, dass diese Einigungsideologie nicht im Sinne von Kindern und schon gar nicht im Sinne des Gewaltschutzes ist, wurde das Modell dann zu guten Teilen in das neue Familienverfahrensgesetz für ganz Deutschland aufgenommen.[61] Bittere Ironie: Die Reform 2009 entstand unter der Leitung von Bundesjustizministerin Zypries, die sich dadurch die Verbesserung des Kinderschutzes versprach.[62]

Kartellbildung und Intransparenz

Um die Probleme im Familiengericht, die institutionelle Gewalt begünstigen, und darum, welche Lösungen es hierfür geben könnte, wird es ausführlicher im letzten Kapitel des Buches gehen. Deswegen sei an dieser Stelle nur kurz angesprochen, welche Ursachen die Entstehung institutioneller Gewalt ebenfalls befeuern:

- **Es fehlt ein gesetzlich verankerter Schutz vor Kartellbildung und Präjudizierung.** RichterInnen sind stets frei, sich die Verfahrensbeistandschaft (VB) nach eigenem Gusto zu wählen. So können RichterInnen, die von vornherein auf ein bestimmtes Urteil aus sind, diejenige VB wählen, die das ihrer Ansicht nach am ehesten in ihrem Bericht so umsetzen wird. VBs wiederum sind beruflich und finanziell darauf angewiesen, dass RichterInnen sie auswählen. Daher ist es im Interesse der eigenen Existenzsicherung ratsam, sich den Meinungen der RichterInnen anzuschließen oder jedenfalls nicht durch eine vielleicht missliebige Beurteilung der Lage unangenehm aufzufallen. Es versteht sich von selbst, weshalb es ungünstig ist, wenn der »Anwalt des Kindes« und die rechtsprechende Person in einem Abhängigkeitsverhältnis stehen.
- **Es fehlt ein Schutz vor Fehlern (bewusst oder unbewusst) bei den Befragungen und Berichten der VB und der begutachtenden Sachverständigen.** Die Befragungen müssen nicht dokumentiert werden, sie müssen nicht vor ZeugInnen stattfinden. Dem Missbrauch ist hier Tür und Tor geöffnet. Und so häufen sich Fälle, in denen Kinder glaubwürdig berichten, das nie gesagt zu haben, was die VB da äußert. Oder die unglaublich manipulative Befragungstaktiken schildern.
- **Das Beschleunigungsgebot gilt nicht beim Gewaltschutz.** Somit wird immer wieder indirekt bewirkt, dass Gewaltschutzverfahren gar nicht abgewartet werden und auch ohne diese Umgangs- und Sorgerechtsregelungen beschlossen werden. Beides ist untrennbar miteinander verbunden und kann nicht unabhängig voneinander betrachtet werden.
- **Die Vorgeschichte sowie die Ursachen dafür, dass Kinder ihren Vater nicht oder wenig sehen wollen, werden ignoriert.** Insbesondere aus Zeit- und Geldnot ist es Jugendämtern und VerfahrensbeiständInnen oft gar nicht möglich, die Hintergründe genauer zu betrachten. Es wird vorschnell geschlussfolgert, dass der Wunsch des Kindes nach Kontaktreduzierung oder -abbruch zu einem Elternteil einen manipulierten Kindeswillen offenbart.

Dass dieser oft auf eine Historie der Gewalt zurückgeführt werden kann, wird ausgeblendet und nicht mal als Möglichkeit in Betracht gezogen.[63] Der Familienrechtsexperte Prof. Dr. Ludwig Salgo hat vor dieser direkten Folge des Einigungszwangs gewarnt – der Ausblendung der Vorgeschichte – und in dem Zusammenhang auf Worte von William Faulkner zurückgegriffen: »Das Vergangene ist nicht tot, es ist nicht einmal vergangen.«[64]

- **An keiner Stelle des Familienverfahrensgesetzes ist eine Schadensabwägung vorgeschrieben.** Wird ein Kind gegen seinen Willen zum Vater umplatziert, weil das Gericht davon ausgeht, dass seine Mutter den Kontakt zum Vater nicht gutheißt, müsste in jedem Fall eine Gegenüberstellung der zwei möglichen Szenarien erfolgen: Welche Auswirkungen hat es für das Kind, wenn es bei der Mutter bleibt, auch wenn diese eventuell den Kontakt zum Vater nicht fördert? Und welche Auswirkungen hat es für das Kind, wenn es gegen seinen Willen zum Vater gezwungen wird? Obwohl zahlreiche Studien belegen, dass erzwungene Umgangskontakte beim Kind zu psychischen Beeinträchtigungen führen und sie außerdem auch die Gefahr für körperliche, sexuelle und psychische Gewalt erhöhen können, wird dies nicht in eine Schadensabwägung mit einbezogen.[65] Genauer: Es erfolgt überhaupt keine Abwägung. In allen rund 700 von Hammer untersuchten Fällen war dies der Fall: „Es ist auch in keinem Fall eine Schadensabwägung der Folgen der Inobhutnahme gegenüber einem Verbleib in der Herkunftsfamilie für die Kinder erfolgt.[66]

Ein mögliches Fazit aus einer Schadensabwägung könnte beispielsweise sein, dass man zunächst »minimalinvasiv« vorgeht, um die psychischen Beeinträchtigungen für die Kinder gering zu halten und dem Kindeswohl am besten zu entsprechen. Es gibt verschiedene Möglichkeiten der ambulanten Erziehungshilfen, Erziehungsberatung oder Jugend- und Familienförderung. Doch bei den untersuchten Inobhutnahmen konnte Hammer weder den Akten noch den Gesprächen entnehmen, dass ambulante Hilfen überhaupt empfohlen oder angeboten wurden. »Die Neufassung des § 1666 BGB vom 12.07.2008 räumte dem Jugendamt noch mehr Freiheiten ein, die Kinder noch schneller und unbürokratischer aus den Familien herauszunehmen und in Heime einzuweisen.«[67] Das Anbieten ambulanter Hilfen ist nicht zwingend erforderlich.

Finanzielle Gewalt durch Behörden

Eine weitere Form der institutionellen Gewalt stellt die finanzielle Gewalt dar. Diese geht also nicht nur von (Ex-)Partnern aus. Im Bericht von Friederike in Kapitel 3 wird deutlich, wie sie nach einer Vergewaltigung von Behörden gedemütigt wurde. Obwohl diese Stellen zur Vergabe von Wohngeld, Kinderzuschlag oder Unterhaltsvorschuss dafür da sein sollten, sie und ihr Baby finanziell zu unterstützen. Beim Lesen wird man erinnert an Asterix und Obelix, die in »Asterix erobert Rom« in einem Verwaltungsgebäude fast verrückt werden bei dem Versuch, den Passagierschein A38 zu erhalten.

Allein schon die Möglichkeit, dass Väter manche Mütter mit Verfahren im zweistelligen Bereich überziehen dürfen, bewirkt eine finanzielle Gewalt, unter der insbesondere Alleinerzieherinnen in häufig prekären finanziellen Situationen leiden. Solchen Dauer-Antragstellern müsste gesetzlich Einhalt geboten werden. Zumal durch die hier verursachten Kosten nicht nur die betroffenen Mütter leiden, sondern auch die gesamte Gesellschaft in finanzielle Haftung genommen wird.

Aus meiner Beratungstätigkeit kenne ich einen Fall, in dem ein Vater nicht nur erfolgreich das gemeinsame Haus nach der Trennung zur Zwangsvollstreckung aussetzte, sodass die Mutter mit den Kindern sehr schnell ausziehen musste. Gleichzeitig stellte er einen Antrag auf das alleinige Sorgerecht mit der Begründung, dass die Mutter finanziell nicht für die Kinder aufkommen könne, weil sie nicht mal den Wohnsitz halten könne. Und obendrauf eröffnete er ein weiteres Verfahren, in dem er die Mutter auf Trennungsunterhalt verklagen wollte. Es kann nicht sein, dass sich deutsche Familiengerichte derart instrumentalisieren und über die Zusammenhänge von Ursache und Wirkung hinwegtäuschen lassen.

In einem anderen Fall drängte ein Vater auf einen Vaterschaftstest. Die Kosten in Höhe von 1 000 EUR hierfür hatte die Mutter zu tragen.[68] Derartige Urteile müssen fassungslos machen.

Missachtung von Schwangerschaft und Mutterschutz

Wenn Schwangerschaft und Mutterschutz keine Berücksichtigung bei Gerichtsterminierungen finden, stellt dies ebenfalls institutionelle Gewalt gegen Mütter und Kinder dar. In § 155a FamFG[69] ist zwar bestimmt, dass eine

Frist zur Stellungnahme im Sorgerechtsverfahren frühestens sechs Wochen nach der Geburt enden darf. Doch diese Regelung wirkt halbherzig. Der gesetzliche Mutterschutz gilt für die Zeit sechs Wochen *vor* der Geburt und acht Wochen *nach* der Geburt. Dies sollte in ebendiesem Umfang berücksichtigt werden. Und zwar nicht nur bei Sorgerechtsverfahren und auch nicht nur in Bezug auf das Kind, um das es geht. Wenn sich eine Frau im Mutterschutz befindet, sollten weder Schriftstücke zugestellt, noch Termine in diesem Zeitraum anberaumt werden.

»Manche Gerichtsladung wird vorgeburtlich oder praktisch im Kreißsaal zugestellt. Dass Kinder von den Emotionen der Mutter im Mutterleib beeinflusst werden, ist belegt. Weder auf die Mutter noch auf das Kind wird hier Rücksicht genommen. Mutterschutz nach Art. 6 (4) Grundgesetz endet beim Arbeitsrecht.«[70]

Eine ähnliche Missachtung des Wohls von Mutter und Kind sehen wir, wenn selbst wenige Wochen alte Still-Babys zu stundenlangen Umgängen oder gar Übernachtungen ohne Still-Mahlzeiten gezwungen werden. Das ist der umgekehrte Kaukasische Kreidekreis. Der Vater zieht, obwohl es das Kind zerreißt – und wird vom Staat ermutigt weiter zu ziehen. Kinderschutz sieht anders aus!

Wissenslücken

Es offenbaren sich diverse Wissenslücken bei den Beteiligten in familiengerichtlichen Verfahren wie RichterInnen, VerfahrensbeiständInnen, Jugendamt und Sachverständigen.[71] Diese gilt es, dringend zu schließen, damit institutionelle Gewalt verhindert und ein Schutz für betroffene Kinder und Mütter möglich wird. Vor allem zu folgenden Themen scheinen die unterschiedlichen Professionen weniger Fakten als Mythen zu kennen:

1. Täterstrategien
2. Auswirkungen von geschlechtsspezifischer Gewalt und Kindesmissbrauch
3. Psychische Gewalt
4. Traumafolgestörungen
5. Patriarchale Wirkungsmacht; Wurzeln von Väterrechtsideologien bzw. deren Verstrickung in Theorien und Strategien Pädokrimineller

Zur Verbesserung des Wissensniveaus aller Beteiligten ist eine entsprechende finanzielle Ausstattung der Familiengerichte, Jugendämter und Verfahrensbeiständlnnen unabdingbar, damit ausreichend Mittel für Weiterbildungen zur Verfügung stehen. Zudem bedarf es unbedingt einer Überprüfung der Hintergründe der ausgewählten Fortbildungen. Es kann nicht sein, dass Wissenslücken oder sogar eine Verbreitung von Fake News darin begründet ist, dass Ideologen, Väterrechtler und Vertreter von Pseudotheorien ganze Jugendämter fortbilden.

Vaterrecht vs. Gewaltschutz

Einer der größten Kritikpunkte an der aktuellen familienrechtlichen Praxis betrifft die Aushebelung des Gewaltschutzes (zugunsten des Umgangsrechts):

1. Dabei wird bei Beschlüssen und Urteilen zum einen der Gewaltschutz als weniger dringlich angesehen als die Durchsetzung väterlicher Umgangsbegehren.

»Die familiengerichtliche Praxis neigt dazu, das Recht auf Umgang gegenüber anderen Kinderrechten (Sicherheit, Unversehrtheit) zu idealisieren und die Belastungen, die selbst bei begleitetem Umgang nach einer Gewaltbeziehung auftreten, zu bagatellisieren.«[72]

Ich gehe noch einen Schritt weiter, denn es ist nicht nur so, dass es sich hier um verschiedene sich entgegenstehende Kinderrechte handelt, von denen eines (Recht auf Umgang) einem anderen (Recht auf Sicherheit/Unversehrtheit) gegenübersteht. Wenn Kinder zu Umgängen mit dem Vater gezwungen werden, die sie nachweislich nicht wünschen, will das Kind offensichtlich von seinem eigenen Recht auf Umgang gar keinen Gebrauch machen. Es wird also nicht etwa dem einen Kinderrecht mehr Gewicht beigemessen als dem anderen Kinderrecht. Sondern: Es wiegt dann das Recht des Vaters auf Umgang höher als das Recht des Kindes auf Sicherheit/Unversehrtheit. Väterrechte werden den Kinderrechten übergeordnet. Dieser Punkt ist wichtig, denn wir leben im Patriarchat (wörtliche Bedeutung: »Herrschaft oder Recht des Vaters«). Und in diesem ist es nur folgerichtig, dass Väter ihre Rechte auch gegen die Rechte von Kindern durchsetzen können. Ziel ist es, die Väter von ihren Taten freizusprechen, vielleicht auch aus dem eigenen persönlich motivierten dringenden Bedürfnis heraus, das Unmögliche und Unerträgliche nicht sehen zu können oder zu wollen.

»Gerichtlich angeordnete Umgänge dienen in solchen Situationen der Verleugnung des Furchtbaren, der Rehabilitation der gewalttätigen Elternteile und der Verleugnung der Gefühlslage des Kindes. Zunächst wird dem Kind suggeriert, die gefährliche Situation wäre vorüber, obwohl es die Angst der Mutter vor einer Begegnung mit dem Vater spürt.«[73]

Mütter erleben im Familiengericht oft, dass der Umgang in jedem Fall erzwungen wird – völlig gleich, was der Vater dem Kind angetan hat. Der Umgangsausschluss ist so etwas wie das Einhorn des Familiengerichts. Kaum eine Mutter hat ihn je gesehen. Nicht einmal begleiteter Umgang kann eingefordert werden, wenn ein Vater pädophil und das Kind auffällig ist. Das gilt selbst für einen Fall, in dem

- der Vater nachgewiesenermaßen pädophil war,
- die Kinder ihren Vater nicht sehen wollten,
- die Therapeutin der Kinder Anzeichen für eine Traumatisierung bzw. für sexuellen Missbrauch als erwiesen ansah.

Das Bundesverfassungsgericht erklärte im Urteil, dass begleiteter Umgang die Rechte des Vaters enorm einschränken würde. Und sahen auch keinen Anlass, den Umgang zu beschränken: »Auch die von der Gutachterin festgestellten pädophilen Neigungen des Beschwerdeführers rechtfertigten keine Beschränkung des Umgangsrechts auf begleiteten Umgang.«[74]

Selbst wenn doch begleiteter Umgang angeordnet wird, wird gerne betont, dass dies nicht etwa an einer erkannten Gefahr liege, die vom Vater ausgehe. Die Entfremdung der Mutter habe dazu geführt, dass man begleitete Umgänge anordnen müsse, heißt es dann oft. Für Mütter und Kinder, die Gewalt und Missbrauch durch den Vater erlebt haben, ist aber auch ein begleiteter Umgang nur ein schwacher Trost. »Wenn in Verdachtsfällen begleiteter Umgang empfohlen wird, besteht immer der Auftrag an die durchführenden Träger diesen in einen unbegleiteten übergehen zu lassen.«[75]

Und in allen anderen Fällen gilt dies ohnehin. In jeder denkbaren Situation hat der begleitete Umgang das Ziel, in einen unbegleiteten Umgang zu münden. Und zwar so schnell wie möglich. Werden vom Gericht zehn begleitete Umgänge festgelegt, bedeutet das nicht, dass diese auch durchgeführt werden! Sollte die Umgangsbegleitung zu dem Fazit kommen, dass sich das Kind bei den ersten Terminen in Anwesenheit des Vaters »normal« benimmt, hat auch so manche Einrichtung den begleiteten Umgang bereits nach zwei bis drei oder gar nur einem Termin beendet mit dem Hinweis, dass dieser doch nicht (mehr) benötigt würde. Trotz anderslautendem Gerichtsbeschluss! Ein Verweis auf diesen hilft den Müttern hier nicht weiter. Die Umgangsbegleitung kenne das Kind nun besser als Jugendamt, Verfahrensbeistandschaft oder RichterIn und ihr Urteil ist kaum angreifbar.

Es häufen sich auch Berichte von Müttern, aus denen hervorgeht, dass sich die Umgangsbegleitung auch bei Gewalt durch den Vater während des Umgangs gar nicht im Raum mit Vater und Kind aufhält, sondern in ihr Büro verschwindet. Fragen Mütter dann nach, weshalb der Umgang nicht begleitet wird, heißt es plötzlich: »Begleiteter Umgang heißt ja nicht, dass ich den Umgang selbst begleite, sondern nur den gesamten Prozess. Dazu gehören zum Beispiel die Terminabsprachen mit den Eltern.« Das wäre in etwa so, als würde ich auf den Vorwurf meiner Chefin, ich würde im Büro überhaupt nicht arbeiten, entgegnen: »Arbeiten heißt auch nicht, dass ich wirklich arbeite, dazu gehört auch, dass ich plane, wann ich zum Büro fahre und wann ich Feierabend mache.« Zu Recht bekommen Mütter in diesen Fällen das Gefühl, vom System für blöd verkauft zu werden.

Insbesondere wenn begleiteter Umgang angeordnet wurde, weil vom Vater eine Gefahr fürs Kind ausgeht, stellt sich natürlich die Frage, wie es sein kann, dass das Ziel stets der unbegleitete Umgang ist. Wenn doch eine Gefahr vom Vater für das Kind ausgeht, weshalb sollte diese Gefahr nach ein paar Terminen gebannt sein?

2. Zum anderen wird ein bereits bestehender Gewaltschutz in Form eines Kontaktverbots ausgehebelt, wenn die Mutter im Umgangs- oder Sorgerechtsverfahren zu Beratungen, Mediationen und weiteren Terminen mit demjenigen Mann gezwungen wird, der sich ihr eigentlich nicht mal mehr nähern, geschweige denn sie kontaktieren darf. Hier wird sprichwörtlich

»der Bock zum Gärtner gemacht«. Der »Gewaltschutz darf nicht über einen möglichen impliziten Beratungszwang ausgehebelt werden.«[76]

Einerseits werden Gewaltschutzanordnungen eingeschränkt verfasst, um dabei auf das Umgangsrecht des Täters Rücksicht zu nehmen. Oder es werden bei Umgangs- und Sorgerechtsentscheidungen Maßnahmen festgelegt, die die Gewaltschutzanordnung nicht berücksichtigen.

»In Gewaltschutzanordnungen werden zugunsten des Umgangs Kontaktverbote modifiziert. Umgekehrt werden gerichtliche Umgangsregelungen, teilweise mit erzwungenem Kontakt, getroffen, ohne dass Gewaltschutzanordnungen bekannt sind oder beachtet werden.«[77]

In einem Fall von eindeutigem Stalking entschied beispielsweise eine Richterin, dass der Vater kein Kontaktverbot erhalten solle, sondern lediglich zu Protokoll geben müsse, dass er die Mutter und das Kind vorerst nicht mehr kontaktiert. Er hatte zuvor Hunderte Male Kontaktversuche gestartet, teilweise innerhalb von zehn Minuten zehn Mal angerufen etc. Wäre die Mutter nur eine Bekannte des Vaters gewesen, hätte es ein Kontaktverbot gegeben. So aber hatte die Richterin Mitleid mit dem Vater, der angab, auf diesem Wege den Kontakt zum Kind erzwingen zu wollen. Belästigung und Stalking sind also erlaubt, wenn es ein gemeinsames Kind gibt, weil der Wunsch des Vaters, über möglichst viele Belästigungen Zwang auszuüben, als nachvollziehbar empfunden wird. Diese Form der Argumentation würde in anderen Bereichen nicht funktionieren. Würde eine Arbeitskollegin innerhalb kürzester Zeit 150 Mal von einem Kollegen angerufen, könnte er wohl kaum erfolgreich sein mit der Begründung, er hätte nur wissen wollen, ob sie seinen Kugelschreiber eingesteckt habe, und mit seinem Verhalten eine Antwort auf diese Frage erzwingen wollen. Wobei natürlich auch in anderen Fällen von Gewalt durch Männer gegen Frauen üblich ist, dass ein Nein nicht akzeptiert wird und auch noch als Begründung für ein weiteres Nachfragen herangezogen werden kann.

Selbst begleitete Umgänge sollen fast immer flankiert werden von Gesprächen mit beiden Elternteilen gemeinsam. Täter nutzen jedoch diese Beratungskontexte, um ihre Opfer mit Vorwürfen, Beleidigungen, Kontrolle und Verleumdungen weiter zu drangsalieren. Beratungsstellen sind ihrerseits häufig überhaupt nicht darauf ausgelegt und darin ausgebildet, um Kontakte zwischen Tätern und Opfern zu »managen« bzw. aggressive und bedrohliche Männer »in Schach zu halten«. Viele Mütter berichten, dass der Mediator, die Beraterin, die Umgangsbegleiterin oder der Jugendamtsmitarbeiter selbst Angst vor dem Vater hat und diesen einfach gewähren lässt. Manche Väter gehen außerdem überaus geschickt vor. Sie wissen, dass sie den Müttern psychisch zusetzen können, ohne überhaupt die Grenzen des Gesetzgebers übertreten zu müssen. Sie poltern in Gesprächen los, lassen die Mütter nicht ausreden, fahren sie an, nutzen Formulierungen, die überkritisch und verächtlich sind, aber nennen sie nicht »dumme Kuh«, weil das als Beleidigung vielleicht sogar geahndet werden könnte. In diesen »angeleiteten« Beratungen rutschen die BeraterInnen nicht selten immer tiefer unter den Tisch, während die Väter ungebremst einen Hieb nach dem nächsten austeilen:

- »Ach komm, du schon wieder.«
- »Du hast doch keine Ahnung.«
- »Jetzt guck nicht schon wieder so winselnd.«
- »Was Du laberst, macht mich richtig krank.«
- »Stell Dich ruhig als Opfer dar.«
- »Jetzt kommt das schon wieder. Halt einfach den Mund!«

Was sich kein Angestellter von seinem Kollegen sagen lassen müsste, wird selbst Müttern zugemutet, die ein Kontaktverbot erwirken konnten. »So kommt es selbst in Kontexten mit einem Näherungsverbot des Täters dazu, dass ihm als Vater, ›der ja dem Kind nie etwas angetan hat‹, das Recht auf Kontakt eingeräumt wird.«[78]

Lehnt eine Mutter Beratungssituationen mit dem Vater im selben Raum ab, wird ihr dies fast immer als Zeichen mangelnder Kooperationsbereitschaft ausgelegt.[79] Der Verweis auf erlebte Gewalt und Traumatisierung gilt nicht. Im Gegenteil. Gibt die Mutter an, durch den Vater traumatisiert zu sein, wird ihr daraus schnell ein Strick gedreht: Dann heißt es, dass die Kinder besser beim Vater aufgehoben wären als bei ihrer psychisch labilen Mutter. Die Folgen der Gewalttaten werden stets den Opfern angelastet, nicht etwa den Tätern.

Es wird verkannt, dass Gewalt gegen die Mutter immer auch Gewalt gegen das Kind ist. Und dass umgekehrt Gewalt gegen das Kind immer auch Gewalt gegen die Mutter ist. Das Umgangsrecht des Vaters wird daher überhaupt nicht berührt, wenn er »nur« Gewalt gegen die Mutter ausgeübt hat. Das Gegenteil ist der Fall: War ein Vater gewalttätig gegen die Mutter, so wird er sogar noch als besonders guter Vater angesehen. Sie lesen richtig! Dass ein gefährlicher Mann sich offenbar Mühe gibt, nur gegen die Frau zu schießen, nicht aber gegen das Kind, soll belegen über was für tolle Vater-Qualitäten er verfügt.

»In 38 Fällen amtlich bestätigter häuslicher Gewalt der Ex-Partner gegenüber ihren Ex-Partnerinnen, vertraten Jugendamt und Familiengericht die Auffassung, dass diese Väter besonderes Verantwortungsbewusstsein dadurch gezeigt hätten, dass sie nur ihre Frauen aber nicht ihre Kinder geschlagen hätten.«[80]

Problematische Gesetzeslage?

Die Gesetzeslage kann nicht die gesamte institutionelle Gewalt erklären. Zumal auch im Familienverfahrensgesetz, das seit 2009 gilt, gewisse Einschränkungen benannt werden. So soll das Gericht laut § 36 FamFG beispielsweise zwar auf Einigung hinwirken, Gewaltschutzsachen werden aber als Ausnahme benannt.[81] Es soll ebenso laut § 156 in jeder Lage des Verfahrens auf ein Einvernehmen der Eltern hingewirkt werden, aber nur, wenn dies dem Kindeswohl nicht widerspricht.[82] Eine Beratung oder Mediation kann angeordnet werden, ein direkter Zwang geht aus dem Gesetz aber nicht hervor.[83] In § 36a FamFG heißt es:

»Das Gericht kann einzelnen oder allen Beteiligten eine Mediation oder ein anderes Verfahren der außergerichtlichen Konfliktbeilegung vorschlagen. In Gewaltschutzsachen sind die schutzwürdigen Belange der von Gewalt betroffenen Person zu wahren.«[84]

Klingt erstmal nicht so problematisch. Es sind ja entsprechende Ausnahmen formuliert. Weshalb gibt es dann trotzdem so viele Fälle, in denen nach häuslicher Gewalt im Familiengericht versucht wird, Mütter zur Beratung und Einigung mit den Tätern zu zwingen? Entsprechend der § 36, 36a und 156 FamFG sind Bedingungen festgelegt. Für das Hinwirken auf eine Einigung zwischen Mutter und Vater gilt:

- nur wenn es dem Kindeswohl nicht widerspricht,
- Ausnahme: Gewaltschutzsachen.

Für das Anordnen von Beratungen gilt:

- Belange der Opfer sind bei Gewaltschutzsachen zu berücksichtigen.

Schauen wir uns das mal näher an. Gewaltschutzsachen als Ausnahme zu formulieren bedeutet gleichzeitig: Jede Form von Gewalt, für die kein Gewaltschutzverfahren von der Frau beantragt wurde, wird ignoriert. Diese Taten haben keinerlei Auswirkung bzw. ändern in der Rechtsprechung nichts an Einigungszwang und Beratungsanordnung. Bedenkt man nun, wie oft Frauen Gewalt durch Männer anzeigen, muss diese Ausnahme von der Ausnahme stutzig machen. Bei Vergewaltigungen wissen wir beispielsweise, dass nur in ca. 5 Prozent aller Fälle eine Anzeige erfolgt. Wenn der Täter ein (Ex-)Partner ist, wird die Vergewaltigung noch seltener angezeigt.[85] Es darf davon ausgegangen werden, dass bei allen Gewalttaten, die Männer an (Ex-)Partnerinnen verüben, die Hemmschwelle hoch ist, überhaupt eine Anzeige zu erstatten.[86] Und liegen zu wenig Nachweise vor, wird der Antrag vom Gericht oft gar nicht erst angenommen.

Und was ist, wenn das Gewaltschutzverfahren noch nicht läuft – eben weil hier ja keine Beschleunigung des Verfahrens stattfinden muss? Oder wenn die Gewaltschutzsache im Einvernehmen beendet wird? Es häufen sich nämlich die Fälle, in denen Mütter berichten, man hätte sie auch in einer Gewaltschutzsache zur Einigung gedrängt. Nach dem Motto: Dass der Vater die Mutter nicht mehr kontaktieren dürfte, wäre unfair, wenn sie ihn gleichzeitig noch kontaktieren dürfte. Die Mütter werden provokativ gefragt: »Oder ist das so nötig, dass sie Ihren Ex-Mann kontaktieren können? Schließlich wollen sie ja ihre Ruhe.« Die Frauen wollen natürlich ihrem Begehr nach Ruhe Nachdruck verleihen und sagen wahrheitsgemäß, dass sie ihren Ex-Partner selbstverständlich nicht mehr kontaktieren wollen. Täter und Opfer werden also wieder mal gleichgestellt. Beide erhalten eine Sanktion (auch wenn sie das Opfer sicherlich weniger schmerzt als den Täter). Ein Beschluss ist nicht nötig, man hat sich geeinigt. Zum Teil erfolgt dann nicht mal mehr ein Kontaktverbot, sondern es wird lediglich ins Protokoll aufgenommen, dass sich beide Beteiligten nicht mehr gegenseitig kontaktieren wollen. Die Mutter hofft auf Ruhe, erlebt aber, dass kurz darauf in einem Umgangsverfahren beschlossen wird, dass sie und der Belästiger zu Beratungen gezwungen werden, eine Gewaltschutzsache liegt ja schließlich nicht vor.

Und dann kommen wir natürlich noch zu der Gruppe, die einen Gewaltschutzantrag gestellt hat, dem stattgegeben wurde. Tatsächlich setzen sich viele RichterInnen einfach darüber hinweg, dass in diesem Fall auf ein Einvernehmen nicht hingewirkt werden soll. Die Gesetzestexte sind tatsächlich nicht unproblematisch: Wenn keine Gewaltschutzsache vorliegt, können RichterInnen von dem Ziel, auf eine Einigung hinzuwirken, nicht abweichen. Einzige Ausnahme ist dann, dass die Einigung oder das Hinwirken auf eine Einigung der Eltern eine Kindeswohlgefährdung darstellt. Das wiederum ist natürlich Auslegungssache – und über die entsprechende Auslegung entscheidet das Jugendamt. Sieht das Jugendamt darin keine Gefährdung des Kindeswohls, kommen RichterInnen aus dem Konsenzdrama nicht mehr raus.

Besonders hohl (weil inhaltsleer) ist auch die Formulierung zu Beratungs- und Mediationsanordnungen: In Gewaltschutzsachen sollen die Belange der Opfer berücksichtigt, sprich: miteinbezogen, werden. Also ausgerechnet dann, wenn RichterInnen eigentlich überhaupt nicht mehr um jeden Preis auf ein Einvernehmen der Eltern abzielen sollten, thematisiert dieses Gesetz die Frage, wie dennoch (bei vorliegendem Kontaktverbot) Mediationen stattfinden können? Diese sind also nicht etwa ausgeschlossen. Die Mediationsperson muss nur kurz darüber nachdenken, dass die Mutter nicht direkt neben dem Vater am Tisch sitzen will. Oder dass sie nicht länger mit ihm allein im Raum gelassen werden sollte. Das genügt. Belange der Gewaltopfer sieht man so ausreichend berücksichtigt. Ob diese »Ausnahme« also im Gesetz enthalten ist oder nicht, hat vermutlich keine großen Auswirkungen.

Es zeichnet sich mehr und mehr ab, dass institutionelle Gewalt zwei gleichermaßen wichtige Ursachen hat:

1. **Gesetzestexte sind teilweise ignorant und mangelhaft.** Sie blenden die weibliche Perspektive, die Symptome von Opfern und Täterstrategien aus.
2. **Die Haltungen und Schlussfolgerungen der Personen, die professionell am Verfahren beteiligt sind, sind höchstproblematisch.**

Im § 1666 BGB wird sogar beschrieben, dass auch zu geringe oder gar keine Unterhaltszahlungen als Gefährdung des Vermögens des Kindes bzw. als Kindeswohlgefährdung anzusehen sind und das Gericht daher Maßnahmen zur Abwendung der Gefahr, beispielsweise Teilentzug des Sorgerechts, anwenden müsse.[87] Da immerhin 50 Prozent der Väter keinen Unterhalt für ihre Kinder leisten und weitere 25 Prozent einen zu geringen Betrag entrichten, müsste man davon ausgehen, dass diese Möglichkeit nach § 1666 BGB massenhaft genutzt wird. Tatsächlich ist mir kein einziger Fall bekannt.[88]

In § 1666a BGB ist festgelegt, dass Trennungen der Eltern von ihren Kindern, also Inobhutnahmen oder Umgangsausschlüsse, nur dann vorgenommen werden dürfen, wenn alle anderen Möglichkeiten, auch öffentliche Hilfen, erfolglos blieben oder sie nicht ausreichen würden.[89] Keiner der Mütter in Hammers Untersuchung wurden ambulante Hilfen zur Erziehung angeboten.[90] In allen Fällen müssen die Gerichte also die Begründung gewählt haben, dass sie völlig zu Recht davon ausgehen, dass diese nichts genutzt hätten.

Frauenfeindliche Haltungen

Wir sehen an diesen Beispielen und Gesetzesauszügen, dass sich institutionelle Gewalt nicht allein aus schlecht verfassten, misogynen Gesetzestexten herleiten lässt. Vielmehr zeigen die ausgewählten Stellen Möglichkeiten auf, die von RichterInnen genutzt oder nicht genutzt werden können. Die Gesetzestexte ignorieren, dass es praktisch unmöglich ist, Gewalt so nachweisen zu können, dass sie berücksichtigt und die Anordnung einer Mediation ausgeschlossen wird. RichterInnen sind jedoch nicht gezwungen Nachweise, polizeiliche Anzeigen, Verurteilungen etc. zu verlangen, nur um von der Anordnung einer Beratung abzusehen. Sie müssen diese überhaupt nicht anordnen. Die Gesetzestexte mögen tendenziös und ignorant sein. Erst ihre fragwürdige Form der Anwendung führt zu institutioneller Gewalt. Es ist Alltag in deutschen Familiengerichten, dass selbst Mütter, die Gewalt durch den Vater erlebt haben, zu einer Mediation mit ihm erscheinen müssen – ja, dafür sogar Kontaktverbote eingeschränkt werden. Das heißt, wenn der Vater sich der Mutter aus guten Gründen, gerichtlich angeordnet, nicht auf unter 100 Meter nähern darf, dann wird dieser Beschluss eingeschränkt für Gespräche bei Jugendamt oder Beratungsstellen.[91] Dem gegenüber steht, dass in nur einem einzigen Urteil des Bundesverfassungsgerichts entschieden wurde, »dass der Vorrang der gemeinsamen elterlichen Sorge seine Grenzen bei Gewalt hat.«[92] Und für Hunderttausende von Vätern hatte die Einbehaltung des Unterhalts des Kindes keinerlei Konsequenzen, erst recht keinen Teilentzug des Sorgerechts. Institutionelle Gewalt im Familiengericht speist sich nicht nur aus praxisuntauglichen gesetzlichen Regelungen, sondern mindestens ebenso aus frauenfeindlichen Narrativen. Zum Ausdruck kommt das dann bei den einzelnen Verfahrensbeteiligten in ihren Haltungen Müttern gegenüber.

Kindergefährdende Narrative

Wie kommt es nun zu den frauen- und kinderfeindlichen Haltungen des Personals rund ums Familienrecht? In seiner 2022 erschienen Studie »Familienrecht in Deutschland – Eine Bestandsaufnahme« identifiziert Wolfgang Hammer gleich vier Narrative, die in familiengerichtlichen Verfahren zu finden sind und die sich weder fachlich noch rechtlich begründen lassen:

1. Mütter entfremden Kinder.
2. Nur eine 50:50-Aufteilung der Betreuungszeit ist für Kinder gesund.
3. Mütter wollen Kinder und Geld.
4. Mütter erfinden Gewalt und Missbrauch.[93]

Das erste Narrativ erkennen wir unter anderem daran, dass der natürliche Schutzmechanismus von Müttern sowie die Mutter-Kind-Bindung im familiengerichtlichen Kontext pathologisiert werden.[94] Die Pro-Kind-Position der Mütter wird umgedeutet in eine Anti-Vater-Position. Dies mag sogar stimmen, wenn Väter ihrerseits Anti-Kind eingestellt sind. Die Motivation der Mütter ist jedoch nicht eine feindliche Haltung gegenüber den Vätern, sondern eine fürsorgliche Haltung gegenüber den Kindern. Dass diese bei Vätern, die sich kindeswohlgefährdend verhalten, letztlich auch als Gegenposition zu väterlichen Absichten und Willen wirkt, ist ein Nebeneffekt und nicht etwa die Intention. Dass Mütter ein Schutzbedürfnis für sich und ihr Kind haben, wird nicht als Folge väterlicher Gewalt angesehen.[95] Stattdessen wird das Gewaltverhältnis als Partnerkonflikt verharmlos und von der Elternebene auf die Paarebene umgedeutet. So wird die Mutter zur Konfliktpartei erklärt, die alles tut, um den Streit mit dem Vater für sich zu entscheiden (Narrativ 4). Decken sich die Ängste und Schutzbedürfnisse der Kinder mit denen der Mutter, wird darüber hinaus geschlussfolgert, dass die Kinder durch die Mutter manipuliert werden (Narrativ 1). Väterliche Gewalt wird als Ursache für die Einstellung von Kindern diesem gegenüber nach wie vor verkannt, wodurch diese um ihr Recht auf Anhörung gebracht werden. Der Kindeswille, den es durch das Einsetzen einer Verfahrensbeistandschaft extra zu ermitteln gilt, wird unsichtbar gemacht und somit ausgehebelt. Solange Kinder nicht den Willen des Vaters vertreten, scheint eine Manipulation durch die Mutter als erwiesen (Narrativ 1).

Da die Theorie verbreitet ist, dass Mütter alles tun würden, um die Kinder gegen den Vater aufzuhetzen, wird auch den Berichten über väterliche Gewalt und Missbrauch nicht geglaubt (Narrativ 4). Somit erklärt sich auch, weshalb Hammer in seiner Untersuchung herausfand, dass den Vätern ausnahmslos geglaubt wurde und den Müttern auch bei vorliegenden Belegen ausnahmslos nicht geglaubt wurde.[96] Ein unglaublicher Skandal, der natürlich erst beim Betrachten vieler Fälle auffällt. Die einzelne Mutter mag glauben, dass sie besonderes Pech hatte, ihre Richterin unfähig, der Mitarbeiter vom Jugendamt inkompetent und der Verfahrensbeistand blind gewesen sind. In Wirklichkeit ist das, was jeder Einzelnen hier passiert, nur ein Mosaikstein in einem ganzen Bollwerk an Unfähigkeit, Ignoranz und frauenfeindlichen Haltungen.

Wenn Mütter, die anhand von Unterlagen und ZeugInnen ihre Schilderungen belegen können, quasi chancenlos im Gerichtssaal sind, kann man sich die aussichtslose Lage von Frauen ohne Beweise vorstellen.

»Bei einem Verdacht auf sexualisierte Gewalt – selbst bei einem stark begründeten – ohne entsprechende strafrechtliche Verurteilung orientiert sich die Rechtsprechung nicht selten an einer Entscheidung des Oberlandesgerichts Karlsruhe: ›Lassen sich gesicherte Anzeichen für einen Missbrauch durch die gebotenen gerichtlichen Ermittlungen nicht feststellen, scheidet eine Einschränkung des Umgangsrechts aufgrund eines verbleibenden bloßen Verdachts aus‹.«[97]

In sehr vielen Fällen von häuslicher Gewalt oder auch sexuellem Missbrauch haben die Betroffenen keine Belege – das ist inzwischen allgemein bekannt. Mütter, die ohne Beweise über ihre Beobachtungen sprechen, laufen erst recht Gefahr, mit dem Narrativ 1 und 4 konfrontiert zu werden. Es findet eine Täter-Opfer-Umkehr statt, die Mütter gelten nun als kindeswohlgefährdende, entfremdende, manipulative Personen, die von den Kindern ferngehalten werden sollten. Es erklärt sich also von selbst, weshalb AnwältInnen den Müttern mitunter raten – ob sie nun Beweise haben oder nicht –, vorgefallene Gewalt im Familiengericht nicht zu thematisieren.

Auf der einen Seite gilt also in der familienrechtlichen Praxis: »In dubio pro reo« – also »im Zweifel für den Angeklagten«.[98] Und zwar wann immer Mütter, ÄrztInnen, ErzieherInnen etc. den Vätern Gewalt oder Missbrauch vorwerfen. Also zufällig genau bei Verbrechen, die im Privaten geschehen und für die es oft keinerlei Beweise gibt. Und auf der anderen Seite gilt für Mütter, denen Entfremdung und Manipulation des Kindes vorgeworfen werden, die Umkehr der Beweislast.[99] Sie müssen also erstmal beweisen, dass sie das Kind nicht manipulieren, ja, dass sie es auch nicht unabsichtlich beeinflussen. Sieht ein Kind, dass die Mutter traurig ist, wenn der Vater sie schlägt, ist dies bereits angeblich eine »unbewusste Manipulation«. Diese Formulierung sollte aus der rechtlichen Praxis gestrichen werden, denn ansonsten ist jede Form der Erziehung, jede Regung und Äußerung einer Mutter – ebenso wie jede Regung und Äußerung, die sie unterlässt – eine unbewusste Manipulation des Kindes. Diese Umkehr der Beweislast sollte bei Gewalt und Missbrauch generell gelten. Andernfalls sind Kinder de facto ungeschützt.[100]

Gerechtigkeit scheint im Familiengericht wie ein Fisch zu sein, der einem immer wieder entgleitet – egal, wie sehr man sich bemüht: Haben die Frauen keine Beweise für die väterliche Gewalt, wird ihnen nicht geglaubt. Haben sie Beweise, werden diese erst gar nicht gesichtet. Gibt es sogar eine entsprechende Verurteilung des Vaters, wird diese wahlweise ebenfalls ignoriert oder es wird die Gewalt verharmlost, relativiert und die Mutter sogar von RichterInnen angefahren, weshalb sie jetzt auf diesen Dingen aus der Vergangenheit herumreite. Sie sei wohl bindungsintolerant. Nun muss sie beweisen, dass sie nicht bindungsintolerant ist. Kann sie das beweisen, werden die Beweise wieder ignoriert. Kann sie es nicht belegen, gilt sie als überführt. Mütter befinden sich im Familiengericht in einem Flur mit vielen Türen, die ihnen alle vor der Nase zugeschlagen werden. Oder eben in einem »Hexenprozess«, in dem sie nur die Wahl zwischen Ertrinken oder Verbrennen haben.

Im Narrativ 2 geht es um die Möglichkeit, ein Kind wie einen Kuchen teilen zu können. Und weiter noch: Es geht auch darum, dass diese Teilung nötig ist – selbstverständlich für das Kind. Während die Mütter in einer Beziehung meist den Großteil der Fürsorgearbeit erledigen und dies den Staat reichlich wenig interessiert, wird diese Aufgabenteilung nach der Trennung als kindeswohlgefährdend hingestellt. Just ab dem Moment, ab dem sie nicht mehr im Sinne des Vaters ist bzw. dieser unterhaltspflichtig wird. Auf das Wechselmodell und seine Folgen für Kinder wird noch gesondert eingegangen.

Wenn Mütter gegen das Wechselmodell sind und sich wünschen, dass sie weiterhin die Hauptbetreuungsperson ihres Kindes sind, wird dies nicht als logisch und folgerichtig und als das Beste für das Kind erachtet. Eigentlich gilt im Familienrecht das Kontinuitätsprinzip, bei dem es darum geht, dass sich für Kinder nach Möglichkeit nach einer Trennung der Eltern recht wenig ändern soll. Dieses wird hier völlig außen vor gelassen. Stattdessen wird unbelegt davon ausgegangen, dass Mütter Macht und Kontrolle haben wollen und sich dieses darin ausdrückt, dass sie Kinder und Geld haben wollen (Narrativ 3). Das Residenzmodell, bei dem die Kinder hauptsächlich bei der Mutter leben, wird also als Luxusmodell wahrgenommen, das Mütter wünschen, weil es ihnen nur um das Geld und Macht über Vater und Kinder gehen würde. Absurderweise leben alleinerziehende Mütter jedoch häufig in Armut. Ganze 43 Prozent der Alleinerziehenden gelten als einkommensarm. 34 Prozent der Alleinerziehenden beziehen Hartz IV.[101] Wie anstrengend das Leben für alleinerziehende Mütter ist, hat Christine Finke in ihrem Buch *Allein, alleiner, alleinerziehend* gut dargelegt.[102] Die Theorie, Mütter wären so gerne alleinerziehend, weil sie sich rund um die Uhr allein um die Kinder kümmern und im Reichtum schwelgen wollen, ist absurd. Aber dennoch nicht weniger weit verbreitet.

Man könnte die Auflistung von Hammer noch um weitere schädliche Narrative ergänzen:

- Gewalt gegen die Mutter ist keine Gewalt gegen das Kind.
- Gewalttätige und pädophile Väter sind gute Vater.

- Mütter, die Angst vor Gewalt haben, gefährden das Kind.
- Je mehr Väter Sorgerecht erhalten, umso mehr Väter zahlen Unterhalt (und entlasten die Kassen).
- Mütter sind hysterisch und lügen oft.
- Väter sagen stets die Wahrheit.
- Ein gemeinsames Sorgerecht ist immer die beste Lösung.
- Gewalt durch den Vater stellt keine Kindeswohlgefährdung dar.
- Mütterlicher Einfluss auf Kinder (auch unbewusster) stellt eine Kindeswohlgefährdung dar (freilich nur bei getrennt lebenden Müttern).

Väterliche Betreuungswünsche nach der Trennung

Eine weitere Folge dieser gefährlichen Narrative ist, dass Kindeswohlgefährdungen (KWG) durch Väter übersehen oder ausgeblendet werden und keine Berücksichtigung finden. Obwohl gerade Kindeswohlgefährdungen (zum Beispiel bei Gewalt oder Vernachlässigung) *der* Grund schlechthin sind, um Umgänge einzuschränken, auszuschließen oder Kinder in Obhut zu nehmen. Bei den Inobhutnahmen von Kindern aus dem mütterlichen Haushalt wurde erschreckenderweise nicht ein einziges Mal mit Gewalt oder Vernachlässigung argumentiert. Es wurde in Hammers Untersuchung nicht eine KWG im mütterlichen Haushalt festgestellt, die auf Gewalt oder Vernachlässigung beruht.[103] Argumentiert wird stets mit der mütterlichen Entfremdung. Dass derartige Inobhutnahmen (ION) rechtens sind, ist nur schwer zu glauben. Die Anzahl der Inobhutnahmen hat sich dabei seit Verbreitung dieser Narrative immer mehr erhöht. Seit 2004 hat sie sich nahezu verdoppelt! So waren es 2004 noch 24 997 ION im Jahr und im Jahr 2010 bereits 40 863.[104] Das entspricht einem Anstieg von fast 65 Prozent. Bereits 2009 zeichnete sich eine solche Entwicklung ab und Ursula von der Leyen hat als damalige Bundesfamilienministerin scharfe Kritik an den Jugendämtern geäußert. Doch die Zahlen stiegen seitdem weiter unaufhörlich – obwohl wir bis 2011 weiter sinkende Geburtenzahlen pro Jahr hatten.[105] Problematische Inobhutnahmen sind weit verbreitet in Deutschland.[106]

Wollen Väter die Kinder betreuen?

Aus welchen Gründen wollen Väter nach einer Trennung plötzlich der bisherigen Betreuungsaufteilung ein Ende setzen und sind dafür sogar bereit, die Mutter mit Verleumdungen in Verruf zu bringen? Wer meint, dahinter stehe das mit der Trennung plötzlich entfachte Interesse am Kind, irrt. Viele Mütter, die das Sorgerecht für ihre Kinder verlieren oder zumindest eine Umplatzierung des Kindes zum Vater erleben, berichten Unglaubliches. Die Väter, die zuvor so sehr dafür gekämpft hatten, dass sie die Hauptbezugsperson für das Kind werden, gehen mit dem »Sieg« vom Schlachtfeld und werfen den »Pokal« weg. In allen Beratungen, die ich in diesem Zusammenhang durchgeführt habe, ging es nicht ein einziges Mal um einen Vater, der tatsächlich seine Arbeitszeit reduziert hatte, um sich hauptsächlich um das Kind kümmern zu können, nachdem es zu ihm gezogen war. Oder der so etwas für diesen Fall in der Zukunft plante. Jedes Mal gab es da andere Frauen im Hintergrund, die für ihn die Fürsorgearbeit verrichteten, während sich für ihn nichts änderte. Häufig sind dies die neuen Partnerinnen der Väter, manchmal ihre eigenen Mütter oder auch eine ältere Nachbarin, die sich fortan um das Kind kümmern sollen. Die Mütter werden ersetzt durch andere Frauen – oft auch Fremde. Alles im Sinne des Kindeswohls natürlich. Während das Gericht also prüft, ob die Mutter oder der Vater als Hauptbetreuungsperson am besten geeignet wäre, sind diejenigen, die nach der Inobhutnahme tatsächlich die neue Hauptbezugsperson des Kindes werden, dem Gericht meist gar nicht bekannt. Wenn Mütter durch Fremde ersetzt werden, hat das den Beigeschmack von Kinder-Experimenten an deutschen Familiengerichten.

Gibt es keine Frau im Hintergrund, die dem Vater die Fürsorgearbeit abnimmt, werden die Kinder eingewiesen bzw. stationär untergebracht. Hammer untersuchte 42 Fälle, in denen Väter das Sorgerecht zugesprochen bekamen. Davon nutzten lediglich 16 Väter dieses, um die Kinder in ihrem Haushalt aufzunehmen (was natürlich nicht bedeutet, dass sie sich dort auch um sie gekümmert hätten). Ganze 26 der 42 Väter ließen ihre Kinder stationär unterbringen.[107] Die Kinder sind diesen Vätern scheinbar egal, es geht ihnen nur um das Gewinnen und darum, die Mütter als solche entsorgen zu können. Die Kindesväter wollen das Sorge*recht*, nicht aber das Kind.

In zwei Fällen in meiner Beratung war den Müttern nicht klar, dass der Vater den Antrag auf alleiniges Sorgerecht nicht darum gestellt hatte, weil die Kinder hinterher bei ihm leben sollten. Ein Vater wollte die Kinder gar 90 km von sich entfernt bei Verwandten unterbringen. Es ging ausschließlich darum, die Mutter-Kind-Bindung zu zerstören oder immerhin erheblich zu stören.

Wechselmodell per Zwang?

Eine ungünstige Entwicklung für Kinder zeichnet sich auch in puncto Trennungsmodell ab. Die meisten Kinder in Deutschland leben nach der Trennung der Eltern im Residenzmodell. Das heißt, dass sie ihren Lebensmittelpunkt bei einem Elternteil (meist der Mutter) haben und mit dem anderen Elternteil Umgang an Wochenenden, in Ferien und an Feiertagen haben (einige auch an bestimmten Wochentagen). Damit entspricht die Aufteilung der Betreuung zwischen Mutter und Vater noch am ehesten der Zeit vor der Trennung, in welcher die meisten Kinder hauptsächlich von der Mutter betreut werden.

Dies entspricht auch dem Kontinuitätsprinzip, das in familiengerichtlichen Verfahren oft herangezogen wird, wenn es um die Frage geht, bei wem das Kind nach der Trennung hauptsächlich leben soll. Das OLG Brandenburg beschrieb das Kontinuitätsprinzip in einem Beschluss von 2010 folgendermaßen:

»Der Grundsatz der Kontinuität, wonach es auf die Frage ankommt, welcher Elternteil in der Vergangenheit die größeren Erziehungsanteile innegehabt hat, und der auf der Erfahrung beruht, dass die Fortdauer familiärer und sozialer Bindungen wichtig für eine stabile und gesunde psychosoziale Entwicklung eines heranwachsenden Menschen ist«.[108]

Hiernach ist es für Kinder also am besten, wenn sie nach der Trennung weiterhin hauptsächlich von ihrer bisherigen Hauptbezugsperson betreut werden. Die Trennung der Eltern ist für Kinder schließlich schon belastend genug. Es sollte nach Möglichkeit nicht auch noch ein Umbruch im Betreuungsmodell stattfinden. Es ist also folgerichtig, dass die meisten Trennungsfamilien das Residenzmodell umsetzen, bei dem die Kinder bei der Mutter leben.

Das Wechselmodell wird in Deutschland aktuell freiwillig von lediglich 4 Prozent aller Familien gelebt.[109] Dabei pendeln die Kinder tage- oder wochenweise von einem Elternteil zum anderen. Sie haben zwei Kinderzimmer, zwei Betten, zwei Schreibtische, zwei Wohnungen, doppelte Nachbarn, zwei verschiedene Schul- und Kitawege etc. Es leuchtet ein, dass das Wechselmodell nur unter gewissen Voraussetzungen gewählt werden kann. Die Gründerin der Stiftung Alltagsheld:innen, Heidi Thiemann, beschreibt die Rahmenbedingungen, die für die Wahl des Wechselmodells stimmen müssen:

»Niedriges Konfliktpotenzial und gute Kommunikation, die die vielen nötigen Absprachen möglich machen. Wohnraum im gleichen Viertel – das grenzt beim derzeitigen Wohnungsmarkt ohnehin an Zauberei. Und doppelte Haushalte mit doppeltem Kinderzimmer können sich auch nur gut situierte Eltern leisten.«[110]

Dass das Wechselmodell nicht für jedes Kind und jede Familie überhaupt geeignet ist, belegen auch empirische internationale Studien. Als Voraussetzungen werden genannt: »Höhere Bildung, wenig persönliche Probleme, ausreichende finanzielle Mittel, räumliche Nähe und vor allem wenig Elternkonflikte.«[111] Es liegt auf der Hand, dass das Wechselmodell sehr viel Kommunikation zwischen den Eltern erfordert. Es sind deutlich mehr Absprachen zwischen den Eltern erforderlich als im Residenzmodell. In Woche A verletzt sich das Kind beim Sport, der Arzttermin liegt aber in Woche B, in Woche C bringt das Kind die Infos über den Bücherbasar von der Schule mit, dieser findet aber in Woche D statt. Man kann sich vorstellen, dass hier organisatorische Höchstleistungen beider Elternteile vonnöten sind – erst recht, wenn es sich um mehrere Kinder handelt. Väter müssen außerdem lernen, ihren Anteil an der Kinderbetreuung und Mental Load auch wahrzunehmen. Häufig berichten Mütter vom Wechselmodell, dass der Vater in seiner Woche mit den Kindern nur »Halligalli« mache und sie dann in ihrer Woche Zahnarzttermine wahrnehmen, Schulmaterialien besorgen und Vokabeln mit den Kindern lernen müssten. Es gibt sogar Mütter, die dies vom Residenzmodell berichten, wenn die Kinder beim Vater leben. Während die Väter sich zurücklehnen, organisieren sie unter Aufwendung enormer Anstrengungen, damit das Kartenhaus hält und nicht in sich zusammenbricht.

Wenn dann die Kommunikation auch noch konfliktbelastet ist oder permanent genutzt wird, um psychische Gewalt auszuüben, ist das Wechselmodell nicht nur eine Zumutung für die Mütter, sondern vor allem für die Kinder. Deshalb kann ein Wechselmodell nur dann funktionieren, wenn sich die Eltern verstehen und es beide wünschen. Gewalt jeder Art sollte grundsätzlich ein Ausschlusskriterium sein.

Das Familienrecht stellt momentan Eltern die Wahl des Betreuungsmodells frei. Sie dürfen selbst gemeinsam entscheiden, wie und von wem die Kinder nach der Trennung betreut werden sollen. Vorausgesetzt das Kindeswohl bleibt gewahrt. »Der Gesetzgeber erlaubt schon jetzt die Wahl des Betreuungsmodells, das individuell das Beste für das Kind ist. Hier gibt es überhaupt keinen Änderungsbedarf«, sagt Nicola Stroop als Vorstandsmitglied des Verbands alleinerziehender Mütter und Väter e.V.[112] Sie beschreibt, dass die Ergebnisse der Studie »Familienmodelle in Deutschland (FAMOD)« die Erfahrungen ihres Vereins bestätigen: Das Wechselmodell verbessert nicht das Wohlbefinden der Kinder. Das ist wenig verwunderlich, denn es gibt andersherum auch schon länger Belege dafür, dass beispielsweise die vollständige Abwesenheit eines biologischen Vaters (bei Spermienspende) das Wohlbefinden von Kindern auch nicht verschlechtert.[113] Die Anwesenheit oder die übermäßige Präsenz eines Vaters ist eben nicht per se gut für Kinder. Verständlich, wenn wir uns ansehen, für wie viele Kinder die Anwesenheit des Vaters ein Leben in Angst und Gewalt bedeutet.

Bei nicht-konflikthafter Elternschaft unterscheidet sich das Wohlbefinden von Kindern im Residenz- und Wechselmodell also kaum.[114] Dieses Ergebnis darf nicht auf hochstrittige Elternkonstellationen oder auf Fälle mit Gewalt-Vorgeschichte übertragen werden. Selbstverständlich wird in diesen Fällen das Wohl der Kinder durch das Wechselmodell erheblich gestört. Erfahrungen dazu gibt es bereits in anderen Ländern, in denen die Gesetzgebung das Wechselmodell per Zwang erlaubt. Das heißt, das Wechselmodell wird im Zweifelsfall umgesetzt, auch wenn die Mutter möchte, dass die Kinder im Residenzmodell leben. Hier hat mal wieder der Wunsch des Vaters Vorrang. Das Kindeswohl wird überhaupt nicht mehr miteinbezogen.

> »Erfahrungen in Australien, Schweden und Dänemark zeigen, dass ein gesetzlich festgelegtes Wechselmodell gefährliche Konsequenzen (Verhaltensauffälligkeiten, Bindungsunsicherheiten etc.) gerade auch für jüngere Kinder haben kann.«[115]

Wir haben aktuell jedoch schon die Situation in Deutschland, dass RichterInnen Mütter häufig zum Wechselmodell zwingen. Gesetzlich ist dies zwar nicht als zu präferierendes Modell vorgegeben. Doch wenn ein Vater ein Wechselmodell beantragt, gelten dieselben Regelungen zum Hinwirken auf ein Einvernehmen wie in anderen familienrechtlichen Verfahren. Für Jugendamt, Verfahrensbeistandschaft und RichterIn bedeutet dies oft, dass der Wunsch nach einem Wechselmodell nicht ausgeschlagen werden darf. Schließlich sei die hälftige Teilung des Kindes am gerechtesten. Doch Kinder können nicht wie der Hausrat aufgeteilt werden. Wer hier mit der Rechenmaschine Maß am Kind nimmt, orientiert sich ausschließlich an dem Ziel, vermeintliche Gerechtigkeit für die Eltern herzustellen und lässt jedes pädagogische und psychologische Gespür für das Kindeswohl vermissen. Das Jugendamt wäre eigentlich für die Ermittlung des Kindeswohls zuständig. Fühlt sich aber zunehmend – häufig nach dem Besuch ideologischer Fortbildungen – dem Interesse des Vaters verpflichtet. Die Verfahrensbeistandschaft soll den Kindeswillen ermitteln. Doch sprechen sich Kinder gegen das Wechselmodell und für das Leben bei der Mutter aus, gelten sie als manipuliert und dürfen überhört werden. Werden sie vom Vater manipuliert (und man glaubt gar nicht, wie oft ich allein in meiner Beratung höre, dass der Vater der Tochter ein Pferd versprochen hat), wird dies entweder übersehen oder es heißt: »Auch ein manipulierter Kindeswille ist ein Kindeswille.«

Mütter berichten davon, wie sie im Gerichtssaal zum Wechselmodell genötigt wurden. Gedroht wird immer auf dieselbe Art: »Wenn Sie dem Wechselmodell jetzt nicht zustimmen, dann entscheide ich das ohne Sie.« Oder noch schlimmer: »dann entziehe ich der Mutter das Sorgerecht und die Kinder leben dann komplett beim Vater.«

Manchmal erfolgt die Umsetzung des Wechselmodells auch mit sanfteren Methoden. Vor diesen sollten Mütter sich dennoch in Acht nehmen. Um einen Konsens zu konstruieren, wird der Mutter noch als vorletztes Mittel quasi mitgeteilt, dass man das Wechselmodell ja auch erstmal auf Probe durchführen könnte und dann sehen würde, wie es läuft. Achtung, Falle! Mütter, die an dieser Stelle des familienrechtlichen Verfahrens noch an Gerechtigkeit glauben und denken, es würde hinterher tatsächlich überprüft, ob das Wechselmodell für die Kinder gut funktioniert, täuschen sich! Sie können grundsätzlich davon ausgehen, dass es extrem schwer ist, ein Wechselmodell auf Probe zu beenden und wieder in ein Residenzmodell überzuführen. Selbst wenn später niemand der Beteiligten leugnen sollte, dass es schlecht läuft, wird dann wiederum das Kontinuitätsprinzip herausgeholt und es heißt: »Die Kinder leben ja jetzt schon eine Weile im Wechselmodell. Eine Änderung des Betreuungsmodells verstößt gegen das Kontinuitätsprinzip.« Freilich hatte das Kontinuitätsprinzip nicht interessiert, als es darum ging, das Residenzmodell gegen das Wechselmodell einzutauschen.

Und wenn die Nötigung und Erpressung der Mütter nicht funktioniert, scheuen sich Familiengerichte auch nicht, das Wechselmodell einfach anzuordnen. Auch bei gewalttätigen Vätern. Mütter fallen aus allen Wolken, wenn dann zum Beispiel zwei Wochen nach einer Gewaltschutzanordnung das Familiengericht plötzlich das Wechselmodell beschließt – wie geschehen im Fall von Tanja Zimmermann.[116]

Das Oberlandesgericht Dresden stellte in einem Beschluss im Juni 2021 klar, es sei »nicht Zweck des Wechselmodells, die Erwartungen, Wünsche oder Rechte der Eltern zu regeln. Entscheidend für das Ob der Regelung des Wechselmodells ist das Kindeswohl.«[117] Obwohl es diesen Zwang zum Wechselmodell in der familienrechtlichen Praxis aktuell also schon gibt – selbst bei Gewalt durch den Vater –, hat die Bundesregierung laut ihrem Koalitionsvertrag vor, diesen Zwang indirekt weiter auszubauen. Das Wechselmodell soll in der Beratung in den Mittelpunkt gerückt werden. Es dreht sich dann also in Elternberatungen und angeordneten Mediationen auch mit gewalttätigen Vätern nicht mehr um das Kindeswohl. Nein, sämtliche Beratungsgespräche sollen das Wechselmodell bewerben. Heidi Thiemann sagt dazu:

> »Mich erinnert das ein wenig an die Schwangerschaftskonfliktberatung, die ergebnisoffen sein, die Frau aber zur Fortsetzung der Schwangerschaft ermutigen soll. Beim Wechselmodell scheint es jetzt so zu sein, dass für dieses Modell beraten werden soll, egal wie die familiäre Situation ist. Das scheint mir abstrus.«[118]

Väter, die vor der Trennung ihre Kinder kaum gesehen haben, die unter der Woche nur zum Abendessen da waren oder gar erst nach Hause kamen, wenn die Kinder schon wieder schliefen, wollen nach der Trennung plötzlich ein 50:50-Wechselmodell. Wer sich darüber wundert, dem könnte es die Augen öffnen, was das Wechselmodell in finanzieller Hinsicht bedeutet:

Es bewirkt, dass die Väter den gesamten Kindesunterhalt oder zumindest einen enormen Anteil davon einsparen, wenn die Kinder nicht nur durchschnittlich 8 Tage im Monat bei ihnen sind (wie beim Residenzmodell), sondern 13 oder 14 Tage.[119] In den freiwillig gelebten Wechselmodellen, die an der Uni Duisburg-Essen im Rahmen der FAMOD-Studie untersucht wurden, wurde festgestellt: Den Kindern ging es im Wechselmodell am besten, wenn die Betreuung asymmetrisch aufgeteilt wurde, etwa zwei Drittel bei einem Elternteil und das restliche Drittel beim anderen.[120] Das wären dann zum Beispiel 10 Tage im Monat beim Vater und 20 Tage bei der Mutter. Diese Verteilung ist dann aber auch schon sehr nah am Residenzmodell (8 zu 22 Tagen) mit 14-tägigem Umgang und Ferienumgängen. Ob hier überhaupt noch ein Wechselmodell vorliegt oder solch eine Verteilung von 10 zu 20 Tagen nicht eher einem erweiterten Umgang entspricht, ist also fraglich.

Anwaltliche Vertretung des Kindes

Seit 2009 gibt es in Deutschland die Rechtsfigur einer Verfahrensbeistandschaft. Es war Professor Ludwig Salgo, der sich stets für die Rechte von Kindern in familiengerichtlichen Auseinandersetzungen starkmachte und den Anstoß zur Einführung eines »Anwalts für das Kind« gab. VerfahrensbeiständInnen werden von der Richterin/dem Richter bestellt und haben den Willen des Kindes durch Gespräche mit dem Kind (teilweise auch mit den Eltern und Geschwistern) zu ermitteln.

Bei der Umsetzung der Verfahrensbeistandschaft treten allerdings gewisse Probleme auf. Die Gespräche mit den Kindern finden ohne ZeugInnen statt, so dass es hier keinerlei Schutz vor einem Machtmissbrauch durch VerfahrensbeiständInnen gibt. Nicht selten berichten die Kinder ihren Eltern nach der Befragung Aussagen der Verfahrensbeistandschaft wie diese:

- »Es geht hier aber nicht um dich und das, was du willst, es geht um deinen Vater.«
- »So, und morgen kommst du dann weg von deiner Mutter.«
- »Das Wechselmodell ist doch das Beste für Kinder.«[121]

Oder die Kinder beteuern, dass sie das, was die VerfahrensbeiständInnen von ihnen zitieren, nie gesagt haben. Damit können nicht nur Gerichtsverfahren gegen den Willen und das Wohl des Kindes beeinflusst werden.

> »Teilweise haben Eltern nach einer solchen Intervention ein völlig aufgelöstes oder in sich gekehrtes Kind und das ohne zu wissen, welche Aussagen gegenüber dem Kind getätigt wurden. [...] Mögliche Beeinflussungen und Traumatisierungen der Kinder sind ›Nebenwirkungen‹ der Tätigkeit einiger Verfahrensbeistände. Die Machtbefugnis eines – in dreistündigen oder einwöchigen Veranstaltungen ausgebildeten Verfahrensbeistands – führt immer mehr zu Auswüchsen.«[122]

Tatsächlich war es bis Ende 2021 sogar noch so, dass für die Verfahrensbeistandschaft überhaupt keine Ausbildung nötig war – nicht mal die noch heute übliche Ausbildung in wenigen Stunden. So wurde diese Tätigkeit auch von Taxifahrern und Unternehmensberatern ausgeübt.

Die Berichte der VerfahrensbeiständInnen, die im Anschluss an die Gespräche allen Verfahrensbeteiligten zugehen und oft maßgeblich für das Vorgehen und die Überzeugungen der rechtsprechenden Person sind, sind nicht verifizierbar.[123] Sie müssen weder bezeugt noch aufgezeichnet oder dokumentiert werden. Das ist bis heute der Fall. Außerdem können Eltern selbst bei berechtigten Zweifeln an der Arbeit des Verfahrensbeistands keinen Befangenheitsantrag stellen oder sonstige Rechtsmittel gegen diesen einlegen. Er sei schließlich der »Anwalt des Kindes« und so wie man gegen die rechtliche Vertretung des anderen Elternteils nichts unternehmen, sie also nicht entpflichten kann, ist dies auch bei der Verfahrensbeistandschaft nicht der Fall.

Die Befragungen durch die VerfahrensbeiständInnen müssen daher auch als problematisch erachtet werden. Sie können die Kinder belasten oder gar traumatisieren. Für die Kinder sind sie immerhin auch Fremde. Die Kinder werden überfordert, da sie wissen, dass ihre Äußerungen mitverantwortlich für den weiteren Verlauf des Verfahrens sind. Sie könnten sich so für Urteile, die nicht in ihrem Sinne sind, mitschuldig fühlen. Die benannte Intransparenz ermöglicht einen Machtmissbrauch. Und da Kinder stärker als Erwachsene im »Hier und Jetzt« leben, oft langfristige Auswirkungen nicht abschätzen können, können diese Momentaufnahmen eines einzelnen kurzen Gesprächs verfälschend wirken.[124]

Immer häufiger gibt es Fälle, in denen VerfahrensbeiständInnen gar für Kleinkinder, Säuglinge oder sogar das ungeborene Leben bestellt werden – Phasen, in denen Befragungen der Kinder also gar nicht möglich sind. Dann soll ein »anzunehmender Kindeswille« ermittelt werden. Es geht also schlicht nur noch um die subjektive Meinung einer Einzelperson, die oft auch noch schlecht qualifiziert ist.

Unter den ExpertInnen, die im fünften Kapitel aus ihrer Perspektive zu institutioneller Gewalt berichten, sind auch ein Verfahrensbeistand und eine Verfahrensbeiständin.

Gutachten

Die Anzahl der jährlichen familiengerichtlichen Gutachten übersteigt alles, was wir aus dem Sozial-, Arbeits-, Verwaltungsgericht etc. kennen. Seit Jahren wird die Gutachterpraxis am Familiengericht bereits kritisiert. Die Kritik betrifft dabei nicht nur die hohe Anzahl an Sachverständigengutachten. Oder die Kosten in Höhe von schätzungsweise weit über 2 Milliarden Euro, die den Elternteilen und dem Staat dadurch entstehen.[125] Bemängelt wird unter anderem:

- **Die Qualität der Gutachten und die Qualifizierung der Sachverständigen ist unterirdisch.** Dennoch werden sie im Gerichtsverfahren zum Zünglein an der Waage. »Nach wie vor fehlen gesetzlich verpflichtende Mindestanforderungen und zwar sowohl für Sachverständige als auch für die Gutachten.«[126]
- **Durch die geringen Anforderungen ist bei den Gutachten so wie bei den Berichten der VerfahrensbeiständInnen die Gefahr der Präjudizierung gegeben.**[127] Da es keine Vorgaben oder Kriterien für die Auswahl der GutachterInnen gibt, keine Liste, nach der sie bestellt werden müssen, besteht die Möglichkeit von Bündnissen zwischen RichterInnen und Sachverständigen. Es fehlen wie auch bei der Verfahrensbeistandschaft Aufzeichnungen und ZeugInnen oder anderweitige Kontrollinstanzen. So können Voreingenommenheit und Vorverurteilung eines Elternteils dazu führen, dass GutachterInnen mit manipulativen Fragen und Unter-

stellungen die Aussagen der Kinder so beeinflussen, dass sie in ihre Argumentation passen. Oder sie deuten die Antworten der Kinder im eigenen Sinne um. Dem Machtmissbrauch ist auch hier Tür und Tor geöffnet.

- **Es erfolgt in der Regel keinerlei Abwägung zwischen dem Nutzen einer Begutachtung und der Belastung für die Kinder.** Dabei ist der Nutzen fraglich und nur schwer nachzuweisen. Ganze »84 % der Richterinnen und Richter gaben an, dass sie nicht oder eher nicht glauben würden, dass ohne psychologische Gutachten in Sorgerechtsverfahren und bei Umgangsregelungen mehr Entscheidungen zu Ungunsten des Kindes getroffen würden.«[128]
- **Für Kinder stellen die Begutachtungen jedoch eine zusätzliche Belastung in einer ohnehin schwierigen Situation dar.** Sie stehen auf dem Prüfstand, fühlen sich am Ende mitverantwortlich für das Ergebnis und müssen zahllose weitere Gespräche und Befragungen über sich ergehen lassen. Der Personenkreis aus Fremden, mit denen sie über ihre persönlichen Wünsche und Sorgen reden sollen, wird immer größer.
- **Die Verfahren werden durch eine Begutachtung in die Länge gezogen – obwohl ja so oft betont wird, wie wichtig schnelle und kurze Verfahren für die Kinder seien.** Ein Gutachten verlängert den Gerichtsprozess automatisch um vier bis sechs Monate. Manchmal sind die Gutachten aber auch erst nach einem Jahr oder noch später fertig. Für die Kinder und Eltern eine quälend lange Zeit, in der Umgangs- und Sorgerechtsfragen unbeantwortet bleiben. Insbesondere in Fällen mit Gewalt durch die Väter wären schnelle Entscheidungen notwendig.
- **Auch inhaltlich geben die Gutachten preis, dass sie Gewalt durch Väter nicht im gebotenen Maß berücksichtigen oder gar vollständig außer Acht lassen.** Ippen Investigativ hat 2021 über 1 000 Seiten Gerichtsunterlagen und Jugendamtsakten gelesen. Hinweisen auf Gewalt wurde in vielen Fällen überhaupt nicht oder nur sehr eingeschränkt nachgegangen. »ZeugInnen wurden nicht angehört, GutachterInnen erstellten falsche Diagnosen und die Ängste und Schilderungen der Kinder zur mutmaßlichen Gewalt durch den Vater wurden nicht ernst genommen.«[129]

- **So wie VerfahrensbeiständInnen und RichterInnen sind auch die Sachverständigen »oft nicht geschult, wie man Kinder altersgerecht befragt – geschweige denn, wie man Anzeichen von Missbrauch oder Gewalt erkennt.«**[130] Dadurch werden auf den ersten Blick irreführende Symptome von erlebter Gewalt wie Trauma-Bonding, Stockholm-Syndrom und Überlebensstrategien von Kindern nicht als solche erkannt, sondern fatalerweise noch als Anzeichen für eine gesunde Beziehung des Kindes zum Täter ausgelegt. Die negativen Gefühle, die Panikattacken und weitere Symptome einer Posttraumatischen Belastungsstörung (PTBS) manifestieren sich erst im Anschluss an die Täter-Kontakte, wenn die Kinder wieder zurück im sicheren Hafen bei der Mutter sind. Ungeschulte Sachverständige sehen dann die Probleme in der Mutter begründet.
- **Die Testverfahren, die von den Sachverständigen verwendet werden, sind häufig ungeeignet, unwissenschaftlich und mit einer absichtlichen »patriarchalen Verzerrung« versehen.** So werten viele Testverfahren die Aussagen der Kinder über ihre Mütter anders als die Aussagen der Kinder über ihre Väter. Spricht das Kind zum Beispiel neun Sätze positiv über die Mutter und nur einen Satz positiv über den Vater, wird bei der Auswertung des Tests das Ergebnis der Mutter dividiert (also beispielsweise durch 3 geteilt) und das Ergebnis des Vaters multipliziert (zum Beispiel mit 3), so dass der Wert der Mutter am Ende 9 / 3 = 3 beträgt und der Wert des Vaters 1 × 3 = 3 beträgt. Spricht das Kind neunmal positiv über die Mutter und einmal positiv über den Vater, wird dies im Ergebnis also gleichgesetzt. Damit soll der »Vorteil«, den Mütter durch die gesellschaftliche Mutterrolle in der Bindung zum Kind haben, rausgerechnet werden. Das Herstellen von Fairness und gleichen Bedingungen ist das Ziel. Hier wird klar, dass die Ersteller solcher Testverfahren offenbar überhaupt nicht das Wohl des Kindes im Sinne haben, sondern lediglich die Bedürfnisse der Väter. Und zwar derjenigen Väter, die sich deutlich seltener um ihre Kinder gekümmert haben als die Mutter, am Ende aber nicht schlechter als sie bei einem Test abschneiden wollen, der die Qualität der Beziehung zum Kind offenbaren könnte. Besonders erschreckend: hat das Kind (vielleicht auch, weil es im Loyalitätskonflikt ist und niemandem unrecht tun will) zu beiden Elternteilen die exakt selben Äuße-

rungen getätigt, dreimal positiv über den Vater gesprochen und dreimal positiv über die Mutter, dann greift der Zerrspiegel ebenfalls: Der Vater erhält dann das Ergebnis 9 (3 mit 3 multipliziert) und die Mutter liegt dann nur bei einem Punkt (3 geteilt durch 3). Folglich ist es bei der Anwendung dieser Testverfahren fast unmöglich, dass bei der Begutachtung festgestellt wird, dass es dem Kind bei der Mutter besser gehen würde.

Der Umfang der Mängel in den Sachverständigengutachten nimmt beträchtliche Ausmaße an, wie Untersuchungen zeigen. In einem Untersuchungsbericht der FernUniversität Hagen heißt es, dass viele Gutachten gleich nach mehreren Kriterien nicht sachgemäß und wie fachlich gefordert angefertigt und begründet werden. Je nach untersuchtem Kriterium sind 35 bis 86 Prozent der Gutachten von Mängeln betroffen. Das Fazit der WissenschaftlerInnen lautet: »Die Untersuchung offenbart gravierende Mängel in einem substantiellen Teil der Gutachten. Tatsächlich erfüllt nur eine Minderheit die fachlich geforderten Qualitätsstandards.«[131] Der Psychologe und langjährige Leiter der Abteilung für Medizinische Psychologie an der Medizinischen Hochschule Hannover, Uwe Tewes, sieht unter anderem in der Begutachtung der Kinder sogar die Gefahr einer sekundären Kindeswohlgefährdung – eben einer systemgemachten.[132]

Dass die Gefahr einer Präjudizierung, also einer gerichtlichen Vorverurteilung, absolut real ist, zeigen die Aufgaben, die GutachterInnen vom Familiengericht erhalten. Diese sind sowohl im Auftrag als auch in der Fragestellung nicht selten schon manipulativ und voreingenommen formuliert. Hier wird der erste Grundstein zu einem falschen Gutachten gelegt, denn es ist eine Binsenweisheit, dass die Antworten, die man erhält, davon abhängen, welche Fragen man stellt. Erhält ein Gutachter also folgenden Fragebogen, ist die Zielrichtung klar:

1. Ist die Kindesmutter in der Lage, für das Wohl der Kinder zu sorgen?
2. Ist die Kindesmutter in der Lage, den Kindern freien Umgang mit den Kindern zu gestatten?
3. Kann die Kindesmutter die Kinder aus dem Beziehungskonflikt mit dem Kindsvater heraushalten?
4. Findet eine bewusste oder unbewusste Manipulation der Kinder durch die Mutter zum Nachteil des Vaters statt?

5. Sollte Frage 2 oder 3 verneint werden oder Frage 4 bejaht, wie kann dann eine weitere negative Beeinflussung der Kinder durch die Kindesmutter verhindert werden?
6. Abschließend: Ist der Kindsvater in der Lage, für das Wohl der Kinder zu sorgen? Und wie sollte der Umgang geregelt werden.

Auch wenn hier keinerlei Details zum Fall bekannt sind, kann sich jede Leserin vorstellen, worauf dieses Gutachten hinauslaufen soll. Der Richter hat es dem Gutachter gegenüber mehr als deutlich gemacht. Auf den ersten Blick erkennt man es vielleicht nicht, aber die Fragen sind überaus manipulativ und unsachlich gestellt. Es folgt eine unvollständige Aufzählung der darin enthaltenen Unterstellungen und Vorverurteilungen:

Die Mutter hat mehr Aufgaben als der Vater zu erfüllen: Sie soll für das Wohl der Kinder sorgen können, ihren Kindern freien Umgang zum Vater gestatten, sie muss die Kinder aus dem Konflikt mit dem Vater heraushalten. Der Vater hingegen muss nur für das Wohl der Kinder sorgen können. Es wird nicht gefragt, ob *er* denn freien Umgang zur Mutter gestatten kann. Es wird auch nicht erörtert, ob *er* denn die Kinder aus dem Konflikt heraushalten kann. Besonders perfide: Es wird deutlich, dass ja offensichtlich der Vater hier beantragt, das alleinige Sorgerecht zu erhalten, und damit den Kontakt der Kinder zur Mutter einschränken will und die Kinder mitten in seinen Konflikt mit hineinzieht.

Die Art des Umgangs zwischen den Eltern ist ein höchstens beidseitiger Konflikt, für den die Mutter verantwortlich ist. Es ist keinesfalls so, dass dieser »Konflikt« einseitig durch den Vater ausgelöst wird, wenn überhaupt, dann durch die Mutter, denn diese ist ja auch verantwortlich für den »Konflikt«. Das wird vor allem deutlich, weil aus Frage 3 hervorgeht, dass die Mutter die Aufgabe hat, die Kinder aus dem »Konflikt« herauszuhalten. Das Pendant zu dieser Frage für den Vater fehlt, also hat dieser diese Aufgabe nicht oder das Gericht ist bereits fest davon überzeugt, dass er der Aufgabe bestens nachkommt und teilt dies dem Gutachter so mit.

Selbst wenn es sich hier tatsächlich nur um einen beidseitigen Konflikt handeln sollte und nicht um einen toxischen Vater, der seine Kinder und deren Mutter drangsaliert: Kann man Kinder jemals aus einem (Ex-)Paar-Konflikt heraushalten? Man kann es versuchen, aber es ist doch höchst fraglich anzunehmen, dass das immer jederzeit möglich ist. Das ist sowohl bei Konflikten innerhalb von Beziehungen nicht möglich und auch nach einer Trennung nicht. Ich möchte das Kind sehen, das sagen kann, es hätte noch nie Streit oder Spannungen zwischen den Eltern erlebt. Ist das überhaupt nötig? Natürlich sollten Kinder nicht instrumentalisiert und benutzt werden. Aber danach wird hier nicht gefragt. Man hätte fragen können: Instrumentalisieren die Eltern die Kinder für ihren Konflikt? Oder versuchen die Eltern, die Kinder möglichst aus dem Konflikt herauszuhalten?

Streng genommen haben wir es hier sogar mit einem Paradoxon zu tun: Allein durch die Tatsache, dass dieses Gerichtsverfahren läuft und ein Gutachten angefordert wird, ist doch klar, dass die Kinder mittendrin sind im Konflikt. Weshalb wird eine Frage gestellt, wenn das Stellen dieser Frage der Beweis dafür ist, dass sie gar nicht mehr beantwortet werden muss?

Die Abfolge der Fragen zeigt Folgendes: Erst geht es darum, welche Fehler die Mutter hat (Fragen 1–4), dann vermeintlich als offene Frage formuliert, wie das gelöst werden kann (Frage 5) und am Ende wird dann noch schnell erörtert, ob die Kinder zum Vater können und wie dann der Umgang für die Mutter aussehen soll. Die Antworten stecken bereits in der Art und Reihenfolge der Fragen. Die Mutter macht Probleme, das muss abgestellt werden, indem die Kinder zum Vater kommen, am besten mit möglichst wenig oder gar keinem Umgang mit der Mutter.

Kinder haben zwar ein Recht auf Umgang mit dem Vater, aber was bitteschön ist »freier Umgang« (Frage 2)? Hier ist nicht unbegleiteter Umgang gemeint, sonst hätte man das geschrieben. Bedeutet »freier Umgang« jederzeit, ganz spontan, mal so und mal so, wie der Vater möchte? Dann wäre auch hier durch die Art der Frage bereits die Antwort impliziert: Wer kann schon völlig freien Umgang ermöglichen? Jemand, der stets zu Hause sitzt und nichts Besseres zu tun hat, als nach des Vaters Wünschen zu springen wie eine Marionette. Weshalb steht dort nicht einfach nur »Umgang«? Weil die Mutter vielleicht sehr wohl Umgang gestattet, aber eben nicht Umgang frei Schnauze. Damit beinhaltet die Frage dann also auch schon die Antwort: Nein, kann sie nicht. Sie kann auch nicht fliegen oder Opernarien auf den Kindsvater singen.

Sollten die Kinder – aus welchem Grund auch immer – keinen Umgang zum Vater wollen, geben die Fragen auch hier die Antwort schon vor: Es liegt an der Mutter. An ihrer Unfähigkeit, die Kinder aus dem »Konflikt« herauszuhalten oder rund um die Uhr Umgang zu gewähren und an ihrer unbewussten Manipulation. Um die Kinder und die Erörterung, ob sie ihren Vater sehen wollen, bei wem sie leben wollen, weshalb sie dies so wünschen – darum geht es in dem Auftrag vom Gericht mit keiner Silbe.

Und was ist eigentlich unbewusste Manipulation (Frage 4)? Manipulation ist die absichtliche Beeinflussung eines anderen zu eigenen Zwecken. Also genau das, was der Richter hier mit dem Gutachter macht. Und unbewusste Manipulation? Manipulation ist ja immer zielgerichtet und beabsichtigt. Wie soll das unbewusst gehen? Unbewusste Manipulation nennt sich anders, nämlich einfach Beeinflussung. Wir sagen auch nicht »Sonnenbrille ohne Sonnenschutz, aber mit Sehstärke« zu einer ganz normalen Brille. Aber es gibt gute Gründe, hier nicht von »Beeinflussung« zu reden und stattdessen von »Manipulation«. Manipulation klingt einfach böser, weil sie ja absichtlich durchgeführt wird. Auch Werbung ist übrigens nichts anderes als der Versuch der Manipulation. Mit dem Begriff Beeinflussung könnte man außerdem darauf aufmerksam werden, dass die Frage mal wieder die Antwort enthält: Erziehung ist immer Beeinflussung. Allein die Tatsache, dass die Mutter Erdbeermarmelade mag, kann die Kinder dazu animieren, sie auch probieren zu wollen. Wenn Eltern die Fingernägel ihrer Kinder schneiden oder mit ihnen Hausaufgaben machen oder mit ihnen zum Arzt gehen: alles Beeinflussung. Es ist also zum einen absolut lächerlich von der Mutter (und natürlich nicht vom Vater) zu verlangen, sie möge ohne Beeinflussungen erziehen – jedenfalls ohne Einflüsse, die für den Vater nachteilig wären. Und das ist natürlich auch wieder Auslegungssache: Geht die Mutter mit den Kindern ins Kino und der Vater hatte überlegt, das vielleicht am nächsten Umgangswochenende zu machen, dann hat die Mutter die Kinder mit dem Kinogang beeinflusst. Und wenn der Vater feststellt, dass die Kinder seinen Lieblingsfilm schon gesehen haben, dann ist das zu seinem Nachteil. Es kann ja also gerade nicht darum gehen, ob man unabsichtlich zum Nachteil des anderen Elternteils beigetragen hat. Es muss eine Kenntnis darüber vorhanden sein, was überhaupt einen Nachteil für den anderen darstellt und dann müsste versucht werden, diesen absichtlich herbeizuführen. Nach alldem wird aber nicht gefragt. Die Antwort könnte dann wohl Nein lauten. Und die Antwort soll Ja sein. Denn erst wird jede

Art von Beeinflussung abgefragt, dann wird diese in einem überaus negativen Licht dargestellt, wenn sie »unbewusste Manipulation« genannt wird, und am Ende müsste die Mutter über sämtliche möglichen Nachteile für den Vater informiert sein, um diese verhindern zu können. Ein Ding der Unmöglichkeit. Aus dieser Frage kommt keine Mutter »heil« heraus.

Weshalb wird nach einer Beeinflussung zum Nachteil des Vaters gefragt? Es macht viel mehr Sinn, nach einer Beeinflussung zum Nachteil der Kinder zu fragen. Sagen wir mal die Mutter verschläft, macht dadurch die Kinder zu spät fertig, der Vater steht unten zehn Minuten wartend an der Tür, bevor er die Kinder in die Kita bringen kann und kommt deshalb zu spät zur Arbeit. Dann wären alle Kriterien der »unbewussten Manipulation der Kinder zum Nachteil des Vaters« erfüllt. Aber wichtig ist doch (neben der Frage, ob so etwas Absicht ist) die Frage: Ist das zum Nachteil der Kinder? Nur »Absicht« und »Kinder« wurden quasi aus den Fragen gestrichen. Selbst bei einer Absicht, könnte alles komplett im Sinne des Kindeswohls passieren: Die Mutter hat nicht verschlafen, aber die Kinder hatten einen Alptraum und wollen morgens noch länger kuscheln, bevor sie sich fertig machen. Obwohl die Mutter vom Nachteil für den Vater weiß, der dann diese Verspätung aushalten muss, kann sie entscheiden, dass es wichtig ist, sich hier gegen die Bedürfnisse des Vaters und für die Bedürfnisse der Kinder zu entscheiden. In dieser Formulierung der Frage steckt also ein riesengroßer Skandal: Wenn sich die Bedürfnisse von Kindern und Vater im Widerstreit befinden, hat die Mutter sich offenbar für die Bedürfnisse des Vaters zu entscheiden, damit nichts zu seinem Nachteil geschieht. An dieser Stelle kann die Mutter wieder nur verlieren: In der ersten Frage sollte schließlich auch überprüft werden, ob sie sich gut um das Wohl der Kinder kümmern kann. Wie soll das gehen, wenn sie quasi zwei Auftraggeber (einmal die Kinder und dann aber auch den Vater) hat und manchmal nicht beiden gerecht werden kann? Es wird die Quadratur des Kreises von ihr verlangt.

Wir sehen, dass bereits in wenigen Fragen sehr viele Vorgaben und Sackgassen stecken, die sich für die Mutter massiv nachteilig auswirken. Die Art der Fragen, die Reihenfolge der Fragen, die darin enthaltenen Unterstellungen und Vorurteile, die Ungleichbehandlung von Mutter und Vater, das Gegeneinanderausspielen der Bedürfnisse der Kinder und des Vaters, das

Rollenverständnis der Mutter als die Bedürfnisbefriedigerin für alle, während ihre Bedürfnisse überhaupt keine Erwähnung oder Beachtung finden etc. Das alles ist geeignet, um das Ergebnis des Gutachtens schon in den Fragen mitzudiktieren. Die ausgewählten Fragen sind keine Fantasie, sondern Realität in vielen Aufträgen, die GutachterInnen vom Familiengericht erhalten. Präjudizierung und Kartellbildung zwischen RichterInnen und GutachterInnen sind bereits familienrechtliche Praxis in Deutschland.

Istanbul-Konvention und Kinderschutz

In Deutschland verfügen wir über einige Regelungen und Maßnahmen zum Gewalt- und Kinderschutz. Dazu gehören Regelungen zur Absicherung einer räumlichen Trennung zwischen Elternteilen – gefasst unter den Begriffen der Wegweisung oder Wohnungsverweisung –, einstweilige Verfügungen/Kontaktverbote, Gewaltschutzgesetz, strafrechtliche Regelungen, Bundeskinderschutzgesetz, UN-Kinderrechtskonvention, Istanbul-Konvention etc. Allerdings hapert es an der Umsetzung dieser Bestimmungen.[133] Und natürlich ist die Umsetzung unmöglich, wenn den »Profis« im System die jeweiligen Regelungen nicht mal bekannt sind. Angesprochen auf die Istanbul-Konvention antwortete ein Richter im Familiengericht: »Ausländisches Recht wird hier nicht angewandt.«[134] Nun ja, in der Türkei gilt die Istanbul-Konvention tatsächlich nicht mehr. Sie sind unter weltweitem Protest 2021 aus dem internationalen Abkommen ausgetreten. Deutschland hat die Istanbul-Konvention jedoch 2018 ratifiziert und ist auch nach wie vor an Bord – jedenfalls auf dem Papier.

Die Istanbul-Konvention ist ein Übereinkommen des Europarats zur Bekämpfung und Verhinderung geschlechtsspezifischer Gewalt gegen Frauen und Mädchen. Darin wird diese Gewalt als Menschenrechtsverletzung und Frauenfeindlichkeit definiert. »Damit verpflichtet sich Deutschland, auf allen staatlichen Ebenen alles dafür zu tun, dass Gewalt gegen Frauen bekämpft, Betroffenen Schutz und Unterstützung geboten und Gewalt verhindert wird.«[135]

Die Umsetzung der Istanbul-Konvention wird kontrolliert durch ein unabhängiges ExpertInnen-Gremium namens GREVIO. Darüber hinaus haben sich Nichtregierungsorganisationen zum Bündnis Istanbul-Konvention zusammengeschlossen, welches die Umsetzung überprüft und begleitet.[136] Das Problem: Die Istanbul-Konvention wird bis heute nicht umgesetzt. »Laut letztem Stand gibt es bundesweit drei Urteile, in denen die Istanbulkonvention überhaupt Beachtung findet, die kommen aber nicht aus dem Familiengericht.«[137]

Es ist die Aufgabe der Bundesregierung, die Istanbul-Konvention umzusetzen und die Voraussetzungen für die Umsetzung zu schaffen – also beispielswiese Weiterbildungen für RichterInnen und Co. durchzuführen. Doch Polizei, Jugendamt und Gerichte sind nicht oder nicht ausreichend zum Thema Partnerschaftsgewalt geschult.[138]

Das Bündnis Istanbul-Konvention macht auf viele Missstände bei der Umsetzung aufmerksam. In jedem Fall, der in diesem Buch berichtet wird, wird gegen die Istanbul-Konvention verstoßen. Jede Form von institutioneller Gewalt im Familiengericht ist eine Missachtung geltenden Rechts. Doch die Bundesregierung unternimmt nicht nur keine Schritte, um Gewalt gegen Mütter und Kinder in familienrechtlichen Verfahren zu unterbinden. Stattdessen drängen sie auch noch auf Maßnahmen, die die Gewalt nur noch verschärfen werden.

> »Im Herbst 2019 hat eine beim Bundesministerium der Justiz und für Verbraucherschutz angesiedelte Arbeitsgruppe ein Thesenpapier zu Reformüberlegungen zum Sorge-, Umgangs- und Unterhaltsrecht vorgelegt, das unter anderem das Wechselmodell und das gemeinsame Sorgerecht nicht verheirateter Eltern noch weiter stärkt sowie Einigungsmechanismen fordert. Trotz der Vorschriften der Istanbul-Konvention bleibt die besondere Schutzbedürftigkeit gewaltbetroffener Frauen und ihrer Kinder in dem Thesenpapier unerörtert.«[139]

Entsprechende Ziele wurden auch im Koalitionsvertrag 2021 formuliert, obwohl sie die Konvention nicht berücksichtigen.

Die herrschende Rechtspraxis in Deutschland ergreift keine geeigneten Maßnahmen zum Gewalt- und Kinderschutz, die sich aus den diversen Gesetzen ergeben. Sie steht im Widerspruch zum Grundgesetz und der UN-Kinderrechtskonvention. Und sie verstößt regelmäßig gegen die Artikel 26 (Schutz und Unterstützung für Zeugen und Zeuginnen, die Kinder sind) und Artikel 31 (Sorgerecht, Besuchsrecht und Sicherheit) aus der

Istanbul-Konvention und hat offenbar auch nicht vor, dies zu ändern.[140] Auch sämtliche

> »Erkenntnisse internationaler Forschung und der Runden Tische zum Sexuellen Kindesmissbrauch werden nicht nur ignoriert, sondern teilweise ins Gegenteil verkehrt. [...] Bei den über tausend Einzelfällen mit 135 involvierten deutschen Jugendämtern, bei denen jeweils mindestens eine Führungsebene beteiligt war, hat keine Korrektur der nicht-fachlichen und rechtswidrigen Entscheidungen stattgefunden. Korrekturen erfolgten nur auf dem Rechtsweg.«[141]

Während eine Welle der Entrüstung durch die Medien ging, als sich die Türkei aus der Istanbul-Konvention verabschiedete, wird hierzulande zu wenig darüber debattiert, dass sie auch in Deutschland nicht umgesetzt wird. Seit fünf Jahren ist die Istanbul-Konvention für die deutsche Politik nur ein Lippenbekenntnis. Ist es gerechtfertigt, sich derart über die Türkei zu echauffieren, wenn wir den Balken im eigenen Auge übersehen? Ist es nicht auch zu kritisieren, wenn ich meiner Familie täglich verspreche, dass es heute etwas zu essen gibt, sie aber jeden Tag aufs Neue erleben, dass sie hungern müssen? Und wie kann ich dann bei Beschwerden darüber auf die Nachbarn verweisen, die von vornherein jeden Tag sagen, dass es heute nichts Essbares gibt?

Der Verstoß gegen Gewaltschutzgesetze zeigt sich in der Praxis an vielen Missständen: Es beginnt damit, dass teilweise auch Bedienstete der Polizei der Frau nicht glauben, Vorfälle verharmlosen oder Victim Blaming betreiben. Und es endet damit, dass auch bei einer Wegweisung oder einem Näherungsverbot die Frauen und Kinder weiterhin in Gefahr sind und nicht zur Ruhe kommen können. Am Ende bleibt oft nur der Weg ins Frauenhaus (wenn dort ein Platz gefunden wird) – und wenn die Kinder nicht längst zum gewalttätigen Vater umplatziert wurden.

Bei gemeinsamen Kindern ist ein Näherungsverbot oft das Papier nicht wert, auf dem es steht. Es wird eingeschränkt zum Zwecke der Umgangsausübung. Die Mütter müssen ihren Peinigern weiterhin begegnen und sogar die Kinder in ihre Obhut entlassen.

Gleichzeitig lässt das Vorhandensein gemeinsamer Kinder die Anklage »Stalking« kaum zu, da im Gerichtssaal interpretiert wird, der Vater habe lediglich 170 Mal in zwei Wochen angerufen, drei Mal durch die Gardinen gelinst, die Mutter mit dem Auto verfolgt und ihr vor der Haustür aufgelauert, weil er eben Vater ist und Kontakt zu dem Kind haben möchte. Das Stalking wird uminterpretiert in ein gesundes Interesse am Kind. Da fragt man sich, wie Jugendamt, Amtsgericht und Verfahrensbeistandschaft das Stalking interpretieren würden, wenn sie ein Kindsvater bis in den Garten verfolgen und minütlich telefonisch belästigen würde, weil er »ein Interesse am Gerichtsverfahren« hat.

Wir sehen hieran, dass es zum Teil auch schon gute rechtliche Vorgaben gibt in Deutschland. Solange diese aber nicht befolgt und kontrolliert werden, ja einige Interessengruppen im Auftrag der Bundesregierung für entgegengesetzte Zielen arbeiten, sind diese Gesetze für Frauen und Kinder bedeutungslos.

Täter – ihre Methoden und ihre Einflussnahme

Toxische Männlichkeit versus Narzissten/Psychopathen

Weshalb gibt es so viele Väter, die übergriffig, gewalttätig und manipulativ sind? Wirft man einen Blick in die öffentliche Berichterstattung über diese Fälle, begegnen einem vor allem zwei Erklärungsansätze:

Ein Ansatz beschreibt diese Männer als Narzissten, die nur an sich denken, andere lediglich als Quelle ihrer narzisstischen Befriedigung ansehen und nicht in der Lage sind, emotional reife Beziehungen aufzubauen oder Mitgefühl für andere zu empfinden. Menschen, die eine narzisstische Persönlichkeitsstörung haben, haben kein Gewissen und können sich zwar vorstellen, was andere empfinden (sonst könnten sie diese Menschen auch nicht so gut manipulieren), aber sie fühlen und leiden nicht mit. Es lässt sie kalt, wenn andere leiden. Schuld suchen sie nie bei sich, sondern stets nur bei anderen. Sie sind nicht zur Selbstreflexion fähig und obwohl sie die Menschen in ihrem Umfeld angreifen, verletzen und eiskalt viel Leid verursachen, stellen sie sich nach außen häufig selbst als Opfer dar. Seit einigen Jahren gibt es zahlreiche Veröffentlichungen in Form von Büchern, Zeitungsartikeln oder ganzen Sonderbroschüren zum Thema Narzissmus.[142] Jeder Egoist und Gewalttäter wird schnell von außen als Narzisst bezeichnet. Wir alle haben mehr oder weniger narzisstische Züge. Doch gemeint ist hier fast immer eine pathologische Persönlichkeitsstörung. Wenn ein Thema so breit diskutiert wird und Narzissmus plötzlich überall von Laien diagnostiziert wird, jeder unliebsame und schwierige Kollege, Nachbar oder (Ex-)Partner ein Narzisst sein soll, stellen sich einige Fragen:

Wo kommen auf einmal all diese Narzissten her? Gab es sie früher schon? Sind die meisten Männer Narzissten? Die Zeitschrift *Spektrum der Wissenschaft* spricht in ihrem Kompakt-Heft zum Thema Narzissmus sogar vom »Kollektiven Narzissmus«, also einer gesamten Gesellschaft, die immer narzisstischer wird.[143] Ist es überhaupt günstig, allen Störenfrieden und Kriminellen eine psychische Erkrankung zu unterstellen, die sie letztlich auch ein wenig von ihrer Verantwortung für ihr Handeln befreit? Denn wer eine Störung hat, kann sich tatsächlich auch darauf ausruhen und sagen: Ich kann nichts für meine Taten, ich bin Narzisst. (Wenngleich gerade Narzissten fast nie zugeben, dass sie eine Krankheit haben und sich auch höchst selten Hilfe holen.)

Der andere Erklärungsansatz beschreibt letztlich immer dieselben Verhaltensweisen: Egoismus, Verantwortungslosigkeit, Abwertung von Partnerin und Kindern, Besitzdenken, Mangel an Selbstreflexion, die Beanspruchung von deutlich mehr Rechten und Möglichkeiten, als sie umgekehrt Frau und Kindern zugestanden werden, eine Opfer-Haltung, den Unwillen, sich in andere hineinzuversetzen bzw. sich für die Bedürfnisse, Gefühle und Belange anderer Menschen zu interessieren etc.[144] Sie sprechen aber nicht von Narzissmus, sondern von toxischer Männlichkeit. Und wer sich die Auswirkungen von narzisstischen Verhaltensweisen und typischen Handlungen und Einstellungen toxischer Männer ansieht, stellt tatsächlich eine große Schnittmenge fest. Natürlich gibt es auch Frauen, die unter einer Narzisstischen Persönlichkeitsstörung (NPS) leiden oder ausgeprägtere narzisstische Züge haben als andere. Interessant ist aber die Frage, ob narzisstische Charaktereigenschaften im Rahmen der männlichen Sozialisation geradezu provoziert und herangezüchtet werden. Könnten also unser Männer- und Frauenbild sowie patriarchale Macht und Hierarchien eine Erklärung für die weite Verbreitung antisozialer und narzisstischer Verhaltensweisen bei vielen Männern bieten? Es ist jedenfalls eine Tatsache, dass Egoismus, Überheblichkeitsfantasien und Verantwortungslosigkeit bei Männern in Job, Wirtschaft und Politik oft belohnt werden. Und wie wir in diesem Buch sehen, ist dies in der Justiz ebenfalls der Fall. Gewalt, Aggression und das bewusste Verletzen anderer Menschen werden Männern eher verziehen, ja von manchen sogar als besonders männlich erachtet. Wut oder Rücksichtslosigkeit bei Frauen passen nicht zu der weiblichen Rolle, die sie erfüllen sollen, und werden entsprechend härter sanktioniert. Nach dem Motto: Männer können nicht anders. Oder: Boys will be Boys.

Deshalb ist es beispielsweise auch nicht hilfreich, wenn Frauen, die noch immer weniger verdienen als Männer, empfohlen wird, sich wie Männer zu verhalten.[145] Treten Männer in Gehaltsverhandlungen fordernd auf, gelten sie als selbstbewusst. Von Frauen erwartet man Bescheidenheit. Stellen Frauen Forderungen, gelten sie als unverschämt und maßlos – selbst wenn sie nur dasselbe (oder weniger) Gehalt fordern wie die männlichen Kollegen. Die Spielregeln für Männer und Frauen sind andere im Patriarchat. Und das spüren dann auch Mütter im Familiengericht, wenn sie gemaßregelt und ihre zusammengetragenen Fakten ignoriert werden, während den Lügen der Herren breiter Raum zugestanden wird.

Vielen Müttern stellt sich die Frage, ob es sich bei dem jeweiligen Vater um einen Menschen mit Narzisstischer Persönlichkeitsstörung handelt. Gegebenenfalls ist es auch jemand, der sehr männlich sozialisiert und erzogen wurde und daher viele typische Verhaltensweisen und Haltungen an den Tag legt, die unter »toxischer Männlichkeit« zusammengefasst werden können.

Diese Fragen können hier nicht beantwortet werden. Ich weise nur auf zwei wichtige Punkte hin, die es hier zu bedenken gibt: Auch wenn man einen Vater als »Narzissten« beschreibt oder eine entsprechende Störung bei ihm vermutet, ist es oft nicht hilfreich, mit diesem »Wording« über ihn zu sprechen. Das Attestieren einer Erkrankung kann bewirken, dass in unserem Denken und im Denken unseres Gegenübers der Vater von jeder Schuld freigesprochen wird, weil der »Arme« ja an einer Krankheit leidet. Diese »Opfer«-Nummer spielen solche Väter ja ohnehin und es ist möglich, dass man ihre theaterreifen Täter-Opfer-Umkehrungen damit noch unterstützt. Wir sollten niemals vergessen, dass diese Väter für ihre Taten verantwortlich sind. Auch ein Kranker kann sich Hilfe suchen – bevor er Frau und Kinder verprügelt. Zum zweiten warne ich davor, sowohl Narzissmus als auch toxische Männlichkeit im Kontext von Gesprächen mit Verfahrensbeteiligten zu erwähnen. Selbst wenn der Vater irgendwann zugegeben haben sollte, dass er psychisch krank ist, ein Narzisst ist, eine Borderline-Störung hat etc. Die Wahrscheinlichkeit ist sehr hoch, dass eine solche Aussage der Mutter, die sie ausspricht, auf die Füße fällt. Die Hoffnung, andere würden dann auch erkennen, dass der Vater grausam und hinterhältig ist, wird fast immer enttäuscht. Stattdessen wird die Mutter als Denunziantin, bösartig und bindungsintolerant eingeschätzt.

Wenn Sie nicht ohnmächtig zuschauen wollen, sondern die Chance erhöhen wollen, dass das Familiengericht aufgeklärt und sensibilisiert ist, dann schicken Sie lieber anonym Broschüren, Artikel, Bücher, Studien etc. an das Amtsgericht – jedoch nicht ausgerechnet an Ihren Verfahrensbeistand und Ihre Richterin, während Sie auf die Verhandlung warten!

Für viele Mütter kann es dennoch hilfreich sein, sich zumindest ein wenig in die Themen Narzissmus und toxische Männlichkeit einzulesen. Es wirkt oft wie Balsam für die Seele, wenn Mütter merken, dass die Verhaltensweisen und Angriffe, die sie schockiert und sprachlos zurücklassen, kein Einzelfall sind. In meiner Beratung berichten beispielsweise immer wieder Frauen davon, dass ihnen vom Vater völlig absurde Dinge vorgeworfen wurden, die sie nachweislich nie getan hatten – im Gegensatz zu ihm selbst. Der Aha-Effekt ist groß, wenn ich ihnen dann sagen kann, dass das absolut typisch und geradezu schon ein Klassiker der toxischen oder narzisstischen Väter ist. Sie scheinen so wenig kreativ zu sein, dass sie bei Verleumdungen einfach ihr eigenes Verhalten auf den anderen projizieren. Da kommt dann vielleicht von einem Vater, der die letzten zehn Umgangstermine abgesagt hat, der Vorwurf: »Immer sagst du den Umgang ab.« Oder ein Vater, der sämtliche Kommunikationskanäle dichtmacht und ausschließlich telefonisch kommunizieren möchte, behauptet dann, die Mutter würde sich jeder Kommunikation verschließen. Häufig wissen Betroffene dann überhaupt nicht, was sie davon halten sollen und zweifeln an ihrer eigenen Wahrnehmung – eindeutig ein Fall von Gaslighting. Es ist hilfreich, wenn sie erfahren, dass dies zum klassischen Verhaltensrepertoire dieser Männer gehört. Dies ist ein erster Schritt, um der eigenen Wahrnehmung wieder vertrauen zu können.

Ganz sicher lässt sich aus soziologischer Perspektive aber sagen, dass diese gewaltsamen, frauen- und kinderfeindlichen und toxischen Verhaltensweisen einerseits vor allem bei Männern auftreten und andererseits gesellschaftlich überhaupt nicht sanktioniert, sondern noch hofiert werden. Beides ist darin begründet, dass wir im Patriarchat leben. In einer Gesellschaft der Väter-Herrschaft lernen Männer, dass sie immer Recht haben und Selbiges auch (fast) immer bekommen. Väter entwickeln ihre Hybris also nicht ohne guten Grund. Sie sind es auch gewohnt, dass sie damit durchkommen. Dieser typisch männliche Habitus zeigt sich noch heftiger bei Männern, die auch in ihrem Beruf hochangesehen sind und die einen Job gewählt haben, in dem sie anderen sagen, wo es langgeht oder sie »belehren«. Wolfgang Hammer stellte beispielsweise fest, dass der Anteil der Professoren und Doktoren unter den Beschwerdeführern am Familiengericht zehnmal so hoch ist wie im Rest der Gesellschaft. Eigentlich sind nur 1,2 Prozent der männlichen Bürgerschaft Professoren oder Doktoren. Unter Antragsstellern am Familiengericht lag der Anteil im Vergleich bei 11,3 Prozent.[146] Dies gilt hingegen nicht für die Mütter.

Fest steht aber auch, dass Studien, die Zusammenhänge zwischen Persönlichkeitsstörungen und psychischer und physischer Gewalt gegen Mutter und Kinder untersuchen, bislang fehlen. Wie häufig Familiengerichte von Menschen mit Persönlichkeitsstörung instrumentalisiert werden, lässt sich nur schätzen. ExpertInnen vermuten, dass 4 bis 15 Prozent der Bevölkerung unter einer Persönlichkeitsstörung leiden – also gar nicht mal so wenig.[147] Man kann nur davon ausgehen, dass der Anteil unter denjenigen, die Gewalt gegen Mutter und Kind ausüben und dazu auch familienrechtliche Verfahren nutzen, noch höher ist als im Rest der Gesellschaft. Gleichzeitig sind Verfahrensbeteiligte wie BeiständInnen, RichterInnen, Jugendamt, Sachverständige etc. nicht zu diesen Themen geschult.

Väterrechtler, Gardner, Kentler und Co.

Woher kommen nun diese verkrusteten, frauenfeindlichen Haltungen im familienrechtlichen System? Die kurze Antwort wurde hier schon mehrfach gegeben und lautet immer noch: vom Patriarchat. Schauen wir genauer hin, sehen wir auch, wer Jugendämter und Familiengerichte mit misogynen Mythen und pseudowissenschaftlichen Theorien versorgt: Väterrechtler arbeiten bereits seit Jahrzehnten daran, mütterfeindliche Thesen in den Köpfen der Verfahrensbeteiligten und der Politik zu installieren. Und weil diese Männerrechtsbewegung bereits so lange im Hintergrund agiert, ist es schwer, die Mythen als solche zu entlarven und die familienrechtliche Praxis von ihnen zu befreien.

Die Männer- oder auch Väterrechtsbewegung kann als Gegenbewegung zur Welle der Frauenbewegung aus den 1970er Jahren verstanden werden und ist Teil massiver rechtskonservativer Strömungen, die die Uhr zurückdrehen und Frauen entrechten wollen. Die MIAs schreiben dazu:

»Seit zwei Jahrzehnten schließt sich international eine breite Phalanx aus Fundamentalchristen, Homophobikern und weiteren Strömungen des rechten Spektrums zusammen. Ihr Angriffspunkt: #Familienpolitik. Ihr ideologisches Ziel: ›Die natürliche Ordnung wiederherstellen‹. […] Mit ›natürlich‹ ist die heteronormative Kleinfamilie mit dem Vater als Familienoberhaupt gemeint. Aus diesem leitet sich ab, dass Frauenrechte, Rechte auf reproduktive Selbstbestimmung oder auch Minderheitenrechte wie die von Regenbogenfamilien […] zurückgedrängt werden sollen.«[148]

Während es schon früher Männerrechtler gab, sind diese heute nicht mehr so einfach an »Frauen zurück an den Herd«-Parolen zu erkennen. Der neue Antifeminismus benutzt eine Technik, die ich gerne als »Wolf im Schafspelz« bezeichne oder auch als »Macho im Feminismuspelz«. Diese Methode zieht sich durch alle antifeministischen Bewegungen des 21. Jahrhunderts. Das Wording der Maskulisten gleicht dem der Frauenrechtsbewegung und wird daher oft nicht als frauenfeindlich wahrgenommen – zumindest nicht auf den ersten Blick. Von Kinderschutz, Aufbruch für Kinder, Väter für Kinder, Gleichberechtigung, Kinderrechten oder auch gerechter Elternschaft und »genug Tränen« ist da die Rede. Wer könnte dagegen sein, wenn es heißt: »Allen Kindern beide Eltern.« Die Lobbyorganisationen, die diese frauen- und mütterfeindliche Propaganda betreiben, sind nicht zu unterschätzen. Sie sind finanzstark und werden zum Teil von russischen Oligarchen unterstützt.[149]

In einem Interview sagte Katarina Barley, Vizepräsidentin des Europäischen Parlaments, 2022:

»Als ich 2019 ins EU-Parlament gewählt wurde und Mitglied im Ausschuss für bürgerliche Freiheiten wurde, referierte dort ein Sachverständiger, wie verschiedene Netzwerke finanzstarker AkteurInnen versuchen, die Rechte von Frauen und Minderheiten einzuschränken. [...] Bei der Finanzierung spielen US-amerikanische Evangelikale und russische Oligarchen eine große Rolle, auch wenn die Geldströme oft undurchsichtig sind. Diese Netzwerke haben ein gemeinsames Ziel: langfristig eine Art Naturrecht zu reinstallieren.«[150]

Dieselben Lobbyisten versuchen mit unseriösen und unwissenschaftlichen Theorien, Väter als Opfer darzustellen, Müttern per se Manipulation der Kinder zulasten der Väter anzudichten, Macht und Kontrolle von Vätern über Mütter und Kinder zu stärken und dabei den Diskurs zur Gleichberechtigung für ihre Zwecke zu missbrauchen.[151] Sie nehmen Einfluss auf die Politik und bilden mit ihren unhaltbaren Thesen auch VerfahrensbeiständInnen und Jugendämter aus.[152] Hierbei installieren sie ein frauenfeindliches, ideologisches Wording, wenn zum Beispiel von »Kinderbesitzerinnen mit Verfügungsgewalt« die Rede ist.[153] In Fortbildungen und grundlegenden Fachbüchern wird das »Helfersystem« gefüttert mit zahllosen Fantasiebeispielen, in denen stets die Mutter die »Böse«, gewalttätig, manipulativ oder psychisch krank ist. Die Narrative, die verwendet werden, sind stets dieselben: 1. »Mütter entfremden dem Vater nach der Trennung/Scheidung die Kinder«, 2. »Gewalt und sexueller Missbrauch werden nur als Vorwand genutzt, um den Umgang von Vätern mit ihren Kindern zu verhindern«, 3. »Kinder brauchen Elternteile zu gleichen zeitlichen Anteilen, um gut aufwachsen zu können.«, 4. Mütter wollen Kinder und Geld, Väter sind Zahlmeister«.[154] Ihr Ziel ist es, Trennungen für Mütter deutlich zu erschweren.

»Und wenn es eine Frau dennoch schafft, sich zu trennen, soll sie via gemeinsamem Sorgerecht und gesetzlich vorgeschriebenem Wechselmodell (natürlich ohne jeglichen Kindesunterhalt) weiterhin an den Mann gekettet bleiben. Genau das hatte Salvini in Italien bereits versucht, in Griechenland wurde eine solche Reform jüngst von der alleinregierenden konservativen Nea Dimokratia verabschiedet.«[155]

Hierzulande ist die FDP ganz vorne mit dabei, ein Zwangswechselmodell zu fordern, und hat dazu auch bereits einen Antrag im Bundestag eingebracht. Im Koalitionsvertrag sahen wir dann 2021, dass das Wechselmodell nun in Beratungen in den Mittelpunkt gestellt werden soll. Die Beratungen sind damit nicht mehr neutral und ergebnisoffen oder am Kindeswohl orientiert – sondern richten sich an der Väterrechtsideologie aus.

Während Außenstehenden das Wording der Väterrechtsbewegung nahelegt, es würde um Kinderrechte gehen, werden die Väterrechtsverbände hingegen nicht müde, Richard A. Gardner und Helmut Kentler als Belege für ihre kruden Theorien heranzuziehen. Beide Männer haben sich ab den 1980er Jahren dafür stark gemacht, sexuellen Kindesmissbrauch zu entkriminalisieren. Helmut Kentler, damals Professor an der Universität Hannover und Abteilungsdirektor des Pädagogischen Zentrums in Berlin, überzeugte die Berliner Senatsverwaltung davon, Pflegestellen für Kinder bei pädosexuellen Männern einzurichten. Schließlich würden diese Männer nur zu gerne Kinder bei sich aufnehmen.[156] Die Männer bekamen so uneingeschränkten Zugang zu Kindern, die ihnen »frei Haus geliefert« wurden und die sie – wen wundert es – missbrauchten. Institutionelle Gewalt gegen Kinder als verlängerter Arm von Gewalttätern und Sexualstraftätern hat in Deutschland also Tradition. In der Gegenwart wird beispielsweise die Väterrechtsorganisation USUV (Interessenverband Unterhalt und Familienrecht) in Zusammenhang mit Kentler gebracht.[157]

Die »Tradition des sexuellen Missbrauchs« war es auch, die Richard A. Gardner in den 1980er Jahren faszinierte. Der Kinderpsychiater veröffentlichte in seinen Büchern, dass sexuelle »Handlungen« zwischen Erwachsenen und Kindern eine »Tradition« hätten und nicht kriminalisiert werden sollten. Schließlich wären oft die Kinder selbst die treibende Kraft. Traumatisierungen würden nicht etwa durch den Missbrauch entstehen, sondern erst durch die feindliche Haltung der Gesellschaft gegenüber der »Sexualität zwischen Erwachsenen und Kindern«. Geholfen wäre der ganzen Familie, wenn man akzeptierte, wie weit verbreitet diese »Tradition« sei und die Taten nicht pathologisierte. Mütter sollten einfach wieder mehr Sex mit den Vätern haben und nicht versuchen, den Missbrauch zu verhindern.[158]

Als Instrument für Pädokriminelle, damit sie straflos Kinder missbrauchen können, erfand Gardner das sogenannte Parental Alienation Syndrome (PAS). Der Verein Väteraufbruch für Kinder e.V. betont bis heute auf der Vereinshomepage, wie erfreut man über die Arbeit Gardners sei.[159]

Parental Alienation Syndrome/Bindungsintoleranz

Das Parental Alienation Syndrome (im Deutschen auch Eltern-Kind-Entfremdung) behauptet, dass Mütter ihre Kinder manipulieren und »programmieren«, damit diese Vätern Gewalt und Missbrauch unterstellen. In Wirklichkeit wollen die Mütter die Kinder vom Vater fernhalten, sie ihm entfremden, weil sie eine symbiotische Beziehung zum Kind haben und keinerlei Kontakt zwischen Kind und Vater ertragen können. Es würde also »Missbrauch mit dem Missbrauch« betrieben. Gardner erfand nicht nur das Syndrom selbst, sondern entwickelte auch Strategien, wie damit umzugehen sei: Die Kinder müssten dem Elternteil, das unter PAS leide, weggenommen und dem Elternteil, das sie ablehnen, zugeführt werden.[160] Dieses Vorgehen sei alternativlos. Bis heute findet sowohl die Verwendung des Begriffs Parental Alienation Syndrome als auch der von Gardner präferierte »Lösungsweg« Eingang in deutsche Gerichtsbeschlüsse.[161] Da Gardner sexuellen Missbrauch als etwas ganz Natürliches beschrieben hat, kann man davon ausgehen, dass er das PAS nicht erfunden hat, weil er von einer Vielzahl falscher Vorwürfe ausging. Er war sich im Klaren darüber und betonte auch immer wieder, dass sexueller Missbrauch weit verbreitet sei. Die Erfindung des PAS war für ihn vielmehr ein Instrument für pädokriminelle Väter, damit diese – auch wenn sexueller Missbrauch nicht gesellschaftlich akzeptiert wird – dennoch Zugriff auf ihre Kinder haben. Und um Müttern, die ihre Kinder vor Gewalt und Missbrauch schützen wollen, quasi das »Handwerk zu legen«. »Eine amerikanische Fachzeitschrift schrieb Ende der 1990er, Gardners Theorie sei ›ein Rezept‹, um unter dem Deckmantel der klinischen Objektivität Missbrauchsvorwürfe als falsch zu deklarieren.«[162] Obwohl Gardners Theorie längst wissenschaftlich widerlegt ist, ist sie Gegenstand in zahlreichen Fortbildungen für Jugendämter, FamilienrichterInnen und VerfahrensbeiständInnen.[163]

Der Begriff »Bindungsintoleranz« schlägt in dieselbe Kerbe. Er bezeichnet die Intoleranz eines Elternteils gegenüber dem Kontakt oder der Bindung des Kindes zum anderen Elternteil. Natürlich gibt es Eltern, die tatsächlich die Beziehung des Kindes zum anderen Elternteil nicht tolerieren können und diese grundlos ablehnen, ja, aus diesem Grunde sogar versuchen, das Kind zu manipulieren. Gefährlich ist allerdings, wenn der natürliche Schutzinstinkt von Müttern per se als Bindungsintoleranz eingeschätzt wird. Es bringt insbesondere Kinder in Gefahr, wenn gute Gründe für die Ablehnung eines Elternteils – wie Gewalt und Missbrauch – schlicht ignoriert werden. Nur um eine grundlose Ablehnung zu attestieren, was zwangsläufig dazu führt, dass Bindungsintoleranz oder PAS pseudodiagnostiziert werden. Und so wundert es auch nicht, dass das Narrativ »Bindungsintoleranz/Eltern-Kind-Entfremdung/Parental Alienation Syndrome« nachweislich zulasten der Mütter und damit auch der Kinder geht.

»Das ergab eine US-amerikanische Studie mit über 2 000 ausgewerteten Gerichtsentscheidungen. Beim Vorwurf ›Eltern-Kind-Entfremdung‹ verloren Mütter doppelt so häufig das Sorgerecht an Familiengerichten – Vätern schadete der Vorwurf hingegen nicht.«[164]

In Italien wurde dies unlängst erkannt und das höchste italienische Gericht, der Kassationsgerichtshof, hat einen Beschluss eines Familiengerichts für unwirksam erklärt, der mit dem Parental Alienation Syndrome argumentiert hatte. Doch nicht nur das. Der Kassationsgerichtshof bezeichnete PAS auch als frauenfeindliche »Nazitheorie«.[165] Die Beschreibung von sogenannten »Tätertypen« sei unzulässig. Im dritten Reich entstand in Deutschland die Idee, dass Menschen nach normativ bestimmten Charakterzügen be- und verurteilt werden sollten und weniger aufgrund ihrer tatsächlichen Taten (siehe zum Beispiel die Erfindung des »Volksschädlings«). Die Vorverurteilung von Müttern ohne Bezug zu ihren tatsächlichen Handlungen sei stigmatisierend und misogyn.[166]

Zuletzt zog der Fall Winterhoff große Aufmerksamkeit auf sich. Der Bonner Kinderpsychiater und Autor (*Warum unsere Kinder Tyrannen werden*) hatte Hunderten von Kindern eine Krankheit diagnostiziert, die es gar nicht gibt: frühkindlicher Narzissmus und Mutter-Kind-Symbiose. Mütter, die eine viel zu enge Bindung zum Kind haben, stellen in seiner Argumentation die Ursache für das Parental Alienation Syndrome dar. Die Behandlung führte er dann mit Neuroleptika durch, die stark sedierend wirken und, wenn überhaupt, nur im Notfall und nur kurz angewendet werden dürfen. Winterhoff verordnete diese den Kindern jedoch als Dauermedikation teilweise bis zu zehn Jahre lang. Viele von ihnen leiden bis heute unter den Folgen. Eltern, die skeptisch waren, wurden von Jugendämtern und Heimen unter Druck gesetzt. Winterhoff arbeitete mit rund 30 Jugendhilfeeinrichtungen zusammen und so konnte ein realistisches Bedrohungsszenario entwickelt werden, in welchem Mütter um ihr Sorgerecht fürchten mussten. Hinter Winterhoff steckt ein ganzes System: Medien, die ihn nur allzu gerne lange Jahre feierten für seine »Kinder sind Tyrannen«- und »Mütter sind zu bindungsorientiert«-Thesen. Zahllose MitarbeiterInnen in den kooperierenden Jugendhilfeeinrichtungen, die weggesehen haben, obwohl ihnen die ganzen sedierten Kinder mit ein und derselben Fantasiediagnose aufgefallen sein dürften. Selbst als die Presse 2021 über den Skandal berichtete, dauerte es noch lange, bis die Politik tatsächlich reagierte. Mehrere Betroffene berichten auch von unangemessenen Berührungen im Genitalbereich durch Winterhoff. Einer, mit dem Winterhoff eng zusammenarbeitete, ist der Leiter vom Jugendamt St. Augustin, Marc Serafin. Und dieser ist wiederum ein Verfechter des Parental Alienation Syndrome und Redner beim VAfK (der Verein, der auf seinen Internetseiten den Pädokriminellen-Unterstützer Richard Gardner in den Himmel lobt). Da schließt sich der Kreis dann wieder.[167]

Maternal Gatekeeping und Münchhausen by proxy

Wenn Mütter im Familiengericht Gewalt oder Missbrauch durch den Vater thematisieren, wird ihnen schnell Lüge und Bindungsintoleranz vorgeworfen. Mütter, die mit ihrem Kind auch noch beim Arzt waren oder ärztliche Berichte über Hinweise auf Gewalt und Missbrauch vorlegen, geraten auch noch auf anderem Wege selbst in die Schusslinie: Sind Spuren von Gewalt ärztlich belegt, wird Müttern schnell der Vorwurf gemacht, den Kindern die Wunden selbst zugefügt zu haben, mit dem Ziel, das Kind krank zu machen oder dem Vater zu entfremden oder beides. Dann fällt häufig der Begriff »Münchhausen by proxy«. Diese psychische Krankheit bewirkt, dass ein Mensch Kindern bewusst Schaden und Verletzungen zufügt, um sie abhängig oder krank zu halten. Auf dem Wege werden Aufmerksamkeit und Mitleid erlangt sowie ein Anlass geschaffen, sich aufopferungsvoll um das Opfer zu kümmern. Diese Taten stellen eine Form der Kindesmisshandlung dar. Das Münchhausen-by-proxy-Syndrom wird Müttern im Familiengericht immer häufiger vorgeworfen – so auch im medial stark diskutierten Skandalfall von Anna Korn.[168]

Die Erkrankung ist jedoch extrem selten und kann nicht von Laien diagnostiziert werden. Auffallend ist, dass es benutzt wird, um Mütter mundtot zu machen, ihnen die Kinder zu entziehen und diese dem eigentlichen Täter zuzuführen. Und das ohne jegliche Beweise dafür, dass die Mütter den Kindern tatsächlich Verletzungen zugefügt haben, oder auch wenn die Mutter erwiesenermaßen psychisch kerngesund ist. Die Botin wird hier geköpft, Ursache und Wirkung werden verwechselt – mit fatalem Ergebnis. Weil eine Mutter Verletzungen des Kindes ernst nimmt – was man leider von vielen Verfahrensbeteiligten am Familiengericht nicht sagen kann –, wird ihr letztlich selbst die Schuld an den Verletzungen zugesprochen.

Weitere Pseudodiagnosen und -begriffe, die am Familiengericht gerne gegen Mütter eingesetzt werden, sind das »Maternal Gatekeeping« oder auch ein Effekt, der »False Memories« genannt wird. Als Maternal Gatekeeping bezeichnet man das Verhalten von Müttern, die Väter von der Kinderbetreuung fernhalten wollen, um diese als ihr »Hoheitsgebiet« zu behalten. Der Begriff fällt auch oft bei Paaren, wenn sich Mütter beschweren, dass Väter sich vor Haushalt und Kindererziehung drücken. Dann wird er benutzt, um eine Täter-Opfer-Umkehr zu betreiben: Der Mutter wird der Vorwurf gemacht, sie sei selbst schuld, dass sie alles allein machen müsse. Sie würde das ja auch so wollen. Erinnert sehr an den Klassiker zum Thema Vergewaltigungen: »Sie hat einen kurzen Rock getragen. Sie wollte es ja so.« Und auch beim Thema Gewalt in der Geburtshilfe haben mir auf einer Tagung schon Hebammen entgegengeschrien, sie wären nicht gewalttätig, die Mütter hätten das so gewollt. Selber schuld also. Nichts anderes bedeutet Maternal Gatekeeping. Im Familiengericht oder bei Fortbildungen wird es oft zusammen mit der Bindungsintoleranz genannt. In Wirklichkeit ist es ein »frauenfeindlich konnotiertes Einhorn«[169].

Der False-Memories-Effekt ist eine inzwischen längst als unwissenschaftlich und falsch beschriebene Idee, die ebenfalls zum Schutz von Pädokriminellen entwickelt wurde. Sie besagt, dass sich Kinder Missbrauch oft nur einbilden würden. Sie hätten sogenannte falsche Erinnerungen. Diesen Effekt gibt es bei Kindesmissbrauch genauso wenig wie bei Steuerhinterziehung – diese bilden sich Finanzämter ja auch nicht ein, weil sie Erinnerungen haben, die zusammenfantasiert sind. Doch ungeachtet dessen, dass sich dieser Effekt längst als unhaltbar erwiesen hat, wird er von Väterrechtlern gerne noch verwendet, um Gewalt und Missbrauch von sich zu weisen.

Kapitel 3
Erfahrungsberichte der Mütter

Die Erfahrungsberichte beschreiben die Erlebnisse von Müttern und Kindern aus ganz Deutschland. Sie wurden von den Müttern selbst verfasst, damit sie ihre Geschichte in ihren eigenen Worten schildern können. Viele befinden sich noch mitten in Auseinandersetzungen und Gerichtsverfahren rund um Sorge- und Umgangsrecht. Daher ist es wichtig, dass die Mütter und Kinder anonym bleiben können. Die Texte erscheinen unter anderem Namen und teilweise mit geänderten Angaben bei Beruf und Bundesland, damit die Anonymität gewährleistet ist. Auch wenn es in ganz Deutschland betroffene Mütter gibt, fiel doch auf, dass es gewisse Brennpunkte zu geben scheint. So wendeten sich überdurchschnittlich viele Mütter aus Niedersachsen und Brandenburg an mich.

Kontakt zu betroffenen Müttern habe ich über meine Coaching-Klientinnen, über soziale Netzwerke und persönliche Kontakte hergestellt. Insgesamt habe ich mit rund 70 Müttern gesprochen, die Interesse daran hatten, einen Bericht beizusteuern. Nicht alle hatten am Ende die Zeit oder Kraft, sich mit den schlimmsten Momenten ihres Lebens auseinanderzusetzen und ihren Schmerz und ihre Trauer zu Papier zu bringen. Einige hatten zudem trotz der Anonymisierung zu große Angst davor, mit ihrer Geschichte vom Vater wiedererkannt zu werden. Ich möchte mich bei all diesen Frauen bedanken, insbesondere bei den Müttern, deren Berichte wir hier nun lesen können. Es sind unglaublich mutige und starke Frauen, die uns einen Einblick in das Leben von Müttern und Kindern geben, die von institutioneller Gewalt betroffen sind. Die Berichte handeln von 16 Müttern und 26 Kindern. Sie wurden im Frühjahr und Sommer 2022 verfasst.

Anja (41), Niedersachsen · Diplompädagogin, Mediatorin, Kinderschutzfachkraft · mit Lina (14) und Ella (10)

Als ich Mike vier Jahre nach unserem gemeinsamen Abitur zufällig beim Feiern wiedertreffe, ist er mir durch unsere gemeinsame Schulzeit sehr vertraut. Es fällt mir daher leicht, seine Frage nach einem weiteren Treffen mit Ja zu beantworten. Obwohl die Vertrautheit nach den ersten Treffen einem komischen Bauchgefühl wich, machte ich keine Vollbremsung, sondern ließ mich auf die Fahrt mit durchgedrücktem Gaspedal ein. Unsere Beziehung war keine zwei Monate alt, da lud er mich an seinem Geburtstag wieder aus, weil eine Kommilitonin sich spontan angemeldet hatte und ihm ausgeliehene Bücher zurückgeben wollte. Am nächsten Tag erzählte er mir, dass er mit dieser Kommilitonin seit Langem eine Affäre hatte und gestern, an seinem Geburtstag, sei auch wieder etwas zwischen ihnen gelaufen. Er drehte die Geschichte aber so, dass er mir sagte, dass er währenddessen gemerkt habe, dass sich das falsch anfühle, er nur an mich gedacht habe und nun wirklich wüsste, dass ich die Einzige und Richtige für ihn bin. Er schaffte es, dass ich nicht den Betrug sah und fühlte, sondern nur den Liebesbeweis in seiner Geschichte hörte.

Nicht viel später wurde er das erste Mal handgreiflich. Mike hatte wieder ein Treffen mit einer anderen Frau. Diesmal – vier Monate nach seinem Geburtstag – fragte ich aber etwas genauer nach und ließ mich nicht direkt mit seiner Geschichte abspeisen. Die vorsichtige Nachfrage war zu viel für Mike. Anstatt mir auf meine Frage zu antworten, sprang Mike auf, packte mich und schmiss mich zu Boden. »Halt jetzt endlich deine Schnauze!« Mike setzte sich auf mich und begann, mich zu würgen. Einem schnurlosen Telefon, welches ich zu fassen bekam und gegen die Wand schleuderte, und den Nachbarn, die die Polizei riefen, habe ich wohl zu verdanken, diesen Angriff überlebt zu haben. Erst 13 Jahre und viele weitere psychische und physische Übergriffe später trennte ich mich von Mike. Einzig wunderbar, dass innerhalb dieser Jahre meine zwei Töchter geboren wurden.

Ich dachte, mit der Trennung bin ich endlich frei, aber der eigentliche Horror hat mit der Trennung erst begonnen. Mike gab mir bei meinem Auszug mit, dass er mich fertigmachen würde, er werde mir die Kinder nehmen. Und er machte ernst. Sechs Monate nach der Trennung fanden wir uns das erste Mal im Familiengericht wieder. Ich hatte einen Antrag auf das Aufenthaltsbestimmungsrecht meiner Kinder gestellt, weil Mike mir die Mädchen nicht mehr bringen wollte. Ich war ausgezogen, eine andere Wahl hatte ich zu diesem Zeitpunkt nicht und Mike meinte, damit hätte ich jedes Recht auf ein Leben mit meinen Kindern verloren. Vollkommen ahnungslos saß ich neben meiner Anwältin im Gerichtssaal. Ich hatte eine Strafanzeige wegen Körperverletzung gestellt, dem Gericht lagen zwei ärztliche Atteste und einige Bilder meiner Verletzungen vor. Ich war mir sicher, dass das Gericht sehen würde, welches Aggressionspotenzial Mike hat und dass die Mädchen bei mir leben müssen, um sicher zu sein. Nach eineinhalb Stunden Gerichtsverhandlung, in welchen mich der Anwalt von Mike beschimpfte, mir Lügen unterstellte und am Ende meinte, man solle überprüfen, ob ich psychisch gesund sei, drängte die Richterin mich dazu, einem Wechselmodell zuzustimmen. Meine Anwältin bat um eine Unterbrechung, um sich mit mir zu besprechen: »Stimmen Sie dem Wechselmodell zu, sonst verlieren Sie ihre Kinder!« Auch nach der Unterbrechung war ich nicht bereit, mich auf das Wechselmodell »zu einigen«. Ich sagte erneut, dass der Vater gewalttätig ist und ich meine Kinder schützen möchte. Die Richterin fand klare Worte »Ein gewalttätiger Ehemann ist noch lange kein gewalttätiger Vater, Sie müssen lernen, die Paarebene von der Elternebene zu trennen. Stimmen Sie jetzt dem Wechselmodell zu? Andernfalls würde ich dann beschließen, dass die Kinder dort leben, wo sie gemeldet sind und das ist beim Vater.« Ich stimmte dem Wechselmodell zu. Verfahrensbeistand und Jugendamt fanden dies auch die beste Lösung, die Sachbearbeiterin vom Jugendamt sagte noch, dass ein kurzer Wechselrhythmus für meine damals fünfjährige Tochter allerdings wichtig sei, da sie noch nie so lange von ihrer Mutter, der Hauptbezugsperson, getrennt war. Sie schlug daher ein 5-5-2-2-Modell vor.*

Zusätzlich stand im Vergleich noch, dass Mike und ich uns bei einem Verein für Mediation melden sollten. Was ich bis dahin nicht für mög-

* Damit ist in der Regel die folgende Aufteilung gemeint: Das Kind ist erst fünf Tage am Stück bei Elternteil A, dann fünf Tage am Stück bei Elternteil B, anschließend wieder zwei Tage bei Elternteil A und nochmals zwei Tage hintereinander bei Elternteil B. Danach beginnt die Aufteilung der Tage wieder von vorne.

lich gehalten hatte, ging nun weiter. In unserer ersten Sitzung machte die Mediatorin deutlich, dass sie es sehr ungünstig fand, dass ich den Vater meiner Kinder angezeigt hatte: »Das ist schon ein starkes Stück, den Vater seiner Kinder anzuzeigen!« Sie gab mir auf, darüber nachzudenken, ob ich nicht für meine Kinder die Anzeige zurückziehen könne. Ich sollte lernen, die Paarebene von der Elternebene zu trennen und für meine Kinder an einem guten Verhältnis zu ihrem Vater zu arbeiten. Ich fühlte mich mehr und mehr verunsichert, fing an zu zweifeln, ob die Gewalt wirklich so schlimm war, ob ich nicht vielleicht wirklich der Grund dafür bin, warum es so schwierig zwischen Mike und mir ist. Jeden Tag bekam ich Mails von Mike, in denen er mir lang und breit schilderte, woran ich alles schuld sei, was für eine schlechte Mutter ich sei, dass die Kinder gar nicht bei mir leben wollten, dass ich langsam mal anfangen müsse, an mir zu arbeiten. Bei den Übergaben der Kinder verwickelte Mike mich jedes Mal in einen Streit. Zweimal stand er einfach vor meiner neuen Wohnung, packte mich und bedrängte mich und erklärte mir hasserfüllt, was für ein schrecklicher Mensch ich sei. Auch diese Situationen gab ich bei der Polizei zu Protokoll. Einige Wochen nach dem Stellen der Strafanzeige wegen Körperverletzung rief mich die Staatsanwältin an. Sie erklärte mir, dass sie mit dem Anwalt meines Mannes telefoniert habe. Dieser sagte ihr, dass es für die Kinder wichtig ist, dass die Situation zwischen Mike und mir nicht weiter eskaliert. Das leuchtete ihr ein und sie wollte mir erklären, dass es das Beste für die Kinder ist, wenn sie keine Verhandlung macht, sondern die Anzeige gegen 1 000 Euro Geldauflage einstellt. So erhielt ich Post mit der Information, dass Mike verwarnt wurde und 1 000 Euro an einen gemeinnützigen Verein zahlen muss – ironischerweise an den Mediationsverein, der mich gedrängt hatte, die Anzeige zurückzuziehen.

Inzwischen wurde mir endlich eine Familienhilfe bewilligt. Lina und Ella bauten Vertrauen zu ihr auf. Lina vertraute sich ihr an und berichtete ihr, dass ihr Vater sehr abwertend mit ihr umging, dass sie sich bei ihrem Vater nicht mehr wohlfühlte, dass sie zu mir wollte und dass ihr Vater, immer wenn sie versucht hatte, mit ihm darüber zu sprechen, ausgeflippt war, ihr das Handy abgenommen, die Türen abgeschlossen und ihr gesagt hatte, dass sie vor Montag 11:00 Uhr nicht zu mir dürfe, ansonsten ließe er sie mit der Polizei abholen. Beim letzten Mal war es so schlimm, dass Lina versucht hat, durch das Badezimmerfenster aus dem Haus zu kommen. Mike hat sie zurückgezogen und an den Beinen durch das Haus geschliffen. Lina hat ihn verzweifelt weinend angeschrien, Mike hat vor ihr gestanden, gelacht und sie mit seinem Handy aufgenommen. Dabei sagte er zu ihr, dass er nun dokumentiert, wie krank sie ist. Er hat sie aufgefordert, ihn zu schlagen. Lina wollte das nicht, war aber so wütend, dass sie ihn schlussendlich in die Wange gekniffen hat. Mike lachte Lina aus und fragte sie, ob sie sich jetzt besser fühle. Lina war verzweifelt und kam auch danach nicht mehr aus dem Haus. Sie berichtete, dass Mike sie oft filmt. Auch wenn sie und Ella Streit haben, nimmt er sie mit seinem Handy auf. Er hat sogar extra einen Ordner auf seinem Handy mit den Videos von ihnen. Häufig droht er ihnen mit den Videos, er würde sie anderen Menschen zeigen und dann wüssten alle, wie krank Lina und Ella seien. Lina hatte Angst, wieder zu Mike zu gehen, weil sie die Situation, im Haus gefangen zu sein und nicht raus zu können, nicht noch einmal erleben wollte. Linas Beine waren von dem Durchs-Haus-Schleifen von oben bis unten blau. Unsere Familienhelferin hat bei Mike angerufen und wollte mit ihm über die Situation sprechen und eine Lösung dafür finden, dass Lina momentan nicht zu ihm möchte. Mike war zu keinem Gespräch bereit. Er schrie die Familienhelferin am Telefon an, legte auf, rief wieder an, schrie rum und legte wieder auf. Lina blieb bei mir und wechselte zum ersten Mal nicht zusammen mit Ella zu Mike. Ich hatte Angst, weil Mike mir und Lina immer wieder drohte, die Polizei zu rufen. Er tat es nicht. Stattdessen erzählte er an allen Stellen seine Version der Geschichte. Dass ich versuchen würde, die Kinder zu entfremden und Lina so manipuliert hätte, dass sie nun den Kontakt zu ihm ablehnt.

So dauerte es nicht lange, bis wir wieder gemeinsam im Gericht saßen. Die Richterin wusste nun auch nicht mehr, was sie tun sollte und fasste den Beschluss, dass ein Gutachten erstellt werden soll. Da die Situation für die Kinder brisant war, sollte ein sogenanntes Kurzgutachten erstellt werden, um schneller eine Veränderung herbeizuführen. Das im Juni beschlossene Kurzgutachten startete dann Ende September. Die Gutachterin meldete sich zum Termin an und wir sprachen zwei Stunden zu zweit. Sie stellte ausschließlich Fragen zu unserer Ehe. Vier Wochen später kam sie noch einmal, um mit Lina zu sprechen. Auch dieses Gespräch dauerte zwei

Stunden. Sie verabschiedete sich und sagte, dass sie mit Ella bei Mike sprechen werde.

Zwei Wochen später bekam ich eine E-Mail von der Gutachterin. Sie habe nun alle Informationen zusammen, wenn ich noch etwas anfügen möchte, könne ich sie noch einmal anrufen. Ich war sehr überrascht, denn ich dachte, das eine Gespräch mit ihr sei der Anfang gewesen, keinesfalls ging ich davon aus, dass es das erste und letzte Gespräch sein sollte. Stattdessen lud mich das Jugendamt zum Hilfeplangespräch ein. Ich saß gemeinsam mit Mike und unserer Familienhilfe im Jugendamt. Das Jugendamt eröffnete, dass sie mit der Gutachterin gesprochen hatten und diese empfohlen hatte, dass die Familienhilfe beendet wird, da der Vater die Familienhilfe ablehnt und als parteilich erlebt und sie daher die Konflikte nur anheize und nicht schlichte. Die Familienhelfer hatten noch einen Bericht an die Gutachterin gesendet, in dem sie von den Schwierigkeiten mit dem Vater berichteten und deutlich machten, dass ich sehr fürsorglich und um eine gute Kommunikation bemüht bin, was mit dem Vater aber schwierig sei. Dem Jugendamt lagen inzwischen unzählige Protokolle vor, die ich über die Jahre geschrieben hatte. Ich habe die häusliche Gewalt zwischen Mike und seiner neuen Freundin protokolliert, von der mir die Kinder berichteten. Vom Jugendamt wurde dies zur Kenntnis genommen, aber nichts unternommen, um die Kinder zu schützen. So habe ich mit meinen Kindern besprochen, was sie in diesen Situationen tun können, wenn sie Angst haben. Mehr konnte ich nicht tun. Ich habe protokolliert, dass Ella so große Angst vor ihrem Vater hat, dass sie sich abends nicht mehr aus ihrem Zimmer traut und in ihr Zimmer pinkelt. Auch, dass ihr Vater am nächsten Tag vollkommen die Beherrschung verliert, Ella zwingt, ihm zuzusehen, wie er ihre »Pisse« aufwischt, weil sie »zu dumm ist, um aufs Klo zu gehen«. Ich habe protokolliert, dass Mike den Kindern bei jedem Konflikt droht, die Polizei zu rufen, wenn sie nicht auf ihn hören. Ich habe protokolliert, dass Ella sich ins Badezimmer einschließt, wenn sie Angst vor Mike hat, und dieser dann vor der Tür steht und ihr droht, die Tür einzutreten. Ich habe protokolliert, dass Mike Ella am Ohr zieht, um mit ihr aus dem Haus zu kommen, wenn sie nicht mit ihm mitgehen will. Ich habe protokolliert, dass die Kinder mir unter Tränen berichtet haben, dass Mike mich als »Hexe« in seinem Handy eingespeichert hat und mich immer nur

»die Hexe« nennt, wenn er mit ihnen über mich spricht. Ich habe protokolliert, dass er sich in Anwesenheit der Kinder Pornos auf seinem Handy anschaut und beide Kinder nicht wissen, was sie dann tun sollen.

Vier Wochen nach dem Hilfeplangespräch und der Beendigung der Familienhilfe liegt das Gutachten vor. Die Empfehlung: Lina solle bei mir leben. Sie habe zwar Streitigkeiten mit ihrem Vater, diese seien aber als normale, pubertäre Auseinandersetzungen einzustufen. Die Mutter sei in ihrem Erziehungsstil wesentlich weicher und so suche sich Lina den für sie leichteren Weg bei der Mutter. Ella hingegen solle beim Vater leben. Der Vater sei eher in der Lage »die objektiven Bedarfe von Ella auch gegen ihren Willen durchzusetzen, die Mutter handele ausschließlich bedürfnisorientiert.« Zwar haben beide Schwestern in den Gesprächen mit der Gutachterin ihre enge Bindung betont, indem sie sich bei einer Aufstellung mit Figuren als einzige zwei Figuren ganz dicht zusammengestellt haben, aber die Gutachterin kommt dennoch zu dem Schluss, dass eine Trennung der Kinder vertretbar sei. Die Tatsache, dass Mike in der Zwischenzeit ganz spontan eine Frau geheiratet hat, die beide noch nicht kannten, bewertete die Gutachterin nicht als schwierig. Ella hätte die neue Frau inzwischen schon einmal kennengelernt. Für Lina empfiehlt die Gutachterin ein festes Wochenende im Monat beim Vater. Durch dieses feste Wochenende würde sie dem Druck entgehen können, den die Mutter auf sie ausübt.

Nach der Fertigstellung des Gutachtens folgte die Anhörung bei Gericht. Zu Beginn der Anhörung verteilte der Richter ein Fax des Jugendamtes, in welchem die Sachbearbeiterin schrieb, dass sie nach der Verhandlung eine Überprüfung des Kindeswohls beim Vater vornehmen werde, da es mehrere Protokolle von Übergriffen gegen Ella gebe. Einen kurzen Moment keimte Hoffnung in mir auf, dass nun alle verstanden haben, dass Mike eine tickende Zeitbombe ist. Diese Hoffnung erstickte, als der Richter, der uns an diesem Tag heute zum ersten und auch zum letzten Mal sieht, da er nur in Vertretung übernommen hat, mit den Worten an meinen Anwalt eröffnet: »Wir kennen ja alle das Gutachten, möchten Sie noch verhandeln oder können wir uns direkt einigen?« Die Verhandlung dauert zwei Stunden, zwei Stunden in denen Richter, Verfahrensbeistand, Gutachterin und gegnerischer Anwalt mich und meinen Anwalt durchgehend spüren lassen, dass unsere Bemühungen zwar ganz gut sind, aber wir uns all das Gerede sparen können und sie nun endlich Feierabend machen wollen. Ich sage noch einmal ganz deutlich in die Runde, dass Mike mir und den Kindern gegenüber gewalttätig war und ist. Und wenn ich dies aber in diesem Rahmen nicht äußern soll, sie mir bitte sagen sollen, was ich meinen Kindern sage, wenn diese mir von der Gewalt berichten und mich um Hilfe bitten.

Die Gutachterin ist die Einzige, die mir antwortet: »Die Kinder sind doch inzwischen alt genug, um sich selbst Hilfe zu holen, geben Sie ihnen doch die Telefonnummer vom Jugendamt.« Der Richter beendet dann, indem er sagt: »Ja, da wir uns ja hier leider nicht einigen können, werde ich jetzt beschließen. Eine letzte Frage noch an die Kindesmutter: Haben sie vor, in nächster Zeit wieder Anzeigen gegen den Vater zu stellen?« Ich sage, dass ich das nicht vorhabe, ich möchte einfach, dass der Vater nicht mehr gewalttätig ist oder meine Kinder geschützt werden. Außerdem habe ich genau eine Anzeige gestellt und frage den Richter, ob er sich in der Akte die Fotos von meinen Verletzungen angeschaut hat. »Ja, aber das ist ja nun schon Jahre her. Also müssen wir jetzt erst einmal nicht mit weiteren Anzeigen von Ihnen rechnen?« Ich sparte mir weitere Ausführungen, um weiteren Demütigungen zu entgehen. Der Richter verfasste seinen Beschluss. Zwei Seiten mit Begründung, wie bindungsintolerant die Kindesmutter sei und daher die Entscheidung, das alleinige Sorgerecht für Ella an den Vater zu übertragen. Die Kindesmutter hat an drei Wochenenden im Monat von Freitag bis Sonntag Umgang. Er überträgt das alleinige Sorgerecht für Lina auf mich. Die Begründung dafür ist einzig und allein der Wille von Lina, dem er nicht widersprechen kann, da Lina inzwischen bereits 14 Jahre alt ist. Die Gewalt wird im Beschluss nicht erwähnt, einzig, dass die Kindesmutter Anzeigen gegen den Vater stellt, was die Kommunikation nachhaltig stört. Ich gehe davon aus, dass auch Ella, wenn sie noch etwas älter ist, die Stärke hat, sich selbst Hilfe zu holen und sich zu schützen. Mehr kann ich für meine zehnjährige Tochter momentan nicht tun. Ich kann sie stärken und ihr Vorbild sein, ihr zeigen, dass ich immer da bin und sie unendlich doll liebe.

Sabine (49), Schleswig-Holstein · Geschäftsführerin · mit Anna (20) und Lisa (14)

Mein Name ist Sabine. Ich bin 49 Jahre alt, habe Modedesign studiert und bin derzeit Geschäftsführerin einer Marketing-Firma. Ich lebe mit Anna (20), meiner älteren Tochter, in einer Kleinstadt in Schleswig-Holstein. Meine zweite Tochter Lisa (14) lebt bei ihrem Vater. Beide Mädchen haben unterschiedliche Väter. Lisa habe ich seit sieben Jahren nicht mehr gesehen.

Mein Ehemann hat mich ganz kurz nach der Geburt unserer Tochter Anna verlassen. Die Trennung war schwierig. Nachdem er relativ schnell nach unserer Trennung eine neue Frau gefunden hatte, wollte er Anna zu sich holen. Nicht zuletzt würde er dann den Unterhalt einsparen. Doch Anna blieb bei mir. Drei Jahre später lernte ich einen anderen Mann kennen: Arne. Und ich wurde – aus Unvorsichtigkeit – relativ schnell schwanger. Er wollte kein Kind und verlangte eine Abtreibung. Doch das kam für mich nicht infrage. Schließlich entzweite ich mich mit meinen Eltern, bei denen ich nach meiner ersten Trennung mit Anna lebte, und zog gemeinsam mit Arne zusammen nach Hamburg.

Drei Jahre vergingen, bis sein Narzissmus und Kontrollzwang darin endeten, dass er mich betrogen hat und anfing, Anna und mich zu schlagen. Ich trennte mich von ihm und zog mit den Mädchen in eine kleine Wohnung an den Stadtrand. Und dann begann das eigentliche Martyrium. Kurz nach dem Auszug wurde er wieder handgreiflich. Er würgte mich und er hätte mich umgebracht, wenn meine Tochter Anna – damals neun Jahre alt – nicht dazugekommen wäre. Danach zeigte er *mich* wegen Körperverletzung an. Ich wurde bei der Polizei vorgeladen. Die Polizistin meinte, ich würde Arne nur belasten, um ihm das Kind wegzunehmen. Von da an erhielt ich um die 2 000 E-Mails von Arne. Er kam mit Zeugen oder sogar seiner Anwältin, um Lisa abzuholen. Er stach mir fünfmal die Reifen auf. Nachts erhielt ich verstörende Anrufe. Er ließ mich von einem privaten Ermittler beschatten. Vier Jahre lang zerrte er mich von einer Gerichtsverhandlung zur nächsten. Er erwirkte ein psychologisches Gutachten. Die Psychotherapeutin schrieb gefühlte 70 Seiten darüber, was für eine schlechte Mutter ich sei und dass ich nicht erziehungsfähig sei. Anna wäre von mir manipuliert worden, auszusagen, dass Arne handgreiflich gewesen wäre.

Das Jugendamt gab sich mit dem Verfahrensbeistand von Lisa die Klinke in die Hand. Getan hat keiner etwas. Ich bekam weder Unterstützung noch Verständnis. Im Gegenteil, mir wurde vorgeworfen, ich würde die Kinder gegen die Väter manipulieren und den Kontakt verhindern wollen. Ich lebte vier Jahre in ständiger Angst und Panik, hatte Existenzängste und kämpfte einfach ums Überleben. In der letzten Instanz beim OLG sprach das Gericht Arne dann das Aufenthaltsbestimmungsrecht zu, obwohl Lisa bei mir und Anna bleiben wollte. Es fiel 2 zu 1 aus. Die beiden Richterinnen überstimmten den Richter. Lisa kam zum Vater. Ich erhielt alle 14 Tage Besuchsrecht.

Doch der Terror hörte nicht auf. Die Mädchen kamen mit der Situation gar nicht klar. Bei jedem Besuch weinten sie bitterlich, weil sie sich wieder trennen mussten. An einem der letzten Wochenenden standen dann am Samstag abends plötzlich zwei Frauen vom Kindernotschutz vor der Tür. Arne hatte behauptet, ich würde mich und die Mädchen töten wollen. Es gebe Zeugen dafür. Sie drohten mir mit Polizeigewalt, wenn ich nicht kooperieren würde. Ohne mein Beisein untersuchten dann beide Frauen die Mädchen auf körperliche Verletzungen. Lisa verstand es nicht, aber Anna war alt genug zu begreifen, dass sie mich verdächtigten, handgreiflich zu sein. Das war der Auslöser für mich, aufzugeben. Ich habe schriftlich auf meinen Umgang verzichtet und ein Schreiben an die Richter des Amtsgerichts und des OLGs und an das Jugendamt geschickt. Ich habe von keinem eine Nachfrage bzw. eine Anmerkung erhalten.

Vor drei Jahren hatte Anna bei Gericht den Umgang zu ihrer Schwester eingeklagt. Lisa gab an, ihre Schwester nicht sehen zu wollen. Sie hätten ja so lange keinen Kontakt gehabt. Dann gab Arne zu, dass er all die Jahre unsere Briefe und auch Geschenke vor Lisa versteckt hätte. Sie wären für sie zu verstörend gewesen. Das Gericht verweigerte Anna den Kontakt, erlaubte ihr aber, Lisa Briefe zu schreiben. Lisa ist jetzt 14 Jahre alt und Arne wandert mit ihr dieses Jahr nach Schweden aus. Ich bekomme von Arne zwar eine Adresse, jedoch nur seine Telefonnummer, um mit Lisa sprechen zu können (und nicht Lisas Handynummer).

Was ich in diesen Jahren gelernt habe, ist, dass Recht mal so gar nichts mit Gerechtigkeit zu tun hat. Der, der das meiste Geld hat und am glaubhaftesten lügen kann, gewinnt. Anwälte, die durch Prozesskostenhilfe bezahlt werden, können drei Stunden zur Bearbeitung des Falles investieren, damit es einigermaßen rentabel für sie bleibt. Richter und Jugendämter wollen mit möglichst wenig Aufwand ihre Ruhe haben. Und mal völlig egal ist es, wie es nach dem Urteil weitergeht. Ob und wie die Kinder in ihrem weiteren Leben die Entscheidung dieser Menschen tragen müssen, interessiert so niemanden.

Wie oft hatte ich das Gefühl vom Opfer zum Täter gemacht zu werden. Immer dachte ich, dass die ganzen Lügen, die Arne erzählte, doch niemand glauben könne. Das war alles so offensichtlich, doch keiner wollte mir glauben. Es gab Zeiten, da war ich so unfassbar wütend, verzweifelt, voll von panischer Angst und habe mich unsagbar alleine und einsam gefühlt. Die Ironie des Schicksals ist, dass es vor allem Frauen waren, die dafür sorgten, dass Lisa nicht mehr bei mir ist. Menschen, die durch ihre berufliche Arbeit die Fähigkeit haben, Macht auf ihre Mitmenschen auszuüben, haben mich das gnadenlos spüren lassen. Ich sage immer, ich bin einmal durch die Hölle gegangen und wieder zurück. Aber ich habe es überlebt und es hat mich stark gemacht. Ich lebe heute zufrieden mit Anna zusammen, die sich zu einer wundervollen jungen Frau entwickelt hat und trage meine kleine Tochter in meinem Herzen, bis ich sie eines Tages wiedersehe.

Aynur (42), Hessen · Erzieherin · mit Elyas (9)

Die Beziehung war schon von Anfang an toxisch. Aber ich wollte es zu dem Zeitpunkt nicht sehen. Alles ging sehr schnell. Wir waren nur wenige Monate zusammen, aber entschieden uns schnell für ein gemeinsames Kind. Er hatte bereits einen Sohn mit einer Frau, mit der er nie richtig zusammen gewesen war. Danach hatte er sogar noch geheiratet, eine andere Frau. Ich sah nichts Ungewöhnliches an dieser Beziehungsbiografie. Denn jeder Mensch verdient eine neue Chance.

Ich sei die einzige Frau, mit der er wirklich ein Kind, eine Familie wolle. Das sagte er. Eine Stimme in mir meldete sich angesichts dieser Äußerungen misstrauisch, aber verstummte auch bald. Ich war sehr freiheitsliebend und hatte meine Gewohnheiten, Männern zu widersprechen und abends als Single alleine unterwegs zu sein oder mit Freunden. Stück für Stück redete er mir das aus. Auf subtile Weise. Ich kannte die klassischen Geschlechterrollen nicht aus meinem Elternhaus. Meine Eltern hatten mir etwas ganz anderes vorgelebt. Ich weiß nicht mehr, warum ich emotional abhängig wurde, mich für ihn veränderte, auf seine Schuldzuweisungen mit Schuldgefühlen reagierte. Natürlich gab er mir ein unglaublich großes Gefühl von Liebe. Ich war in die Falle getappt. Rückblickend war es wohl der starke Wunsch nach Bindung, einem Kind und Familie. Nur etwa 18 Monate später bekamen wir unseren Sohn. Schon in meiner Schwangerschaft war unsere Beziehung leicht fragil. Ich hatte gesundheitliche Probleme in der Schwangerschaft und musste mehrere Monate wegen einem frühgeburtlichen Risiko im Krankenhaus liegen. Es war eine Zeit der Angst, um das Wesen, das in mir heranwuchs und das ich jeden Tag immer stärker liebte. Ich wollte unser Kind beschützen und hatte das Bett als mein Gefängnis akzeptiert. Als unser Kind gesund auf die Welt kam, war ich überglücklich. Es war selbstverständlich für mich, dass sowohl die Vaterschaft anerkannt werden sollte, als auch dass beide Eltern das Sorgerecht haben sollten. Ich selbst habe die nötigen Schritte beim Jugendamt eingeleitet. Wir waren jetzt beide sorgeberechtigt auf mein Hinwirken hin.

Wenige Monate später entwickelte ich jedoch Probleme beim Stillen und hatte einen hohen Anspruch an mich als Mutter. Mein Partner kiffte jeden Tag und auch das belastete mich. Als unser Kind vier Wochen alt war, bekam sein Vater eine Lungenentzündung. Ich hetzte hin und her zwischen einem Neugeborenen, das ich stillte, und einem kranken Partner. Als mein Sohn etwa vier Monate alt war, brach ich emotional zusammen. Sofort habe ich mir aus eigener Kraft psychologische Hilfe geholt. Für etwa viereinhalb Wochen befand ich mich auf einer Mutter-Kind Station. Die Diagnose war eine verschleppte Depression von der Liegeschwangerschaft. Eine Woche war unser Kind in der Obhut seines Vaters. Die übrige Zeit bei mir. Ich erholte mich und genoss die Zeit als Mutter mit meinem Kind. Indes stand ich immer wieder unter dem Druck meines Partners. Er machte mir Vorwürfe wegen meiner Depression.

Wir haben trotz all der Sorgen und Ambivalenz in unserer Beziehung geheiratet, als unser Kind ein Jahr alt war. Unsere Hochzeit war schön. Wir waren glücklich als Familie, trotz all der Probleme und der Frage, ob wir überhaupt zusammenpassten mit unseren großen Differenzen. Nach der Heirat begann für mich die Hölle. Ein ständiges Auf und Ab mit gegenseitigen Trennungsdrohungen. Es waren vor allem seine ständigen Schuldzuweisungen an mich. Ich sei depressiv, würde mich nicht behandeln lassen. Ich selbst war diejenige, die sich Hilfe suchte. Ich wurde später nur immer depressiver, durch die Ehe, die ich führte, mit dem Mann, der mich manipulierte und zu zerstören versuchte. Er log, er kiffte, er vergaß Absprachen. Abends war er weich und abgelenkt durch seine Kifferei. An ernsthafte Gespräche war nicht zu denken. Morgens war er aggressiv nach den abendlichen drei Joints. Er konsumierte 25 Gramm oder mehr Marihuana im Monat. Das kostete nicht nur viel Geld. Es kostete meinen Seelenfrieden. Der Täter machte sich zum Opfer, indem er mir die Schuld für alles gab. Das Opfer, also ich, blieb Opfer. Ich fand eine neue Therapeutin. Und ich weiß noch, wie ich ihr kurz am Telefon schilderte, dass meine Ehe zerbrach. Ich bekam schnell einen Termin bei ihr und fühlte mich zum ersten Mal verstanden. Es ist absurd, doch frühere Therapeutinnen hatten mir geraten, Tiefkühlpizza bereitzuhalten, falls mein Ehemann durch sein Hungergefühl aggressiv werden würde. Ich fand einen Raum in der Therapie, von all dem Elend meiner Ehe zu berichten. Und zu begreifen, wie ich in diesem Elend gelandet war und überleben konnte.

Trotz allem: Bis zu dem Tag, als er mich schubste, lebten wir in dieser kaputten Beziehung vor uns hin. Ich fiel, geschleudert bis zum Badezimmereimer, der zerbrach. Unser Kind saß auf dem Hochstuhl am Esstisch. Danach habe ich begriffen, dass es nicht meine Schuld war. Ich rief bei einer Beratungsstelle für häusliche Gewalt an und telefonierte eine Stunde. Danach bat ich ihn, zu gehen. Wir trennten uns. Er jedoch bestand darauf, mich zu verlassen, weil ich versagt hätte. Am selben Tag entzog er mir die Kontovollmacht. Zu dem Zeitpunkt arbeitete ich in Teilzeit in der Steuerklasse 5. Davon konnte man nicht leben.

Danach fing meine Hölle an. Er durfte unseren Sohn von Anfang an sehen. Für mich war der Kontakt zwischen Vater und Sohn selbstverständlich. Der Vater nutzte die Übergaben des Kindes aber dafür, mich herabzusetzen, zu schubsen auf öffentlicher Straße, mich zu bedrohen, mir ins Gesicht zu spucken. Ich nahm eine kostenlose Rechtsberatung in Anspruch. Sofort spürte ich eine positive Verbindung zu der Anwältin. Sie war allerdings keine Fachanwältin für Familienrecht. Das hat mich zum Schluss eigentlich das Recht darauf gekostet, Mutter meines Sohnes sein zu dürfen. Sie hatte keine Strategie, sie hatte keine Erfahrung.

Dann stellte ich meinen ersten Antrag beim Familiengericht. Einen Antrag auf Regelung des Umgangs, ohne direkte Übergaben zwischen den Eltern. Es wurde entschieden, dass wir Eltern keine direkten Kontakte mehr haben sollten. Die Übergaben sollten zwischen Kindergarten und Elternteil stattfinden. Die erste Richterin war wunderbar und erfahren und es kam zu einer guten Vereinbarung. Leider hat sich der Vater nicht daran gehalten: Er lauerte uns auf. Nahm den Sohn vor dem Kindergarten an sich. Zudem gab es Feiertage, Schließtage des Kindergartens, an denen wir uns begegneten, wo er mich erneut bedrohte. Ich zog mit meinem Sohn aus der alten Ehewohnung aus. Der Kindergarten war nun sehr weit weg. Ich arbeitete. Ich brachte unseren Sohn zuerst in den Kindergarten, was etwa eine Stunde dauerte, dann fuhr ich zur Arbeit, danach holte ich meinen Sohn wieder ab. Wir waren lange unterwegs. Mein Kind schlief in der Bahn ein, ich trug es nach Hause.

Unser Sohn entwickelte jähzornige Ausbrüche. Er schrie dann nur und war schwer zu beruhigen. Zudem nässte er gelegentlich ein und hielt seinen Stuhlgang zurück. Ich machte mir große Sorgen. Ich bat den Vater, darin einzuwilligen, den Kindergarten zu wechseln, damit wir kürzere Wege hatten. Er willigte nicht ein. Ich bat den Vater um eine Therapie für unser

Kind. Er willigte nicht ein. Ich stellte den nächsten Antrag beim Familiengericht. Eine neue Richterin entschied. Entschieden wurde, dass mein Sohn den Kindergarten wechseln durfte. Einer Therapie stimmte man nicht zu. Die Probleme des Kindes lägen im Elternkonflikt, nicht bei dem Kind selbst. So von der Richterin entschieden. Jedoch hat sie in ihrem Urteil nicht erklärt, was die Eltern unternehmen sollten. Ich habe keinen Widerspruch eingelegt, sondern es akzeptiert.

Nach weiteren Monaten der Gewalt am Telefon, über E-Mails oder bei unvermeidbaren Begegnungen mit dem Ex, traf ich eine Entscheidung, die ich später bereuen sollte. Unser Sohn war wundervoll. Er war sehr klug und wissbegierig. Seine jähzornigen Ausbrüche blieben aber leider und er hielt weiterhin seinen Stuhlgang zurück. Ich versuchte ihn, so gut es ging, zu unterstützen beim Wechsel in den neuen Kindergarten. Indes arbeitete der Vater gegen mich, machte die neue Kita schlecht. Unser Sohn konnte dort nicht richtig Fuß fassen, wegen der fehlenden Unterstützung des Vaters. Unser Kind saß zwischen den Stühlen und war mit völlig unterschiedlichen Erziehungsmodellen konfrontiert. Er sah seinen Vater mehr, als es üblicherweise geregelt war. Zeitweise hatte der Vater ihn an durchschnittlich zehn Tagen im Monat. Mir war damals nicht klar, dass es zu häufige Wechsel waren. Ich wollte einfach vermeiden, dass unser Sohn seinen Vater zu sehr vermisste.

Durch meinen Umzug war nun ein anderes Jugendamt für mich zuständig. Da begann für mich die institutionelle Gewalt durch eine neue Sachbearbeiterin. Zuvor hatte ich mich an das Jugendamt gewandt und echte Unterstützung erfahren. Den Vater hatte man aufgefordert, begleiteten Übergaben zuzustimmen. Zu dem Termin, an dem die Maßnahme beginnen sollte, erschien er nicht. Ich war also weiterhin auf mich allein gestellt. Ich war gezwungen, seine Gewalt zu ertragen, damit unser Sohn weiterhin beide Eltern hatte. Da machte ich den Fehler, das alleinige Sorgerecht zu beantragen. Ich hatte Hoffnung, dass sich dadurch viele Diskussionen um Entscheidungen für das Kind und Differenzen in der Erziehung auflösen würden. Unser Kind spürte die furchtbaren Spannungen zwischen seinen Eltern. Bei den persönlichen Übergaben konnte es nicht einfach ruhig verlaufen. Doch es war die falsche Hoffnung und es war die falsche Anwältin, die diesen Antrag stellte.

Danach begann das übliche Prozedere. Ein familienpsychologisches Gutachten sollte eingeholt werden. In diesem laufenden Verfahren entwickelte sich der Verdacht auf eine Kindeswohlgefährdung. Ein Verfahren von Amts wegen wurde eingeleitet. Das Resultat: sozialpädagogische Familienhilfe für beide Eltern. Zunächst fühlte ich mich wohl mit der Familienhelferin, die gleichzeitig bei beiden Eltern eingesetzt werden sollte. Später sollte ich fragwürdige Methoden und Ansätze bei ihr erkennen. Ich bat um einen Wechsel der Fachkraft, weil ich den Verdacht hegte, dass sie mit dem Vater eine Allianz eingegangen war. Das alles geschah im laufenden Verfahren. Und niemand klärte mich darüber auf, welche Konsequenzen dies haben würde. Dass man mir fehlende Kooperationsbereitschaft unterstellen würde, hätte mir meine Anwältin mit aller Deutlichkeit sagen müssen. Mir auch die schlimmen Konsequenzen prognostizieren müssen. Nämlich den Verlust meines Erziehungsrechts für mein Kind. So tragisch es auch war, es kam noch schlimmer für mich mit meiner Ablehnung der fragwürdigen Familienhelferin. Eine Anwältin, die das System verstand und mich durch diese Strukturen hatte führen können, um das schlimmste abzuwenden, wäre Gold wert gewesen. Doch diese sollte ich erst viel später finden.

Die Familienhelferin pflegte indes eine gute Arbeitsbeziehung zum Vater. Dass ich sie abgelehnt hatte, ertrug sie nicht und fasste entsetzliche Berichte über mich ab. Dies ging so weit, dass sie mich als emotional instabil beschrieb und nicht bindungstolerant. Zudem hätte ich ihre Reputation gefährdet. Der Vater jedoch sei sehr kooperativ und lernfähig. Der Bericht war niederschmetternd und wurde mir beim Jugendamt im Beisein der Sachbearbeiterin, der Teamleitung, der Familienhelferin und ihres Vorgesetzten vorgetragen. Auch das familienpsychologische Gutachten war eine Enttäuschung. Die Gutachterin war in ihren Verhaltensweisen sehr auffällig und besaß keinerlei Empathie. Sie schrieb ein Gutachten, dass in keiner Weise den verlangten Kriterien entsprach, wie sich später herausstellte.

Aus meinem Antrag auf das alleinige Sorgerecht ergab sich, dass ich während der Verhandlung wie eine psychisch kranke Mutter behandelt wurde, weil der Vater der Gutachterin erzählt hatte, dass ich wegen einer Depression in der »Geschlossenen« war. Weil ich in einer geringen Dosis Antidepressiva einnahm und dies freiwillig erzählt hatte, hieß es, ich sei medikamentenabhängig. Bei mir läge eine mangelnde Bindungstoleranz vor, obwohl der Vater den gemeinsamen Sohn ein Drittel des Monats sah. Die Gutachterin wurde während der Verhandlung befragt und hatte nicht einmal den Umgangsmodus bei den Eltern abgefragt.

Die unerfahrene, affektierte und radikale Richterin erklärte, dass sie beabsichtige dem Vater das alleinige Aufenthaltsbestimmungsrecht zu übertragen. Dem suchtabhängigen, gewalttätigen und narzisstischen Vater. Ich saß vor einem Tribunal. Ich sank in mich zusammen. Ich verlor meine Kraft. Ich verlor meinen Mut. Mein Kind, 6 Jahre alt, sollte wenige Monate vor seiner Einschulung zum Vater ziehen. Weg von seiner Mutter, in eine neue Kita gehen. Ich unternahm nichts mehr. Ich schluckte die Entscheidung, da mich meine Kraft verlassen hatte. Nachdem das schriftliche Urteil da war, schrieb der Vater mir eine E-Mail. Ich solle eine Tasche für unser Kind packen. Es würde jetzt beim Vater leben. Ich sah mein Kind an und fing zu weinen an. An dem Tag, als es zum Vater ging, zerbrach mein Leben. Eine Woche später war mein Sohn zu seinem ersten Umgang bei mir. Als kindlose Mutter versuchte ich, zu überleben.

Da begann ein neues Kapitel der Gewalt. Der Vater schikanierte mich. Suchte Gründe, weshalb ich unseren Sohn nicht mehr sehen sollte. Er war nicht bereit, eine Umgangsvereinbarung für unseren Sohn und mich zu unterschreiben. Er versuchte, mich zu bestrafen, indem er darauf bestand, dass ich denselben Umgangsmodus haben sollte wie er zu seiner Zeit als umgangsberechtigter Vater. Schon längst war ich reflektiert und aus dem Krieg ausgestiegen. Doch dann sollte der Krieg des Vaters gegen mich richtig Fahrt aufnehmen. Eine offizielle Umgangsvereinbarung für mich wurde nie beschlossen. Der Vater verschloss sich dagegen und das Jugendamt half mir nicht weiter dabei. Ich funktionierte nach dem Diktat des Vaters und hoffte von Woche zu Woche, Monat zu Monat mein Kind sehen zu dürfen. Ich bekam hässliche E-Mails vom Vater, ständige Vorwürfe und Drohungen. Und schluckte alles hinunter. Um meines Kindes Willen. Eine widerliche Stellungnahme vom Jugendamt ging an das Gericht, die die gerichtliche Entscheidung weiterhin unterstützte. Indes fasste die beim Vater tätige Familienhelferin weiterhin Berichte ab, in denen sie mich als Mutter diffamierte, obwohl seit mindestens einem Jahr kein persönlicher Kontakt mehr stattgefunden hatte. Die Sachbearbeiterin vom Jugendamt und die Familienhelferin unterstützten sich gegenseitig als Verbündete gegen mich.

Durch den Umzug meines Sohnes kam auch der erneute Wechsel des zuständigen Jugendamtes. Inzwischen hatte ich glücklicherweise einen neuen Familienhelfer, der mich immer wieder fragte, was er bei mir zu tun habe, da er keinerlei Unterstützungsbedarf erkennen würde. Gleichzeitig erkannte er mit gutem pädagogischem Blick die Verhaltensauffälligkeiten meines Sohnes. Er versuchte, den Kontakt zum Vater und zu der Familienhelferin des Vaters herzustellen. Beide waren nicht kooperativ.

Glücklicherweise erkannte das zuständige Jugendamt, dass es dem Kind nicht gut ging in seiner Situation. Aber die Familienhelferin des Vaters schilderte dem Jugendamt, dass die Gründe nur bei der Mutter zu finden seien und tatsächlich kam zum ersten Mal der Gedanke auf, dass mein Sohn mich nur noch unter Begleitung sehen solle. Mein Familienhelfer hielt dagegen und stellte unter anderem in seinem Bericht klar, dass es im mütterlichen Haushalt keinerlei Anhaltspunkte für eine Kindeswohlgefährdung gäbe. Ich hatte nun auch endlich eine großartige neue Anwältin für Familienrecht. Die Frau, die alles psychologisch auflöste. Die sich ein echtes Bild machte und mich mit wahrhaft gutem Rat schützte. Vor neuen Fehlern schützte.

Das Jugendamt nahm Stellung zu allem. Alle Hilfsmaßnahmen seien gescheitert. Es bliebe nur noch eine kurzweilige stationäre Aufnahme des Kindes, bei der man eine Diagnostik durchführen könnte und die Eltern mitwirkten. In dieser Zeit enthielt mir der Vater meinen Sohn für Monate vor. Ich sah mein Kind monatelang nicht. Es gab keine Umgangsvereinbarung. Ich schrieb meinem Kind jede Woche, schickte ihm Päckchen. Der Sommerurlaub war geplatzt. Der Vater gab den Sohn nicht heraus. Er habe Angst vor Entführung ins Ausland. Ich bin in Deutschland geboren, ich fühle mich sehr verwurzelt hier. Ich arbeite hier, ich träume auf Deutsch. Warum sollte ich mein Kind in ein fremdes Land entführen wollen? Ich habe einen Umgangsantrag gestellt. Und aus verschiedenen Gründen monatelang auf eine Verhandlung gewartet. Mein Kind wurde diesmal angehört. Und es antwortete bezaubernd. Er wolle seine Mutter am liebsten morgen schon wiedersehen.

Der Vater ließ in der Verhandlung durch seinen Rechtsbeistand verkünden, dass es angesichts der Kindeswohlgefährdung seitens der Mutter angemessen sei, dass Mutter und Sohn sich alle 14 Tage für eine Stunde mit einem Umgangsbegleiter sähen. Der Umgangsbegleiter sollte vom Väteraufbruch sein. Die Familienhelferin habe dies dringend empfohlen. Eine fachlich gute Begründung gab es nicht. Nur viele entsetzliche Berichte, in denen sie mich als schlechte Mutter herabsetzte und nicht wissenschaftlich fundierte Theorien verwendete, unter anderem mir ein PAS unterstellte: die Entfremdung vom Vater. Und dies wurde hier einer Mutter unterstellt, die dem gemeinsamen Sohn niemals den Vater vorenthalten hatte, sondern die, im Gegenteil, für ein Drittel des Monats Umgang ermöglicht hatte. Eine Mutter, die ihren Sohn nicht sehen durfte, weil der Vater ihr diesen vorenthielt. Es war unfassbar. Die Familienhelferin hatte nur aus Rache wegen meiner Ablehnung ihr gegenüber solche Falschbehauptungen aufgestellt.

Es kam zu nichts von alldem. Weder kam mein Sohn ins Heim, noch gab es eine Umgangsbegleitung. Zwei Tage später konnte ich mein Kind in meine Arme schließen. Das hatte die Richterin so angeordnet. Die Verfahrensbeiständin blieb all die Jahre dieselbe. Eine Fachanwältin für Familienrecht. Sie hat nie genau auf alles geschaut. Sie schwamm immer nur wie ein toter Fisch mit dem Strom. Niemals war sie so klar wie mein Familienhelfer, die neue Richterin und meine Anwältin. Ich habe vor allem meiner Anwältin alles zu verdanken, die mich rettete – vor diesem Entsetzen, das Mütter vor dem Familiengericht erwartet.

Heute habe ich einen Ex-Ehemann, der launisch ist und weiterhin widerliche psychische Gewalt anwendet. Kürzlich nannte er mich: »Psycho-Fotze. Ich mach dich fertig. Ich vernichte dich.«

Dann wieder redet er normal mit mir. Er hat inzwischen das dritte Kind mit der dritten Frau. Sie haben sich getrennt. Was ich gelernt habe, ist, dass er krank ist. Mit ihm stimmt etwas nicht. Ich bin eine ganz normale Frau. Eine Mutter, die ihr Kind liebt. Ich habe von Anfang an für meinen Sohn gekämpft. Und der Dank ist ein wundervoller Sohn, der mir vertraut. Er kommt zu mir. Wir lieben uns. Ich beschütze ihn. Das wird sich niemals ändern.

Alexandra (35), Thüringen · Studentin der Psychologie · mit Julia (10) und Charlotte (7)

Ich lernte den Vater meiner Kinder auf einer Party kennen. Von unserem ersten Treffen weiß ich noch, dass ich ihn anziehend und unheimlich zugleich fand. Ich war total fasziniert. Fand ihn attraktiv, geheimnisvoll, unheimlich. Bis wir zusammenkamen, sollte es noch ein wenig dauern. Die schon damaligen Warnhinweise meiner Freundinnen ignorierte ich. Ich wollte diese Beziehung mit diesem Mann *unbedingt*. Es folgte eine Phase der extremen Verliebtheit. Ich hatte immer den Wunsch einer glücklichen und normalen Familie, war bereit, alles dafür zu geben. Die Trennung vom Vater meiner Kinder gehörte nicht im Ansatz zu dieser Wunschvorstellung dazu. Sie war lange Zeit überhaupt nicht in meinem Horizont. Als wir in die Mühlen des Familiengerichts gerieten, hatte ich keinerlei Vorstellung, von welcher institutionellen Gewalt und Grausamkeit meine Kinder und ich heimgesucht würden.

Unsere Beziehung wurde mit der Geburt meiner zweiten Tochter immer schwieriger, ich verlor mich zunehmend selbst, begab mich fast vollständig in die Abhängigkeit meines Mannes. Meine Freundinnen spiegelten mir zunehmend, dass ich immer weniger »ich selbst« war, immer abwesender wurde. Ich selbst fühlte mich zunehmend verwirrt, hatte das Gefühl nicht mehr zu wissen, »wo oben und unten war«. Allzu oft hatte ich die Situation, dass mein Mann Gespräche, Ereignisse, Auseinandersetzungen völlig anders wiedergab, als ich sie wahrgenommen hatte. Allzu oft hatten wir hierüber Streitgespräche, wo er allzu sicher auf seine Sicht der Dinge beharrte, ich mich im Ergebnis verunsichern ließ, gerade wegen seiner scheinbar sicheren Erinnerung – ich begann an meiner Wahrnehmung zu zweifeln und dadurch auch zunehmend an mir selbst.

Heute weiß ich, dass sich dieser Prozess Gaslighting nennt – damals war mir von alldem nichts bekannt. Ein ruckhaftes Aufwachen erlebte ich schließlich, als es an einem Abend eskalierte, da ich den Entschluss gefasst hatte, die Kinder, damals 2 und 5, nicht mehr mit ihm alleinzulassen, und ihm dies mitteilte. Mein Umfeld machte sich um die emotionale Entwicklung vor allem von Julia Sorgen. Sie verhielt sich damals sehr aggressiv und unsozial. Eine befreundete Sozialpädagogin äußerte sogar den Verdacht eines Traumas. Außerdem gab es immer wieder unerklärliche Unfälle und gefährliche Vorkommnisse, wenn der Vater mit den Töchtern Zeit allein verbrachte. Ich teilte ihm also meine Sorgen mit. Rückblickend war es sehr unvorsichtig, sich ihm gegenüber so offen zu zeigen. Denn von diesem Moment an zeigte mein Mann sein zweites Gesicht: Er begann offenkundig, mich zu bedrohen, zu beschimpfen, unter Druck zu setzen, wurde körperlich gewalttätig, sprach die schlimmste Drohung aus: Wenn er die Kinder will, dann kriegt er sie auch. Dazwischen spielte er immer wieder eine Normalität vor, wie sie unheimlicher nicht hätte sein können. In dieser Zeit begann ich auch, die Auseinandersetzungen und Vorkommnisse mit meinem Mann aufzuschreiben – und stellte dabei fest, dass ich meiner Wahrnehmung durchaus trauen konnte. Nach und nach erlangte ich mein Vertrauen in mich selbst zurück. Mit meinem Mann jedoch eskalierte es durch meine neu gewonnene Klarheit immer mehr. Auch er schien deutlich zu spüren, dass er mich in den Zustand der Verwirrtheit und Abhängigkeit nicht zurückmanövrieren konnte, was ihn offen aggressiv werden ließ. Das Ganze gipfelte in einem Abend körperlicher Gewalttätigkeit. Zum wiederholten Mal kam er unabgesprochen in mein Schlafzimmer, das zu diesem Zeitpunkt nur noch ich allein bewohnte. Er legte sich neben die knapp dreijährige Charlotte. Er weigerte sich, das Bett wieder zu verlassen, bestritt, dass wir jemals eine Vereinbarung über die Aufteilung der Räumlichkeiten in unserem Haus getroffen hatten. Es war ein Akt der Bedrohung und Machtausübung. Schließlich wollte ich ihn am Arm hinausziehen. Er trat mir mehrfach in den Bauch, die panisch schreiende Charlotte hielt er die ganze Zeit dabei fest, die fast sechsjährige Julia kam ins Zimmer gerannt, als sie vom Geschrei hörte, verließ die Szene sofort wieder. Er ließ von uns ab, als Charlotte explizit »Mama« schrie und ich ihm deutlich machte, dass ich die Polizei rufen würde. Dies tat ich dann auch. Ich schloss mich mit den Mädchen im Kinderzimmer ein. Die Polizeibeamten nahmen mich sehr ernst, blieben am Telefon, bis zwei Beamte vor Ort waren. Unmittelbar gegenüber den Beamten bestritt der Vater seine Gewalttätigkeit. Erzählte eine komplett andere Geschichte, sagte, ich habe ihn gebissen und gekratzt. Warum er nun das Haus verlassen müsse und nicht ich, wirkte dabei sehr überzeugend. Ich hatte das Glück, dass die Beamten bei den Tatsachen blieben, dass ich diejenige gewesen war, die Schutz bei der Polizei gesucht hatte und nicht er. Der Vater bekam einen fünftägigen Platzverweis. Ich war erleichtert, gleichzeitig bangte mir vor der bevorstehenden

Rückkehr. Die Klarheit der Polizeibeamten sollte ich danach für viele Jahre im Familiengericht nicht im Ansatz mehr wiederfinden!

Schon bei meiner anschließenden ersten anwaltlichen Beratung wurde mir abgeraten, die Gewalt im Familiengericht zu thematisieren. Es sei quasi chancenlos, wegen einmaliger Gewalt Gewaltschutz zu erlangen, eher würde mir das zum Nachteil ausgelegt, man könne mir Bindungsintoleranz unterstellen. Das erste Gespräch beim Jugendamt verlief noch schlimmer. Aufgrund der für mich völlig heftigen vorangegangenen Ereignisse und des massiven Drucks, den der Vater ausübte, um mit seinen Kindern allein sein zu können, gepaart mit dem auffälligen Verhalten meiner Kinder, äußerte ich bei diesem allerersten Jugendamtstermin – ich hatte bis dahin keinerlei Erfahrungen mit diesen Institutionen – die Sorge, dass vielleicht auch ein Missbrauch vom Vater an seinen Kindern ausgehen könne. Konkrete körperliche Anzeichen oder Aussagen der Kinder konnte ich zum damaligen Zeitpunkt nicht benennen. Viel zu unerfahren war ich mit der ganzen Problematik. Dass sich diese Äußerung zum Verhängnis entwickeln würde, sollte ich anschließend schmerzlich erfahren. Anstatt einer vertraulichen Behandlung des Themas wurde es in den Gerichtssaal und damit zum potenziellen Täter getragen und, anstatt geprüft zu werden, gegen mich verwendet. Ich würde die Kinder manipulieren, wieder fiel der Begriff Bindungsintoleranz. Diese Begriffe »Manipulation« und »Bindungstoleranz« waren völlig neu für mich. Ich habe Monate gebraucht, um zu verstehen, was sich hinter diesen Konzepten verbirgt. Noch länger, um zu begreifen, dass sie gezielt entwickelt wurden von Vätern, die des Missbrauchs verdächtigt worden waren, um in der Konsequenz Mütter und Kinder mundtot zu machen.

Bereits in meiner ersten Verhandlung sah ich mich einer Front von Richterin, Verfahrensbeiständin und dem Jugendamt gegenüber, die allesamt kindeswohlgefährdende Aspekte in meinem Verhalten sahen, den Vater als eloquent, sympathisch, glaubwürdig und hilfsbedürftig wahrnahmen. Ich war schockiert von der kompletten Verhandlung, verstand die Welt nicht mehr, hatte zunehmend Angst, meine Kinder zu verlieren. Durch den Verrat des Jugendamtes war mein Vertrauen in die Institutionen schon damals erschüttert.

Ich plante dann eine Reha-Kur mit meinen Töchtern. Um uns von den extremen Erlebnissen der letzten Monate zu erholen. Um endlich einmal eine Auszeit von dem Druck und der Anspannung zu bekommen. Um die vergangenen Ereignisse aufzuarbeiten. Ich fand eine tolle Klinik im tiefsten Schwarzwald, war voller Vorfreude über die bevorstehende gemeinsame Zeit. Doch auch hier sollte es anders kommen, auch hier traf mich die Wucht des Systems wie ein Schlag. In der folgenden Umgangsverhandlung teilte ich mit, dass ich eine Kur sechs Wochen nach der Verhandlung bewilligt bekommen hatte. Der Gegenanwalt reagierte mit wüsten Bedrohungen, man solle mir die Gesundheitssorge entziehen, ich könne zur Kur fahren, die drei- und sechsjährigen Kinder würden solang für den Zeitraum von vier Wochen vom Vater betreut. Erneut war ich eingeschüchtert und schockiert, war in der Verhandlung nicht mehr in der Lage, klar zu denken. In der Folge versuchte ich, über Wochen die Zustimmung des Vaters zur Kur zu erlangen, anschließend, sie über Gericht einzuklagen. All meine Versuche wurden vom Vater und vom Gericht ignoriert. Mein Antrag wurde über Wochen nicht bearbeitet. Ich verschob den Kurbeginn. Gleichzeitig fragte ich mich zusehends, ob es dem Vater überhaupt zustand, eine solch medizinisch indizierte Maßnahme für seine Kinder zu verhindern. Ich informierte mich weiter, rechtlich, bei der Rentenversicherung, bei der Kurklinik. Es schien eine Art Graubereich zu sein. Gerichtlich tat sich weiter nichts. Meinen Kindern ging es nach wie vor schlecht, sie standen unter großer Anspannung.

Rehaklinik und Rentenversicherung sagten mir zu, dass für sie das Einverständnis des Vaters nicht vonnöten sei. So empfahl mir meine Anwältin, anstatt den zweiten Kurtermin ungenutzt verstreichen zu lassen, ohne das Einverständnis des Vaters zu fahren, wir sollten es dem Vater und dem Gericht mitteilen. Er habe keine Handhabe, dagegen vorzugehen. Einen Tag darauf fuhr ich mit meinen Töchtern los. 600 Kilometer mit dem Auto in den Schwarzwald. Ich empfand ein unglaubliches Freiheitsgefühl. Wir kamen abends in der Klinik an. Wurden herzlich empfangen. Beide Kinder hatten aus einer früheren Mutter-Kind-Kur so positive Erinnerungen, dass wir voller Vorfreude auf diese neue gemeinsame Zeit schauten.

Nur zwei Tage später sollte unser Glück jäh enden und sich unser Leben für immer drastisch verändern: Den Morgen des Freitags verbrachte ich mit Charlotte draußen, ich holte sie früher aus der Betreuung ab, da sie noch etwas mehr Zeit zur Eingewöhnung brauchte. Wir aßen noch gemeinsam Mittag. Danach brachte ich beide in die Betreuung, da ich laut Plan eine

Veranstaltung zur Vorstellung der Klinikschule besuchen sollte. Dass dies ein Abschied für zwei Wochen würde, ahnte ich nicht im Entferntesten.

Ich sah ein Polizeiauto, als ich aus dem Hauptgebäude zur Klinikschule wechselte. Auch dies ließ mich nichts ahnen. Etwa eine Stunde später wurde ich dann selbst von mehreren Polizisten aufgesucht. Man überreichte mir einen Beschluss, teilte mir mit, dass meine Kinder aus der Klinik abgeholt worden seien. Ich war vollkommen perplex, begriff nicht, was gerade geschehen war. Man forderte mich auf, Kleidung und den Ranzen von Julia einzupacken. Ich erwiderte, dass dies nicht notwendig sei, es müsse sich hier um ein Missverständnis handeln, sie würden in den nächsten Tagen wieder hier sein. Ich wollte mich von den Mädchen verabschieden. Es wurde mir verwehrt. Ich fragte die Polizistin immer wieder, *warum* die Kinder aus der Klinik geholt worden seien. Die Polizistin war unwissend, es müsse wohl etwas vorgefallen sein. Ich erklärte, dass der Vater nicht einverstanden war mit dem Aufenthalt. Sie war der Meinung, dass dies nicht ausreichend sei für solch eine Maßnahme.

Heute weiß ich, dass der Vater mir hinter meinem Rücken mehrfach einen erweiterten Suizid unterstellte – stets ohne Erbringung von Nachweisen. Dass man in solchen Fällen vorsichtig ist, ist richtig und wichtig. Jedoch tätigt er diese Unterstellungen bis heute, trotz meiner mehrfachen Widerlegung mittels psychologischer und psychiatrischer Untersuchungen – und immer wieder wird diesen haltlosen Behauptungen Glauben geschenkt. Mit stets gravierenden Konsequenzen für die Kinder! Die psychosomatische Klinik bescheinigte mir bereits am folgenden Tag bis auf eine Erschöpfungssymptomatik psychische Gesundheit und entließ mich zur Klärung der rechtlichen Angelegenheiten.

Nach unserer ersten gewaltsamen Trennung sah ich meine Töchter zwei Wochen nicht. Charlotte war dies bis dahin nicht im Ansatz gewohnt. Sie war drei Jahre alt, kannte keine längeren Trennungen von mir, war schon immer sehr auf mich bezogen. Julia berichtete mir später, dass sie erst drei Tage nach unserer Trennung begriff, was geschehen war, nämlich als der Vater sie am Sonntagabend nicht zurück in die Kur brachte, sondern mitteilte, dass sie am folgenden Tage wieder in die Schule gehen sollte. Sie erschrak, dass sie nicht zu mir zurückkehren würde. Bis dahin war sie davon ausgegangen, dass der Papa sie zum Wochenendbesuch abgeholt hatte, wie es sonst auch gewesen war. Von diesem Moment wohnten sie bei ihrem Vater, der zu diesem Zeitpunkt nicht einmal eine eigene Wohnung hatte. Er bewohnte ein Zimmer bei seinen Eltern. Die Mädchen bekamen ein Zimmer, was zuvor als Abstellzimmer fungiert hatte. Zwei Betten standen darin, Spielzeug gab es keins. Niemand sagte ihnen in dieser Zeit, wo ich war oder wann sie mich wiedersehen würden. Meine täglichen Anrufe beim Vater ignorierten er und die Großeltern, ließen keinerlei Kontakt zwischen uns zu. Zwei Wochen später hatten wir eine Gerichtsverhandlung. Der »Anwalt der Kinder« hatte zuvor mit den Kindern versucht zu sprechen und schilderte, dass er sie beim Vater als sehr auffällig und sehr belastet erlebt hatte. Er empfahl die Rückkehr in meinen Haushalt. Die Sachbearbeiterin vom Jugendamt, die die Kinder nicht kannte, empfahl den Verbleib beim Vater, da sie weiter Manipulation durch mich befürchtete. Die Richterin deutete an, dass die Kinder beim Vater bleiben könnten mit Umgängen für mich. Ich schloss einen Vergleich zum Wechselmodell. Dies klingt nach einer ebenbürtigen Geschichte. In Wirklichkeit schloss ich den Vergleich, weil ich Angst hatte, meine Kinder weiter nicht sehen zu können. Vier Wochen später schaute eine Gutachterin auf unseren Fall. Sie las die Akte quer, lernte den Vater und mich in ca. zwei Stunden Gerichtsverhandlung kennen. Die Kinder kannte sie nicht. Ich schilderte, dass die Kinder wieder mehr Zeit mit mir wünschten und dass ich sie sehr belastet erlebte. Der Vater schilderte, dass er die Kinder fröhlich erlebte. Die Gutachterin schloss, dass die Kinder gut mit dem Wechselmodell klarkämen und dass der Vater sie besser im Blick habe, weil er keine therapeutische Hilfe für sie wolle. Jegliche vorherigen kinderärztlichen und kindertherapeutischen Einschätzungen erschienen nicht nur irrelevant, sondern wurden mir noch zum Vorwurf! Ich war wie vom Donner gerührt, schloss aus Angst erneut einen Vergleich zum Wechselmodell – erneut »vorläufig«.

Wir lebten letztlich ein Jahr lang ein Wechselmodell, obwohl die Kinder dies von Anfang an ablehnten. Als Julia erfuhr, dass sie ihren nächsten Geburtstag wegen des Wechselmodells beim Vater feiern würde, brach sie in Tränen aus. Immer wieder riefen sie mich weinend vom Vater an: Ich solle kommen, sie wollten zu mir, sie wollten nicht beim Vater schlafen. Der Vater stellte daraufhin die Telefonate ein. Die Verzweiflung der Mädchen wuchs – ich stellte einen Abänderungsantrag beim Gericht. Das Gericht verschleppte diesen über Monate. Die Mädchen verweigerten sich immer mehr. Charlotte fiel auch bei Freundinnen durch eine ausgeprägte Aggressivität auf. Sie nässte ein. Julia kam immer wieder mit wundem Intimbereich nach Hause. Eine Abklärung beim Kinderarzt brachte keine konkrete Klärung der Symptome. Die Umgänge ermöglichte ich dennoch immer weiter, wollte ich doch Bindungstoleranz beweisen.

Ich suchte Hilfe beim Jugendamt, wollte weitere Mediation mit dem Vater, bat ihn immer wieder um Veränderung der Umgangsregelung. Jegliche Kooperationsversuche meinerseits wurden durch ihn abgelehnt. Während von Müttern stets Kooperation verlangt wird am Familiengericht, wurde sein ausgeprägtes unkooperatives Verhalten zu keinem Zeitpunkt kritisch bewertet. Die Situation eskalierte erneut, als im Dezember 2019 Julia mit Blut im Stuhlgang vom Vater zurückkam. Ich versuchte dies ärztlich abzuklären, scheiterte aber, da er immensen Druck aufbaute, an dieser Untersuchung teilzunehmen und letztlich auch teilnahm. Julia hatte einen Riss am After. In der Woche danach beschloss ich, den Willen meiner Kinder nicht mehr zu brechen, sondern zu respektieren. Als sie sich das nächste Mal verweigerten, ließ ich dies zu, forderte sie auf, es ihm selbst mitzuteilen. Wir erlebten fünf entspannte wundervolle Wochen, die letzten, die wir gemeinsam haben sollten. Wir erlebten unseren letzten Urlaub zu dritt, die Kinder erholten sich sichtlich und merklich – dies fiel auch meinem Umfeld auf. Charlotte war wieder zugänglicher, fühlte sich respektiert und gesehen. Ihr Einnässen hörte in diesen fünf Wochen komplett auf. Julia hatte keinerlei Schmerzen oder Wundheit im Intimbereich mehr. Danach folgte die traumatische gewaltsame Herausnahme vom Schulhof meiner großen Tochter. In einer Hauruck-Aktion entzog mir die Richterin, ohne dass ich überhaupt von einem solchen Antrag wusste und ohne dass irgendjemand anderes als der Vater angehört wurde, das Aufenthaltsbestimmungsrecht und erteilte letztlich am Telefon die Erlaubnis, dass Polizisten meine Töchter gewaltsam von mir trennen dürften. Beide Mädchen wurden nach Stunden des Ausharrens zwischen Polizisten und Jugendamtsmitarbeitern schreiend und gegen ihren Willen von mir getrennt, weggetragen und ihrem Vater übergeben. All ihre Aussagen gegenüber den Beamten und dem Jugendamt, dass sie dort nicht hinwollten und es ihnen dort nicht gutginge, wurden übergangen. Sie mussten an diesem Tage zu ihrem Vater – um jeden Preis.

Ein wochenlanger Kontaktabbruch zu mir folgte. Was mir zuvor als kindeswohlgefährdend vorgeworfen wurde, wurde nun durch den Staat im umgekehrten Fall nicht nur geduldet, sondern noch unterstützt. Auch der bestürzende Anblick meiner Töchter in der ersten Anhörung nach ihrer Umplatzierung führte zu keiner Veränderung der Situation: Beide Mädchen erschienen mit Knochenbrüchen, fettigen Haaren, schmutzigen Fingernägeln, Körpergeruch, waren merklich gestresst und wirkten »heruntergewirtschaftet«, wie es in dem Gerichtsprotokoll hieß. Erst nach fünf Monaten durften die Mädchen ihr Zuhause für ein Wochenende wieder besuchen. Der darauffolgende Abschied war unfassbar schmerzlich. Etliche dieser schmerzlichen Abschiede erlebten wir in den kommenden Monaten. Eine Umgangsbegleiterin begleitete diese jedes Mal, bestätigte die hohe Belastung der Kinder. Meine große Tochter entwickelte Asthma, nässte mit ihren acht Jahren wieder ein, die Kleine wurde antriebslos und verstärkte ihre Verweigerungshaltung. Ein Kinderpsychiater bestätigte die Traumatisierung der Kinder, empfahl die sofortige Rückkehr in meinen Haushalt und eine anschließende Therapie. Dem Gericht legten wir diese Einschätzung vor – statt Hilfe für die Kinder wurde mir diese Abklärung als kindeswohlgefährdend vorgeworfen. Ich würde die Umgangskontakte *missbrauchen*, um die Kinder beim Psychiater vorzustellen. Ein Gutachter, von dem ich mich aufgrund des mir bekannten negativen Rufs und der falschen Qualifikation, nicht begutachten ließ, kam schließlich anhand der Aktenlage zu dem Ergebnis, dass ich kindeswohlgefährdend und manipulativ sei, mir das Sorgerecht entzogen und lediglich begleitete Umgänge gewährt werden sollten. Nachweise hierüber gab es keine! Trotz vom Gericht festgestellter konkreter Anzeichen von Vernachlässigung beim Vater und des eindeutigen Wunschs der Mädchen, bei mir leben zu wollen, wurde mir anschließend das Sorgerecht vollständig entzogen.

Erst als meine große Tochter Julia zunächst mit ihrer Schwester Charlotte, danach auch ohne sie, mehrfach die Flucht von ihrem Vater ergriff, änderte sich die Sicht des Gerichts und des Jugendamtes langsam. Zunächst stellte das Jugendamt fest, dass von mir keinerlei akute Gefährdung ausginge, und ließen Julia deswegen bei mir. Weitere acht Monate des Ausharrens später wurde vom Gericht eingeräumt, dass eine erneute gewaltsame Trennung von mir kindeswohlgefährdend und traumatisierend sei, dass der alte Gutachter nicht geeignet sei, kinderpsychologische Fragen zu beantworten. Verschiedenste massive angedrohte und tatsächlich ausgeführte Sanktionen musste ich in diesen acht Monaten über mich ergehen lassen, um diese Einschätzung durch das Gericht zugestanden zu bekommen: Der Kontakt zwischen Charlotte und Julia und mir wird seit bald einem Jahr als Sanktionsmaßnahme ausgesetzt, angedroht wurden eine Erzwingungshaft, Ordnungsgeld und Ordnungshaft sowie ein Näherungsverbot zu Charlotte, eine Grenzsperre, die Aufrechterhaltung eines Zwangsvollstreckungsbeschlusses, der einen Gerichtsvollzieher befugte, Julia zu jeder Tages- und Nachtzeit und bei drei verschiedenen Adressen mit Polizeigewalt und gegen ihren Willen von mir zu trennen.

Nun darf Julia also nicht mehr gegen ihren Willen von mir getrennt werden und ein neues Gutachten wurde in Auftrag gegeben. Rechte habe ich nach wie vor keine für sie, über die Gewährung staatlicher Leistungen wie Kindergeld wird seit Monaten nicht entschieden. Ungewiss bleibt, wann ein Kontakt mit der siebenjährigen Charlotte wiederhergestellt wird …

Manuela (36), Berlin · Projektleiterin für eine NGO · mit Sohn Liam (10)

B. war mein erster richtiger Freund. Ich war 17 und hatte bereits einige kurze und enttäuschende Liebschaften hinter mir, als wir ein Paar wurden. Wir führten eine wilde, aufregende Beziehung mit viel Drama und viel Streit. Jedes Jahr waren wir mindestens einmal für einige Wochen getrennt, um uns dann jedes Mal wieder leidenschaftlich zu versöhnen und uns zu versichern, dass uns eine große Liebe verbindet. B. litt ab und an unter depressiven Episoden, aber ich war an seiner Seite. Ich bildete mir ein, sein wahres Selbst zu kennen, die Auserwählte zu sein, der er all seine Sorgen anvertraute. Auch wenn meine Freunde und Freundinnen und auch meine Eltern ihn nie sonderlich mochten und mir sein überhebliches und unsoziales Verhalten auch ab und zu unangenehm war, blieb ich überzeugt: Niemand kennt ihn so gut wie ich.

Nach zehn Jahren Beziehung, im Jahr 2012, kam unser gemeinsamer Sohn Liam auf die Welt. Ein Jahr später trennten wir uns. Aber wir wollten es besser machen als unsere eigenen Eltern: Wir wollten weiterhin gute Eltern für unser Kind bleiben. Also blieben wir uns nah. Blieben Eltern. Kauften zusammen ein. Fuhren gemeinsam in den Urlaub. Hatten gemeinsame Finanzen. Unser ganzes Umfeld hat uns dafür applaudiert, dass wir diese »Trennung« so wunderbar meisterten. Wir wohnten noch knapp drei Jahre zusammen, bis B. endlich eine eigene kleine Wohnung im Erdgeschoss desselben Hauses fand und auszog. Jeden Monat setzten wir beide uns zusammen und planten die nächsten Wochen. Liam war inzwischen vier Jahre alt und lebte zu der Zeit abwechselnd circa drei Tage bei B. und vier Tage bei mir. Für mich funktionierte unsere Elternschaft.

Dass B. schon Wochen nach unserer Trennung eine neue Beziehung führte, stürzte mich zunächst in eine tiefe Krise. Rückblickend gesehen hat es aber genau diese Krise gebraucht, um mich emotional von B. zu distanzieren und die Beziehung zu ihm endlich innerlich abzuschließen. Daher konnte ich diese Nähe meist gut aushalten und fand die Situation für unser Kind eine gute Lösung. B. führte eine zweite Beziehung und eine dritte, ich hingegen hatte meist nur unbedeutende Techtelmechtel und keinerlei Verlangen nach einem neuen Mann in meinem Leben. Wie auch? Schließlich war ja der alte Mann noch gar nicht wirklich weg. Und über all die Jahre waren wir uns mental und auch körperlich mal näher, mal ferner. Ende 2017 bekam ich zum ersten Mal eine Ahnung davon, was passieren könnte, sollte doch einmal ein neuer Mann in meinem Leben auftauchen. Ich begann eine Affäre mit einem guten Freund. Einige Wochen später bekam B. Wind davon und seine Reaktion war eine Mischung aus unbändiger Wut, Schlaflosigkeit, Beschimpfungen und seitenweisen Liebesgedichten – die Situation war absolut absurd!

Ich begann, mich mehr und mehr von ihm zu distanzieren. Zum Glück konnte ich inzwischen finanziell auf eigenen Beinen stehen und wir lösten unsere gemeinsamen Finanzen auf. B. hatte inzwischen eine neue feste Freundin, mit der er auch heute noch zusammenlebt. Und dann, Mitte 2018, passierte es: Ich lernte einen Mann kennen, es war eine große Liebe und das stellte alles auf den Kopf. Als B. bemerkte, dass ich auswärts übernachtete, war er außer sich. Seine erste Strategie lautete: »Zurückgewinnen«. Er flehte mich an, es noch einmal mit ihm zu versuchen. Er bot mir an, mit Liam und mir ein Jahr auf Weltreise zu gehen, und wenn ich ihn danach immer noch nicht zurückwolle, würde er meine Entscheidung akzeptieren.

Als er merkte, dass ich auf sein Angebot nicht eingehen wollte, begannen die Drohungen: Ich solle ihm sofort sagen, wo mein neuer Freund wohnt, damit er ihm Gewalt antun könne … Er werde jeglichen Kontakt zu mir abbrechen … Er werde mir das Sorgerecht entziehen … Es folgten Wochen, die ich nur noch schemenhaft in Erinnerung habe. Ich befand mich in einem endlosen Strudel aus konfliktreichen WhatsApp-Konversationen und riesiger Angst davor, dass B. seine Drohungen wahr machen könnte. Auf der anderen Seite war ich unheimlich verliebt und in jeder freien Sekunde mit meinem neuen Partner zusammen. Über Silvester hatte ich schon lange eine Fernreise mit meinem Sohn geplant. Natürlich versuchte B., mir diese Reise zu verbieten. Er drohte mir: »Du wirst dich wundern, was in den nächsten Tagen passiert. Von deiner Reise kannst du dich verabschieden. Ich gebe dir keine Erlaubnis, das Land mit dem Kind zu verlassen. Ich lasse mich nicht von dir vorführen. Deine Versuche, mich zu demütigen, werde ich mir nicht länger gefallen lassen.«

Daraufhin habe ich mich zum ersten Mal an zwei verschiedene Beratungshotlines gewandt mit der Frage, was ich tun könne, wenn der Kindsvater mir mein Kind zum vereinbarten Termin nicht übergibt. Die Ansage: Nichts, weil wir keine gerichtliche Einigung hätten. Das war mein erster Berührungspunkt mit dem »System«.

B. hat mir Liam zwar dann wie vereinbart gebracht, jedoch hat er aus der Übergabe einen 45 endlos lange Minuten dauernden Psychoterror gemacht, wie er mir heute noch in den Knochen steckt. Aus seinen Augen sprach der blanke Hass, und wenn ihm meine Antwort nicht passte, rief er Liam immer wieder zu sich hinaus in den Hausflur, um sich nochmal »zu verabschieden« – sprich, um mich weiter unter Druck zu setzen.

Schlussendlich konnte ich endlich die Wohnungstür vor ihm schließen. Ich hatte bereits all unsere Sachen für die Reise gepackt und still und heimlich verließen wir die Wohnung. Wir schlichen an seiner Wohnungstür im Erdgeschoss vorbei und ich habe mich noch nie so gedemütigt, so ausgeliefert gefühlt. Wir flohen zu einer Freundin, verbrachten dort die Nacht und konnten am nächsten Morgen unseren Flug antreten. Natürlich hatte B. uns den Abend und die Nacht zur Hölle gemacht, nachdem er bemerkt hatte, dass wir weg waren. Aber er hat seine Drohung nicht wahr gemacht und uns ausreisen lassen.

Nach dem Urlaub nahm der Psychoterror noch zu. Wir wohnten schließlich im selben Haus. Jedes Mal, wenn ich aus dem Haus ging oder nach Hause kam, musste ich an seiner Tür vorbei. Schon wenn ich in unsere Straße einbog, bekam ich Herzrasen. Nicht selten öffnete B. seine Tür zufällig gerade dann, wenn ich vorbeilief. Jeder Austausch mit ihm wurde zu einer Möglichkeit, mich verbal zu attackieren, mir Egoismus vorzuwerfen oder andere Vorwürfe zu machen. Seine Kränkung, von mir verlassen worden zu sein, war unermesslich groß. Ich besuchte eine Beratung in einem Familienzentrum. Ich erklärte, dass ich nicht mehr mit dem Kindsvater reden könne. Der Rat lautete, wir sollten unsere Geschichte aufarbeiten und danach wäre eine Kommunikation dann auch wieder möglich.

Im April kam es dann zum Höhepunkt unseres »Konflikts«. Mein Partner S. wollte mit Liam und mir ins Olympiastadion zu einem Fußballspiel. B. stand vor meiner Wohnungstür und versuchte, uns diesen Ausflug zu verbieten. Als ich die Tür schließen wollte, stellte er seinen Fuß hinein, stieß die Tür auf, folgte mir in die Wohnung, redete auf mich ein. Ich flüchtete mit Liam ins Wohnzimmer und von da auf den Balkon. Irgendwann ließ B. von uns ab und verließ die Wohnung.

Später kam mein Partner S. zu uns. Wir beschlossen, uns nicht einschüchtern zu lassen, und machten uns auf den Weg. Am unteren Treppenabsatz wartete schon B. auf uns, stellte sich vor uns und sagte zu Liam: »Du kannst heute nicht zum Fußball gehen.« Ich nahm Liam kurzerhand auf den Arm und wollte an B. vorbeilaufen, dieser schubste mich und Liam stieß mit dem Kopf an die Wand hinter uns. Er begann augenblicklich zu weinen, was B. aber nicht weiter beeindruckte. Es kam zu einem Gerangel zwischen B. und meinem Partner S. B. beschimpfte und schubste S., trat ihm in den Bauch. B.'s Partnerin flehte B. an, aufzuhören, wollte ihn zurückziehen. Als wir endlich auf der Straße waren, rief B. Liam noch verzweifelt hinterher: »Komm zurück, Liam, bitte…«

Wir erstatteten Anzeige wegen Hausfriedensbruch und Körperverletzung. Am Ende stand es Aussage gegen Aussage, denn B.'s Freundin hatte zu seinen Gunsten ausgesagt. Das Verfahren wurde eingestellt. Die zuständige Polizeibeamtin empfahl mir aber, beim Familiengericht eine Wegweisung zu beantragen, um ein Signal zu setzen. Dies tat ich dann auch, aber die zuständige Richterin riet mir davon ab und ich zog den Antrag zurück, damit B. davon nichts erfuhr.

Der Terror ging weiter. Mal waren es Kleinigkeiten: Mein Namensschild fehlte plötzlich am Briefkasten. Die Fahrradkette meines Partners war um eine Pedale gewickelt. Mal wurde es schon ernster: B. stellte mein gesamtes Hab und Gut aus unserem Keller über Nacht in den Hof. Oder er räumte unser verbliebenes gemeinsames Konto leer. Ich wendete mich mehrmals ans Jugendamt. Dieses lud daraufhin auch B. ein und führte ein Gespräch mit ihm, jedoch ohne merkliche Konsequenz. Gut, dachte ich, die Bearbeiterin beim Jugendamt war jung und unerfahren und B. konnte sehr charmant sein. Ich glaubte immer noch daran, dass das System mich unterstützen würde, und vereinbarte gemeinsame Termine bei der Familienberatung, die ich vor einigen Monaten schon allein aufgesucht hatte. Ganze vier Termine nahmen wir dort gemeinsam wahr. Alle vier waren die Hölle auf Erden. B. nutzte diese Bühne, um ausschweifend und mit viel Pathos seine Opferrolle zu manifestieren und mich zu erniedrigen. Er brüllte teils so laut, dass Kollegen ins Zimmer kamen und fragten, ob alles in Ordnung sei. Und doch ließ die Beraterin ihn gewähren, vielleicht war sie selbst eingeschüchtert und überfordert von der Situation. Als ich schließlich mithilfe einer Rechtsanwältin endlich einen Antrag ans Familiengericht gestellt hatte, gab die Beraterin mir wütend die Schuld am Scheitern der Gespräche. Das hat mich absolut fassungslos zurückgelassen. Die Gespräche waren damit natürlich beendet.

Ich hatte das Residenzmodell für Liam beantragt. Wie zu erwarten war, schlug B. in einem Gegenantrag das Wechselmodell vor. Das Ganze nahm seinen Lauf. Eine Verfahrensbeiständin kam zu uns nach Hause und sprach mit Liam. Dieser lebte immer noch zu relativ gleichen Teilen bei B. und bei mir und äußerte der Verfahrensbeiständin gegenüber natürlich auch, dass das so bleiben sollte.

Der Konflikt schwelte zu diesem Zeitpunkt seit circa einem Jahr. Mir ging es sehr schlecht mit der Situation. Und auch Liam hatte insbesondere seit der körperlichen Auseinandersetzung extreme Angst davor, dass B. und ich uns begegnen könnten. Wenn er noch etwas von seinem Papa holen wollte, sollte ich schon einmal nach oben gehen oder mich bei den Briefkästen verstecken. Er lebte unter Dauerstress und es brach mir das Herz. Es war klar, dass wir uns eine neue Wohnung suchen mussten. Im Januar 2020 zogen wir um und etwa gleichzeitig fand ich heraus, dass ich schwanger von meinem neuen Partner war.

Einen Monat später fand die Gerichtsverhandlung statt. B. hatte, als kleinen Warnschuss, einige Tage vor der Verhandlung noch einen Antrag auf Aufenthaltsbestimmungsrecht eingereicht, in dem er auf neun Seiten beschrieb, was für ein glorreicher Vater und was für eine unfähige Mutter ich wäre. Der Antrag wurde zwar nicht besprochen, sollte mir aber zeigen, wozu B. fähig war, wenn ich mich zu weit aus dem Fenster lehnen sollte. Auf das Residenzmodell hatte ich natürlich keine Chance. Da das Wechselmodell schon seit Jahren die meiste Zeit etabliert war, sah die Richterin keinen Anlass, diesen Zustand zu ändern. Im Gegenteil, ich hatte das Gefühl, sie wollte schnellstmöglich und ohne Umwege eine Beendigung des Verfahrens erzielen. Gerade Woche beim Papa, ungerade Woche bei der Mama, Sommerferien halbe-halbe – zack, fertig war der Vergleich. Heute sehe ich den Ausgang der Verhandlung zwiespältig. Auf der einen Seite hat der Vergleich viel Ruhe in mein Leben gebracht, da wichtige Details und Eckpunkte des Umgangs darin festgelegt sind. Auf der anderen Seite bin ich unglücklich darüber, dass Liam so ein zerrissenes Leben führen und so viel Zeit bei seinem Vater verbringen muss, der viel arbeitet und die Betreuung lieber auf andere Menschen oder technische Geräte abschiebt.

Außerdem führt das Wechselmodell dazu, dass die Kommunikation aufrechterhalten werden muss und Kompromisse und Absprachen getroffen werden müssen. Und das alles mit einem Mann, der nichts als Verachtung für mich übrig hat, der mich weiterhin beschimpft und beleidigt, mich als unfähig abstempelt, regelmäßig absurde Geldforderungen an mich stellt, meinen Partner als aggressiv bezeichnet, uns alle nur erdenklichen Steine in den Weg legt, sich nicht an Ausgaben für Liam beteiligen möchte und so weiter und so fort… Und doch scheue ich eine erneute Auseinandersetzung vor Gericht. Sein drohender Antrag auf Aufenthaltsbestimmungsrecht saß. Ich traue ihm jede Lüge zu, wenn es ihm darum geht, an sein Ziel zu gelangen, und ich weiß, er scheut vor keiner Möglichkeit zurück, mir zu schaden. Weder die Polizei noch das Jugendamt noch die Familienberatungsstelle oder der Kinderschutzbund, bei dem wir später eine weitere, gerichtlich angeordnete Beratung in Anspruch nahmen, hatten einen positiven Effekt auf meine Situation. Nirgendwo wurde seinem Kriegszug Einhalt geboten. Niemand erkannte seine narzisstische Kränkung oder den Fakt, dass die »Hochstrittigkeit«* nicht von uns beiden gleichermaßen ausging.

Ich vertraue also nun darauf, dass Liam irgendwann erkennt, was sein Vater für ein Mensch ist und selbst entscheidet, bei wem er wie viel Zeit verbringt. Und ich konzentriere mich auf das, worauf ich Einfluss habe: auf das Familienleben, das wir vier zusammen führen.

---

* Hochstrittigkeit ist nicht klar definiert. Häufig werden Eltern im familienrechtlichen Kontext hochstrittig genannt, wenn es immer wieder oder auch dauerhaft zu (gerichtlichen) Auseinandersetzungen kommt.

Mia (45), Mecklenburg-Vorpommern · examinierte Altenpflegerin · mit Sofie (7) und Julius (23)

Marcel habe ich im Mai 2014 kennengelernt, als ich mit meinen Freundinnen ausging. Zuerst trafen wir uns mehrmals und es war eine schöne Kennenlernzeit. »Love Bombing« ohne Ende startete, was ich aber damals nicht wusste, da die rosarote Brille wirkte! Mir ging es gut in seinem Beisein. Er schlief oft bei mir und half sogar im Haushalt mit beim Abwaschen, Putzen etc., ohne dass ich was sagte. Ich dachte: »Wow, der ist es.« Wir redeten über die Zukunft und planten diese gemeinsam – inklusive Nachwuchs. Eigentlich war die Familienplanung schon lange bei mir abgeschlossen, da mein Sohn schon so groß war (15 Jahre alt). Doch da meine innere Uhr mit fast 37 Jahren auch tickte, dachte ich: Jetzt oder gar nicht mehr. Deshalb beschlossen wir, ab September nicht mehr zu verhüten. Zack, einen Zyklus später war ich schwanger.

Zur Mitte der Schwangerschaft änderte sich sein Verhalten. Da wohnte er schon bei meinem Sohn und mir. Er blieb lange weg, um sich mit Freunden zu treffen, half nicht mehr im Haushalt etc. Wenn es ums Einkaufen ging, konnte er nur nach mehrmaligem Fragen dazu motiviert werden. Er ließ sich von mir aushalten, da er zu dem Zeitpunkt seinen Job verlor und selber nicht so viel Geld hatte. Ab Juni ging er wieder arbeiten und war der Meinung, nun noch weniger helfen zu müssen. Im August 2015 wurde unsere Tochter Sofie geboren, ich war so glücklich, als ich sie im Arm hielt. Er war bei der Geburt dabei und freute sich auch. Im Wochenbett bekam ich keine Hilfe oder Unterstützung seinerseits. Ich wäre ja zu Hause und solle mich nicht so haben. Es sei doch nichts dabei, sich ums Kind und um den Haushalt zu kümmern. Ab August 2016 ging Sofie in die Kita und ich fing wieder an, zu arbeiten. Ich holte sie nach dem Frühdienst aus der Kita und kümmerte mich um sie. Er war kaum zu Hause und immer mit seinen Freunden unterwegs. Ich zweifelte langsam immer mehr an unserer Beziehung. Im November 2017 trennte ich mich das erste Mal von ihm, doch er weigerte sich und wollte nicht aus der Wohnung. Das klappte nur, indem ich abwartete, bis er duschte, um ihm dann den Schlüssel wegzunehmen. Er verließ das Haus dann zur Arbeit ohne Schlüssel. Nachts kam er nach Hause. Ich hatte die Klingel ausgemacht. Als ich morgens mit der

Kleinen in die Kita gehen wollte und gerade aus der Haustür wollte, kam er von unten aus dem Keller hochgerannt und bedrohte mich im Beisein von Sofie, ich schrie nach meinem Sohn, dass er die Polizei rufen soll, was er auch tat. Die Polizei kam und machte ihm klar, dass er zu gehen hat. Das tat er dann, mit Widerwillen. Und erst als sie zu ihm sagten, dass er mitgenommen wird, wenn er nicht freiwillig geht.

Als wir getrennt waren, kam wieder Love Bombing ohne Ende von ihm. Ich fiel wieder darauf rein, zumal ich für unsere Tochter eine Familie sein wollte und nicht wie bei meinem großen Sohn alleinerziehend. Mitte Dezember kamen wir wieder zusammen, aber nur unter der Bedingung, dass er auch im Haushalt etc. mithilft und nicht immer abwesend ist. Das klappte die ersten drei Monate auch gut, dann fing wieder alles von vorne an. Inklusive Missachtung mir gegenüber und auch Drohungen, dass er mich schlagen würde und ich Glück hätte, dass ich es mit ihm zu tun habe. Andere Männer hätten schon längst zugeschlagen. Ich meinte dann immer zu ihm: »Fass mich einmal an und du wirst sehen, was passiert.« Ich merkte, wie es mir mit seiner Art, mit mir umzugehen, nicht gutging, schluckte immer alles runter für unsere Tochter.

Wir unternahmen so gut wie nie etwas als Familie. Wenn ich Frühdienst hatte, war es ihm sogar zu viel, unsere Tochter in die Kita zu bringen. Hatte ich Spätdienst, wollte er sie nicht abholen. Ebenso beim Wochenenddienst. Sehr oft stand ich am Wochenende morgens auf und er war nicht da, obwohl er wusste, ich musste arbeiten gehen. Mein Sohn passte dann auf Sofie auf. Abends wenn Sofie ins Bett ging, ging ich meistens mit ins Zimmer und legte mich hin, denn er beachtete mich nicht, also was sollte ich drüben bei ihm sitzen, außerdem war ich ständig müde von der Doppelbelastung. Ich zweifelte oft an unserer Beziehung und es kam mir manchmal so vor, als wenn ich drei Kinder zu Hause hätte.

Dann verreiste er zu seiner Verwandtschaft nach Nigeria im März 2019 für drei Wochen und ich fühlte mich frei. Ich merkte, dass er mir nicht fehlte und wir drei ein super Gespann waren. Haushalt lief und selbst meine Freunde merkten meine fröhliche Ausstrahlung. Als er im April zurückflog, waren gerade Handwerker für ein Fenster vor Ort, also konnten wir ihn nicht vom Flughafen abholen. Als er nach Hause kam, war keine Freude zu sehen, er zog ein Gesicht und fragte nur, warum wir ihn nicht abgeholt hätten. Als ich ihm sagte warum, glaubte er mir nicht. Für seine Tochter hatte er auch nichts mitgebracht, obwohl er dies vorher groß erzählt hatte. Am nächsten Tag sprach ich die Trennung aus. Ich sagte ihm, dass ich so nicht mehr weitermachen kann und er sich eine Bleibe suchen soll und dass er noch hier wohnen kann, bis er was anderes gefunden hat.

Er verstand es nicht und wollte dies auch nicht akzeptieren. Immer wieder versuchte er, mich anzugraben. Ich grenzte mich ab. Er schlief im Wohnzimmer und unsere Tochter und ich im Schlafzimmer. Er machte keine Versuche, sich um eine neue Wohnung zu kümmern. Ich wusch seine Wäsche nicht mehr, kochte nicht für ihn, ebenso kaufte ich nichts für ihn ein. Er drohte mir ständig, beleidigte mich, ich grenzte mich weiter ab, indem ich mit der Kleinen nur noch zum Schlafen nach Hause kam. Er war jeden Abend bis nachts außer Haus.

Am 27. April 2019 abends wollte er wieder raus, ich hatte Sofie gerade zum Schlafen gebracht. Ich lag auch im Bett und las ein Buch. Es war kurz vor 19 Uhr, als er ins Zimmer kam und zu mir sagte: »Gib mir Geld.« Ich erwiderte: »Du hast selber Geld, von mir bekommst du nichts.« Er ging wieder raus, kam kurz danach wieder rein, legte sich zu mir ins Bett und versuchte, mich anzugraben, was ich vehement ablehnte. Er blaffte mich an: »Du bist so eine Schlampe, ich schlage dich gleich oder ich steche dich ab.« Ich bin dann aufgestanden und aus dem Zimmer raus, da ja die Kleine auch dort in ihrem Bett schlief. Er lief hinter mir her und versuchte, mich anzufassen. Ich entzog mich, wendete mich ab und sagte ihm, dass ich das nicht will. Sein Gesichtsausdruck änderte sich und er lief um mich herum wie ein Tiger um seine Beute. Ich sagte zu ihm, dass er mich in Ruhe lassen soll, weil ich sonst die Polizei rufen würde. Er antwortete »Mach doch, ich habe keine Angst vor denen.« Er forderte auch von mir, ich solle ihm seine Tochter lassen, ich hätte ja meinen Sohn.

Ich hatte Angst, denn so wie er schaute, hatte ich das vorher noch nie bei ihm gesehen. Ich ging weiter ins Wohnzimmer, er lief hinter mir her, ich wählte den Notruf und war gerade dabei zu schildern, was los ist. In dem Augenblick schubste er mich, ich fiel auf die Couch, das Telefon flog weg und er trat mir voll ins Gesicht. Ich hatte Schmerzen und schrie: »Ahh, er schlägt mich, Hilfe, kommen Sie schnell, ich habe Angst!« Ich versuchte, mich von ihm zu befreien und wollte nach dem Telefon greifen, er ebenso, aber ich schaffte es und nannte dann am Telefon nur noch meine Adresse und legte auf. Ich rief dann meine Freundin an, um »nicht alleine zu sein«, und telefonierte mit ihr, bis die Polizei eintraf. Im Hintergrund hörte ich ihn immer nur sagen: »Hol doch die Polizei, ich habe keine Angst.« Auf meine Antwort, dass ich sie schon längst gerufen hatte, lachte er nur und sagte: »Ja, ja.«

Als es klingelte, machte ich auf und es kamen zehn Polizisten in meine Wohnung. Fünf davon gingen ins Wohnzimmer und nahmen den Tisch zur Seite und forderten ihn auf, aufzustehen. Er immer so: »Ich habe nichts gemacht, ich bin unschuldig«. Eine Polizistin und ein Polizist waren bei mir und nahmen meine Aussage auf, machten Fotos von meinem Gesicht. Sie nahmen eine Anzeige auf und verwiesen ihn der Wohnung. Außerdem sprachen sie ihm ein Annäherungsverbot aus, das für mich und Sofie für zwei Wochen galt und nahmen ihm die Schlüssel der Wohnung ab. Die Kleine schlief die ganze Zeit im Schlafzimmer und bekam nichts mit! Erst nach knapp einer Stunde konnten sie ihn aus der Wohnung holen. Zwei Polizisten gingen mit mir ins Schlafzimmer, um einen Koffer von ihm zu holen, mit Bekleidung etc. von ihm. Dies wollte er aber nicht mitnehmen, da er nicht wusste, wohin er geht. Der eine Polizist erklärte mir, wie es weitergeht. Wenn er morgen zu mir Kontakt aufnehmen würde, sollte ich sie anrufen, dann kämen sie ebenfalls vorbei und ich sollte erst die Tür aufmachen, wenn sie auch vor Ort seien.

Meine Freundin kam am nächsten Tag zu mir. Ich hatte Angst, dass er meine Tochter nach Nigeria entführen würde. Sie hat seinen Nachnamen und wir überlegten, dass es gut wäre, ihren Reisepass in Sicherheit zu bringen, damit er nicht in die Wohnung einbricht und ihn stiehlt. Deshalb gingen wir zu meiner Arbeit, um Sofies Reisepass dort zu hinterlegen. Zu Hause habe ich dann seine ganzen Sachen gepackt. Am Nachmittag kam er dann zu einer abgemachten Zeit, ebenso die Polizei. Er wollte Zeit haben, um selbst Sachen aus der Wohnung herauszuholen. Das untersagten ihm die Polizisten. Er wollte ebenfalls Sofie mitnehmen. Doch die Polizisten machten ihm klar, dass das nicht geht und er ebenfalls keinen Kontakt zur Kleinen aufnehmen darf und er sich ans Jugendamt wenden soll für betreute Umgänge. Meine Freundin war in dieser Zeit mit Sofie im Schlafzimmer, damit sie nichts mitbekommt.

Ab Montag musste ich wieder arbeiten, meine Kollegin holte mich vor der Tür ab, da ich Angst hatte, dass er mir auflauert. So ging es die nächsten Tage. Außerdem ging ich direkt Montag zum Arzt, um mich untersuchen zu lassen und mir ein Attest zu holen, das ich beim Amtsgericht vorlegen wollte. Das machte ich dann am 2. Mai und stellte einen Antrag auf Kontaktverbot für Sofie und mich. Doch das Kontaktverbot ging nur für mich durch, da Sofie ja geschlafen und nichts von der Polizeiaktion und der Gewalt gegen mich mitbekommen hatte, laut Aussage des Richters. Die zuständige Gerichtsvollzieherin rief bei mir an, um zu erfragen, wo sie seinen Brief hinschicken solle. Sie schickte ihn dann zu mir, da wir seine aktuelle Adresse nicht hatten. Das Jugendamt war involviert, da bei der Gewalt ein Kind im Haushalt anwesend war. Ich versuchte, Kontakt mit der für mich zuständigen Person aufzunehmen, um betreute Umgänge in die Wege zu leiten. Zum einen, weil ich Angst hatte, dass er unsere Tochter entführt. Und zum anderen wegen des Annäherungsverbots. Nach zwei Wochen meldete er sich. Ich sagte ihm, dass ich einen wichtigen Brief für ihn habe, den ich ihm aushändigen muss und dass er sich beim Jugendamt melden soll. Den Brief abholen wollte er nicht, nur seine Tochter sehen, was ich ablehnte.

Er nahm dann Kontakt zum Jugendamt auf und der Mann gab ihm eine Kopie des Schreibens vom Amtsgericht, da er von mir wusste, dass Marcel noch keinen Brief hatte. Ich fragte den Jugendamtsmitarbeiter, wie ich mich weiter verhalten muss, und berichtete, dass wir zu einer geplanten Mutter-Kind-Kur fahren. Er meinte dazu: »Lehnen sie sich ganz entspannt zurück, er muss sich kümmern, wenn er Sofie sehen will.«

Marcel kümmerte sich erst im August und stellte mit seinem Anwalt bei Gericht einen Antrag auf Umgang. Dieser fand dann im September statt, also knapp fünf Monate nach seinem Angriff auf mich. Das Kontaktverbot in Bezug auf mich ging noch bis November. Die Anordnung vom Gericht war, dass wir zusammen zur Anhörung müssten, trotz Annäherungsverbots. Im Gerichtstermin wurden dann vom Richter betreute Umgänge angeordnet und das Kontaktverbot wurde während der Treffen und gemeinsamen Gespräche mit der Umgangsbegleiterin und beim Jugendamt aufgehoben. Dies wurde auch schriftlich festgehalten. Die Istanbul-Konvention wurde total missachtet, wobei ich zu dem Zeitpunkt davon keine Ahnung hatte.

Ebenso wurde auf meine Ängste bezüglich einer drohenden Entführung nicht eingegangen. Auch wurde auf die Gewalt und Bedrohung gegen mich nicht weiter eingegangen. Im Gegenteil, sie wurden heruntergespielt und gesagt, dass wir im Jetzt sind und das andere die Vergangenheit wäre und die Gewalt nur mich betroffen hätte und nicht unsere Tochter.

Es war auch institutionelle Gewalt, als er nicht gestoppt wurde in seinem verbalen Handeln und mit seinen Beleidigungen während der gemeinsamen Gespräche mit der Umgangsbegleiterin. Ich habe das über mich ergehen lassen und mich der Situation gebeugt für Sofie, denn ich war immer der Meinung, sie hat ein Recht auf ihren Vater. Ich fühlte mich nicht wohl, wenn wir aufeinandertrafen. Dann fing mein Magen an, zu rebellieren, mein Herz pochte so doll, ich wurde innerlich total unruhig, ich konnte ihn auch nicht anschauen. Die betreuten Umgänge gingen sechs Monate lang. Während dieser Termine sprach er gegenüber Sofie immer schlecht von mir. Die Umgangsbegleiterin bekam das auch mit, aber sagte zu mir nur: »Du musst ihn verstehen.« Ähm, nein, das muss ich nicht, er muss aus der Paarebene raus und auf die Elternebene kommen.

Auch heute noch versucht er, mich kleinzumachen, aber ich bin im Inneren gewachsen und zeige ihm nicht, wenn er mich mal wieder verletzt, mit seiner Art oder Äußerungen. Ich fühle mich vom Gericht nicht ernst genommen, da sie die Gewalt gegen mich nicht als schlimm ansehen, auch der psychische Stress, den man hat, wird nicht gesehen.

Marie (45), Brandenburg · Verwaltungsangestellte · mit Max (11)

Ich traf Johannes, den Vater von Max, 2009 online. Zu der Zeit habe ich in der freien Wirtschaft gearbeitet und das entsprechend viel. Ich war völlig überarbeitet und hatte praktisch kein Sozialleben mehr. Um mich herum kamen die ersten Kinder, es wurde geheiratet und eine gemeinsame Zukunft gebastelt. Das alles wollte ich auch und das zügig, immerhin war ich schon über die 30 und die üblichen blöden Fragen kamen ja schon seit Jahren. Also meldete ich mich online an und traf jemanden, den ich heute als größten Fehler meines Lebens bezeichnen würde.

Der erste Sommer hatte eine Phase, die wie ein Rausch war – heute weiß ich, ich hätte da besser die Flucht ergriffen. Denn dieses Überschütten mit Zuneigung und Hunderten Nachrichten den Tag über, war ein sehr lautes Warnzeichen. Ich war wie ausgehungert und wollte, dass es auf Biegen und Brechen hielt. Es gab immer wieder Probleme, weil er enorm schnell gekränkt war und in vielen Situationen anders reagierte als jeder Mann, mit dem ich zuvor eine Beziehung geführt hatte. Er erzählte mir, dass er aufgrund eines Bandscheibenvorfalls in eine Depression verfallen sei und deshalb sich habe in eine Klinik einweisen lassen. Viel später erfuhr ich, dass er zwar tatsächlich in einer Psychiatrie war, aber nicht zum ersten Mal. Und die Depression war weniger Symptom und eher eigenständige Krankheit, denn er hat(te) eine Persönlichkeitsakzentuierung, die zu den entsprechenden sozialen Problemen wie häufigen Beziehungsabbrüchen und Problemen im sozialen Leben und Beruf führte. Erst als ich längst getrennt war, verstand ich das wahre Ausmaß.

Ich zog zu ihm, obwohl ich besser verdiente, aber er fing mich immer wieder ein, indem er auf die Tränendrüse drückte und mich letztlich emotional erpresste. Ich erinnere mich an × Anrufe, in denen er Dinge sagte wie »Ich bin so einsam«, »Das hat doch alles keinen Sinn«, »Niemand würde mich vermissen, wenn ich tot wäre« etc. Damit kriegte er mich jedes Mal. Also warf ich alle meine Zweifel über Bord und in grenzenloser Selbstüberschätzung meinte ich ernsthaft, ich müsste mich nur genug anstrengen und natürlich, dass mit meiner Liebe alles geht. Ich erinnere mich bis heute an eine Situation, da stand ich in meiner Wohnung, alle Kisten waren gepackt und eine durchaus laute Stimme in meinem Inneren sagte mir: »Du rennst in dein Unglück, willst du das wirklich?« Wie sehr ich später wünschte, dass ich da auf meine innere Stimme gehört hätte. Ich war zu dem Zeitpunkt schon schwanger und zog wie geplant mit ihm zusammen.

Ich bereute es von Minute eins. Es war wie ein umgelegter Schalter, ich stand mit allem allein da, kurz vor der Entbindung stand ich allein auf der Leiter mit der Bohrmaschine in der Hand und montierte die Wärmelampe, weil er es in mehr als einem halben Jahr nicht geschafft hatte. Aber das wunderte mich schon nicht mehr, denn ich schleppte ja auch alle Kisten durch die Wohnung und packte alles auch allein aus. Und das, obwohl ich liegen sollte, denn durch den Stress wollte mein Sohn Max schon seit dem vierten Monat raus. Die Beziehung verschlechterte sich praktisch täglich. Ich hörte tagtäglich, wie blöde, unzulänglich, hässlich und schlecht ich sei. Und als Mutter sowieso ein Totalausfall. Max schrie viel, was mit der Situation zu tun hatte und eine Reaktion auf mich war, die teilweise regelrecht panisch war, wenn er weinte, da sein Vater jedes Mal ausrastete und mich wieder herunterputzte, weil ich es ja nicht hinkriegte, das Kind ruhig zu halten. Anfangs war ich nachts mit Max noch im Schlafzimmer. Aber Johannes fühlte sich durch das Geräusch beim Stillen gestört und sein Schnarchen wiederum führte dazu, dass ich die ganze Nacht wach lag – selbst wenn Max schlief. Und auch hier hatte ich Panik, der Kleine würde durch das Schnarchen aufwachen. Daher schlief ich dann auf der Klappcouch im Büro zwischen zahllosen Umzugskartons, die ich nicht geschafft hatte, auszupacken.

Es kam immer wieder zu Übergriffen, Sex war praktisch nie mehr einvernehmlich. Er bedrängte mich so lange, bis ich mich nicht mehr gewehrt habe. Es war schlicht kraftsparender und leiser, wenn ich die Prozedur einfach über mich ergehen ließ. Johannes störte es nie, bis heute versteht er nicht, dass das, was da ablief, keine gesunde Sexualität, sondern letztlich Gewalt war. Körperliche Übergriffe, scheinbar zufällige Dinge nahmen zu, wie die an den Kopf gehauene Schranktür oder Erniedrigungen, wie das achtlose in den Schmutz werfen von frisch gewaschener und gefalteter Wäsche oder das mich vor seinen Freunden Verächtlichmachen. Die verbalen Angriffe waren an der Tagesordnung, finanziell war es ebenso. Da ich auch dafür verantwortlich war, dass die Rechnungen bezahlt waren, teilte er mir einen Teil seines Einkommens zu. Er war und ist ein einfacher Schlosser, der damals weniger verdiente als ich. Er sah es nicht ein, mehr als 50 Prozent *seines* Geldes in den gemeinsamen Topf zu werfen, und sowieso auch nur, wenn ich nett genug zu ihm war, überwies er wenigstens etwas. Selbst mit seinem Beitrag waren die Kosten höher als das Geld, was zur Verfügung stand. Wir lebten im Grunde aus meinem Dispokredit und von meiner Kreditkarte. Gelegentlich half meine Mutter aus. Ich habe noch Jahre nach der Trennung die Schulden abgezahlt.

2012 zogen wir zurück in meine Heimat, was vor allem daran lag, dass er aus dem angeblich unkündbaren Job gekündigt wurde und ich ebenfalls einen Job brauchte. Ich war zwar ungekündigt, hatte aber Arbeitszeiten, die mit sehr jungem Kind nicht gingen, weshalb man mir nahelegte, mir etwas Neues zu suchen. In Johannes' strukturschwacher Gegend unmöglich. Insgeheim wünschte ich mir, er würde nicht mitkommen. Auch zurück in meiner Heimat blieb es schwierig und ich ging keine Nacht ins Bett, ohne dass ich aus einer Mischung von Verzweiflung und Erschöpfung weinte.

Ich hatte 2014 einen Sportunfall. Er hatte mir ständig erzählt, wie ekelhaft ich sei und ich solle froh sein, dass er noch da sei, denn so wie ich aussähe, würde ich eh keinen mehr abkriegen. Aber Sport, wenn man völlig erschöpft ist, führt zu Unkonzentriertheit und Unfällen. Ich war also im Krankenhaus. Und weil es da eskalierte und er mir den bitterlich weinenden Max aus den Armen riss, sah ich Johannes nach Jahren endlich klar. Ohne meine gefärbte Brille mit den Scheuklappen. Bis heute hat sich dieses zur Fratze verzerrte Gesicht in mein Gedächtnis gebrannt. Ich ließ mich entlassen, holte die nötigsten Sachen aus der Wohnung und Max aus der Kita ab und wir zogen zu meinen Eltern. Ich war völlig fertig und stand vor dem Nichts. Ich hatte zum Glück meinen Job, war aber ansonsten völlig überfordert und gestrandet.

Johannes hatte vermutlich seit Langem die Trennung erwartet und war vorbereitet. Er war am selben Tag beim Jugendamt und setzte die Hölle in Bewegung. Das gemeinsame Konto hatte er gesperrt, sodass ich mittellos war. Aus der gemeinsamen Wohnung wollte er nicht ausziehen, obwohl nur ich im Mietvertrag und auch in allen anderen Verträgen stand.

Ich wurde zum Termin beim Jugendamt geladen. Mir saß eine Frau gegenüber, die zwar vordergründig freundlich schien, aber als ich von der erlebten Gewalt berichtete und echte Hilfe gebraucht hätte, Dinge sagte wie:

»Ihr Kind hat den besten Vater der Welt.« »Das alleinige Sorgerecht kriegen *sie* nicht.« Das war ein Vorgeschmack auf das, was noch kam.

Da Max über Jahre erlebt hatte, wie Johannes mit mir umging, auch selbst äußerst harsch behandelt wurde und durchaus auch mal auf seinen Vater losging und ihn anschrie, »Lass Mama in Ruhe!«, wollte er nicht zum Vater, und wenn er schon hinmüsse, dann nicht über Nacht. Er war damals gerade vier und sagte zu mir eines Nachts: »Mami, jetzt fangen wir ein neues Leben an.«

Ich bekam tagtäglich × Nachrichten auf allen Wegen von Johannes. Auch Freunde von mir suchte er auf, ebenso wie den Kinderarzt, tauchte an meinem Arbeitsplatz auf und belästigte die Nachbarn meiner Eltern oder stand vor dem Haus. Ich zeigte ihn wegen Stalking an. Das wurde natürlich eingestellt, aber zumindest ließen die zig Nachrichten nach.

Drei Wochen nach der Trennung sollte die erste Anhörung beim Familiengericht sein. Ich erfuhr von dem Termin allerdings erst wenige Tage davor, denn meine Post kam ja bei Johannes in der alten Wohnung an. Die Verfahrensbeiständin kam zu uns und sprach mit Max. Eine Frau, die uns bis heute quält, die gefühlt die eigentliche Richterin ist und an mir seit nunmehr acht Jahren kaum ein gutes Haar lässt. Obwohl sie mich bis heute nicht einmal mit Max erlebt hat, gibt sie lange vernichtende Berichte ab, darüber, wie schlecht ich sei, und brachte damit so ziemlich jeden Antrag des Vaters durch.

Mich traf fast der Schlag bei der ersten Anhörung. Ich wäre immer zu meiner Schwester gegangen, sei medikamentenabhängig und hätte schon vor der Trennung Seiten im Internet besucht, die zum Inhalt haben, wie man den Vater loswerde, und würde mir deshalb Dinge ausdenken, um dem Vater das Kind vorzuenthalten. Nichts davon stimmte, ich habe gar keine Schwester, Medikamente nehme ich, wenn ich muss, und Seiten im Internet habe ich nicht besucht, mal abgesehen davon, dass ich meinen passwortgeschützten Laptop direkt mitgenommen hatte. Johannes hatte sogar Bilder vorgelegt, die belegen sollten, dass ich den Haushalt nicht im Griff hätte und das Kind im Dreck aufwüchse, und er hatte sogar ein Video produziert, in dem Max aufsagte: »Mama sagt, Papa ist ein Idiot.« Die Nachbarn wurden befragt und die hatten Johannes mal auf dem Spielplatz gesehen und sagten unter anderem: »Die Mutter hat wohl das gemacht, was Frauen so machen, geputzt oder gekocht!« Nichts wurde hinterfragt, Johannes war mit Max vor der Trennung das letzte Mal allein und am Tag, als ich mich trennte, war ich das letzte Mal in der Wohnung. Also musste das Video vorproduziert worden sein und die Fotos, die ich bis heute nie zu Gesicht bekommen habe, wurden gestellt. Die Aussagen der Nachbarn wurden mir ebenfalls negativ ausgelegt, obwohl ja beides Carearbeit ist und das eigentlich ein äußerst rarer Moment von geteilter Elternschaft war. Aber ein Vater, der einmal eine halbe Stunde auf dem Spielplatz gesehen wird, ist so viel mehr wert als eine Mutter, die alles andere macht, Carearbeit, Haushalt, Vollzeitarbeit, jegliche Büroarbeit für Johannes, einfach alles.

Die Anhörung war die Hölle. Ich hatte mir hopplahopp eine Anwältin suchen müssen, die ich im Saal zum ersten Mal sah. Ich hatte dort eine geschlossene Front gegen mich, es war alles schon klar, bevor ich den Saal überhaupt betrat. Es wurden Übernachtungen beschlossen, ich wollte das nicht. Man sagte mir, entweder ich stimmte jetzt zu oder man beschließe es eben ohne mich. Da ich keine Ahnung hatte, was der Unterschied ist, und ich auch nicht aufgeklärt wurde, dass ich mir selbst den Rechtsweg abschnitt, stimmte ich zu. Ich war tagelang danach wie betäubt. Es funktionierte nicht, dass Max beim Vater übernachtete. Johannes gab sogar zu, dass Max lange weinte. Es interessierte nicht. Es eskalierte beim ersten mehrtägigen Umgang. Max rief mich weinend an: »Mama, hol mich hier raus, ich will hier weg!« Ich versuchte, ihn zu beruhigen, im Hintergrund hörte ich Johannes brüllen. Der riss dem immer hysterischeren Max das Telefon aus der Hand und brüllte »Hör auf, das Kind zu beeinflussen, der hat hier zu schlafen, ich verklage dich, das ist mein Recht!« etc. und unterbrach die Verbindung und war fortan nicht mehr erreichbar. Also fuhr ich mit Begleitung hin. Er öffnete lange nicht. Da ich drinnen Max schreien hörte, ließen wir nicht nach, bis er irgendwann die Tür einen Spalt öffnete. Max nutzte den Spalt sofort aus und quetschte sich durch und sprang mir in den Arm. Das Gebrüll ging weiter. Ich weiß nicht, was da eigentlich passiert war. Ich kann nur vermuten, dass Max zu mir wollte, mich vermisste, anfing zu weinen und der Vater ihn nicht trösten konnte, sondern sich provoziert fühlte und dann die Nerven verlor und brüllte. Letztlich riefen wir die Polizei, denn einfach Max mitzunehmen, traute ich mich nach der Anhörung bei Gericht nicht. Nach einem erneuten Wortgefecht mit der Polizei und Johannes durfte ich Max mitnehmen. Es stand viel Gepäck im Flur. Nicht nur für sich hatte Johannes gepackt, sondern auch für Max. Aber auch das spielte nie eine Rolle. Im Nachhinein wurde mir auch dieser Vorfall negativ ausgelegt und verdreht dargestellt. Ich hätte das Kind angerufen und negativ aufgebracht. Die Wahrheit interessiert bis heute niemanden.

Max musste dann wieder zum Umgang, eine Nacht von Donnerstag auf Freitag. Am Samstag hatten wir eine U-Untersuchung, da ging gar nichts. Max war wie ein anderes Kind. Obwohl er alle kannte und immer gern zum Kinderarzt ging, weil Herr Dr. Schneider zu ihm immer einen guten Draht hatte, ging nichts. Max lag in embryonaler Stellung bei mir auf dem Schoss und ließ sich nicht anfassen und reagierte auf nichts. Er schlief immer schlechter, schrie nachts und war auch tagsüber verändert. Unter anderem klemmte er sich nach dem Toilettengang immer zusammengerolltes Toilettenpapier zwischen die Pobacken: »Damit da nichts reinkommt.« Er war dann so belastet, dass er von einer Angina in die nächste Ohrenentzündung in die nächste Bronchitis ging. Er war durchgehend krank und ich sagte den Umgang ab. Es war zwischenzeitlich Herbst geworden und ich fuhr einen Morgen zeitig zur alten Wohnung, Johannes Auto war nicht da, sodass ich sicher war, er sei nicht da, und dass ich Max wärmere Kleidung holen könne. Der Nachbar hörte mich und drückte mir den Schlüssel in die Hand. Johannes war ausgezogen und mit ihm diverse Dinge, die Max und mir gehörten. Er hatte sich bedient, mein Bürozimmer mit einem Dietrich geöffnet, Max geliebte große Kuscheltiere mitgenommen und im Grunde alles, was er brauchbar fand. Ich war geschockt. Da ich vieles nachweisen konnte, zeigte ich ihn erneut an. Erneut wurde das Verfahren eingestellt.

Max war weiter im Wesen verändert und erzählte komische Sachen, er hätte Angst vor Papas Händen etc. Herr Dr. Schneider sagte wiederholt, wir müssten hier auch an sexuellen Missbrauch denken. Der Kleine war weiter im Verhalten verändert, schrie im Schlaf »Nein, nein, Papa, nein!«. Rektales Fiebermessen war seltsam, weil er mit seinem Kuscheltier über dem Gesicht dalag, sich die Augen zuhielt und die Luft anhielt, das Schmusetier hochnahm und zu mir sagte: »Ach du bist es ja, Mama!« Er erzählte, dass er bei Papa im Bett schlafen musste und Papa nur einen Schlüpfer angehabt hätte.

Daraufhin ließ ich mich bei Fachberatungsstellen beraten und zeigte den Vater wegen des Verdachts auf sexuellen Missbrauch an.

Der Vater hatte in der Zeit weiterhin regen Kontakt mit dem Jugendamt, unter anderem behauptete er, ich sei mit Max umgezogen, da an der alten Wohnung keine Gardinen am Fenster seien. Statt mich einfach anzurufen, machte man lieber die große Runde über das Bürgeramt. Da noch an der alten Adresse gemeldet, verursachte das einen unangekündigten Hausbesuch des Jugendamtes bei mir. Ich war einige Stunden im Büro und Max mit meiner Mutter allein. Die hatte gerade die Ladung zur erneuten Anhörung beim Familiengericht aus dem Briefkasten genommen (inzwischen lief der Nachsendeantrag). Es konnte vom Jugendamt nichts festgestellt werden, außer dass meine Mutter aus allen Wolken gefallen und entsprechend durch den Wind war.

Die Anhörung kam, denn der Vater hatte das alleinige Sorgerecht beantragt – schließlich hätte ich mir den Missbrauch nur ausgedacht, um ihm zu schaden. Die Richterin beauftragte ein Glaubwürdigkeitsgutachten und begleiteten Umgang für den Vater. Warum nicht forensisch untersucht wurde, erschließt sich mir bis heute nicht. Offenbar alles Taktik, da so junge Kinder als Zeugen ohnehin nicht ausreichen.

Der begleitete Umgang lief wochenlang nicht an, obwohl ich meine Pflichten erfüllt hatte. Der Vater schäumte offenbar vor Wut und zeigte jeden aus meinem Umfeld ebenso wegen Verdacht auf sexuellen Missbrauch an. Das führte zum Versuch der Inobhutnahme, den ich nur vereiteln konnte, weil ich der Jugendamtsfrau sehr deutlich Widerstand leistete und sie keinen Beschluss vom Gericht hatte, sodass das Ganze nicht stattfand, aber für reichlich Angst sorgte.

Das Glaubwürdigkeitsgutachten brachte keinen ausreichenden Verdacht, was ich mir schon dachte, da Fragen an einen Vierjährigen wie »Weißt du, was ein Penis ist?« gar nichts bringen. Was man aber tat, war, mich zu beurteilen: Da ich ein Foto von Johannes mitbringen sollte und das Erstbeste nahm, das ich fand, kein »Model«-Bild, legte man mir das als Bindungsintoleranz aus. Dass der Kinderarzt zweieinhalb Stunden bei der Kripo ausgesagt und auch bestätigt hatte, dass der Verdacht auf sexuellen Missbrauch von ihm geäußert worden war und nicht von mir kam, interessiert bis heute niemanden. Bis heute, das heißt seit mehr als sieben Jahren, gelte ich als eine bindungsintolerante Lügnerin.

Der begleitete Umgang eskalierte parallel, denn Max rannte auch dort vom Vater weg. Natürlich wurde auch das als meine Schuld gewertet und man wollte mir nun das Aufenthaltsbestimmungsrecht nehmen und einen Umgangspfleger einsetzen. Da man es versäumt hatte, einen zweiten, dritten, vierten Versuch beim begleiteten Umgang zu unternehmen, scheiterte das, aber – was noch schlimmer war – man beauftragte ein Erziehungsfähigkeitsgutachten. Der begleitete Umgang wurde über die Kita abgewickelt, was Max auch diesen Ort als »Safe Zone« nahm. Denn statt behutsam mit ihm vorzugehen und Schritt für Schritt einen Kontakt anzubahnen, versuchte man es mit Zwang und Brechstange: Als sich Max irgendwo versteckte und erneut nicht zum Vater wollte, sperrte man ihn mit dem Vater und dem Umgangsbegleiter in einen Raum. Auch das ist belegt, da Max beim Abholen weinend zusammenbrach, »Ich hatte keine Chance, Mama, ich hatte keine Chance«, und ich ihn in die Rettungsstelle brachte, wo er alles erzählte.

Unterdessen lief das zweite Gutachten an: ein Erziehungsfähigkeitsgutachten von mir. Aus heutiger Sicht hätte ich das ablehnen müssen. Meine damalige Anwältin unterschätzte die Situation und beriet mich falsch. Das Gutachten war eine Tortur. Es begann schon mit einer klaren Drohung: »Das Gutachten sei freiwillig, aber wenn ich ablehne, würde man das dem Gericht melden und ich könne mir ausrechnen, was dann passiert.« Aus heutiger Sicht weiß ich, es wäre nichts anderes passiert als mit dem Gutachten, aber es wäre schwerer zu begründen gewesen. Das Gutachten ist eine Farce, geprägt von Johannes‘ diversen absurden Lügen, ich hätte im Ausland studiert und hätte Kontakte dahin und würde fliehen, wäre psychisch krank, gebe Max wahllos irgendwelche Medikamente und würde mich und das Kind töten etc. Auch meine Eltern bekamen allerhand Lügen über sich zu hören: Der Schlaganfall meiner Mutter wurde im Gutachten ebenso zur psychischen Erkrankung, mein Vater, den Johannes nur als Rentner kennt, war plötzlich Tischler etc.

Da Max eine recht heftige Lungenentzündung hatte, beantragte Herr Dr. Schneider mit mir eine Mutter-Kind-Kur mit dem Kind als Kur-Kind. Die wurde auch bewilligt, aber es dauerte. Ich kommunizierte den Bescheid, behielt aber den wahren Ort für mich. Es stellte sich später heraus, dass das auch gut so war. Unmittelbar bevor wir fuhren, in den letzten Zügen des Gutachtens, geschah erneut etwas. Max war zum Umgang, Feiertag und ein Samstag. Ich holte ihn ab und er roch anders. Ich fragte ihn, wo sie denn gewesen waren. Er begann zu weinen und erzählte, er hätte mit der nackten Freundin des Vaters in die Badewanne gemusst und der Vater hätte das gefilmt. Ich stellte den Vater schriftlich zur Rede, der alles bestritt. Im Gutachten stand dann exakt das, was Max berichtet hatte, und zusätzlich hatte Johannes das Video auch noch an Dritte verschickt. Dennoch blieb das Muster stets dasselbe: Johannes log, dass sich die Balken bogen, und ich war gebrandmarkt als Täterin.

Das Gutachten war beendet, wir fuhren zur Kur. Dort hatten wir eine gute Zeit und Max konnte Kind sein. Wir vermieden es, auf jeglichen Bildern zu sein, um unseren Ort geheim zu halten. Max sagte: »Papa hat doch einen Computer, der findet uns sonst!« Nach drei Wochen kamen wir zurück, etwas erkältet, sodass ich uns noch zu Hause ließ. Es war Dezember geworden, wir hatten einen schönen Tag und hatten schon den Weihnachtsbaum geholt und Max freute sich auf Nikolaus, der eine Woche später war und wir gingen schlafen. Das war unsere letzte Nacht. Frühmorgens hörten wir Geräusche, Max weckte mich: »Mama, es ist so laut.« Es war die Polizei, die mit Gewalt, deren körperliche Folgen ich bis heute trage, Max aus seinem Zuhause riss. Der Vater hatte im Gutachten erfolgreich behauptet, es wäre Gefahr im Verzug. Wenn ich erfahren würde, dass das Kind zu ihm ziehen müsse, würde ich meinen Sohn und mich umbringen. Und da die Sachbearbeiterin die Akte dahingehend passend gefälscht hatte, was nachgewiesen ist, kam es zur gewaltsamen Umplatzierung. Noch unter diesen Bedingungen, mit mehreren brüllenden Beamten im Raum sagte Max: »Ich will bei Mama bleiben!« Das Gutachten bekam ich erst danach zu sehen und bis heute haben die diversen Lügen, Falschzitate und die Aktenfälschung Bestand. Obwohl ich alles wieder und wieder und wieder gut belegt als Lügen enttarnt und die echten Tatsachen bewiesen habe.

Da das alles finanziell heftig ist und ich auf einem Schuldenberg sitze, hatte ich 2016 online um Spenden gebeten und darin kurz einige Lowlights aus unserer Geschichte geteilt. Unter anderem den belegten Psychiatrieaufenthalt des Vaters. Das brachte mir eine Unterlassungsklage ein, denn das sei rufschädigend. Immerhin könne man durch meinen Namen auf ihn schließen. Wir waren nie verheiratet und Max hat nicht meinen Nachnamen. Gemeinsame Freunde oder Bekannte gab es nie. Es ist also eine rein theoretische Rufschädigung, weil jemand, der niemanden von uns persönlich kennt und den keiner von uns persönlich kennt, dann weiß, dass Johannes, von dem er nicht mal einen Buchstaben kennt, in der Psychiatrie war. Es ist absurd. Weder darf ich als Opfer von diverser Gewalt darüber sprechen noch ohne Nennung seines Namens belegte Tatsachen benennen, während ich diffamiert und beschämt werden kann in jeder meiner Facetten als Mensch. Ich empfinde dieses Tun als erneute Gewalt. Wieder und wieder. Das Nichtglauben und Nicht-ernst-Nehmen ist das eine, aber das Absprechen von erfahrenem Leid und Umdeuten der Ereignisse im Nachhinein und mich zum Täter zu machen, mindestens aber als »Selber schuld« und »Habe ich verdient« abzustempeln, um eine Legitimation dafür zu haben, mich zu entmenschlichen und mich in den Dreck zu ziehen und mir weiteres Leid anzutun und damit völlig den Fokus für eine sinnvolle Lösung für Max zu verlieren, ist kaum in Worte zu fassen.

Bis heute sind es 45 volle Aktenordner und Max ist inzwischen elf. Er lebt beim Vater und hat seit mehr als einem Jahr keinen Kontakt mehr zu mir. Es gab unzählige Verfahren inzwischen, unter anderem ein Umgangsverfahren, was sich vier Jahre hinzog. Wir hatten im letzten Jahr zum ersten Mal wieder wenige Umgänge, die mehr als ein paar Stunden unter Aufsicht lang waren. Weil er erneut vom Vater weg und zurück nach Hause wollte und man meinte, ich hätte ihm das sowieso eingeredet, obwohl es aufgezeichnete Anrufe und Diverses mehr gibt, was das Gegenteil belegt, wurde der Umgang und jeglicher Kontakt zu mir ausgeschlossen. Wie es weitergeht? Ich weiß es nicht. Was ich aber sicher weiß, ist, dass ich meinem Sohn vertraue. Ich weiß, er wird sich befreien. Nicht heute, nicht morgen. Aber eines Tages ganz sicher. Die Vergangenheit und Gegenwart wurden uns gestohlen, aber die Zukunft gehört uns.

Sonja (30), Nordrhein-Westfalen · Studentin der Sozialpädagogik und Angestellte · mit Anton (6) und Sarah (4)

Mit dem Vater meiner Kinder war ich fünfeinhalb Jahre zusammen, davon zwei Jahre verheiratet. Ich habe ihn kennengelernt, als ich gerade an einem Punkt im Leben war, wo sich alles neu sortiert hatte. Mein Studium brachte Schwierigkeiten, die Beziehung zu meiner Mutter wurde immer schlechter und dann kam er. Ich zog zu ihm, brach das Studium nach einem Jahr Beziehung ab und verbrachte den Hauptteil meiner Zeit nur mit ihm. Nach und nach wurden mein Freundes- und Bekanntenkreis kleiner. Er isolierte mich immer mehr und vermittelte mir das Gefühl, dass ich nur ihn bräuchte und er alles in meinem Leben regeln würde.

Nach einem Jahr Beziehung wurde ich schnell schwanger und zwei Jahre später direkt nochmal. Beides absolute Wunschkinder. Ich wollte schon immer jung Mama werden. Schon bei meinem Sohn 2015 war ich Tag und Nacht mit allem alleine. Mein Ex ist mal hier und da arbeiten gegangen und ansonsten immer wieder seiner Drogen- und Alkoholsucht verfallen. Während unserer Beziehung war er dreimal im Entzug. Ich unterstützte ihn jedes Mal in der Hoffnung, diesmal würde es besser.

2016 wurde er das erste Mal handgreiflich. Ende 2018 wurde es dann immer mehr. Er schubste mich auf der Treppe, sperrte sich mit dem Kind im Wohnzimmer ein, zerschlug Tisch und Türen, schrie herum, drückte mich gegen die Wand und trat auf mich ein. Heute bereue ich es täglich, dass ich nicht stark genug war, mir Hilfe zu holen. Ein Anruf bei der Polizei hätte mir vieles, was nun ist, erspart. Aber ich hatte Angst und gleichzeitig immer den Gedanken: Den Vater meiner Kinder kann ich nicht anzeigen.

Kurz vor unserer Trennung 2019 sagte er mir, sollte ich mich jemals trennen, würde er mir das Leben zur Hölle machen und mir alles wegnehmen, bis ich alleine unter einer Brücke verrecke. Und seit ich mich im März 2019 von ihm getrennt habe, ist das seine Lebensaufgabe. Nach unserer Trennung ging er in die Entzugsklinik für circa vier Monate. Ich hörte kaum etwas von ihm, er wollte die Kündigung der Wohnung nicht unterschreiben, machte Stunk. Interesse für die Kinder kam kaum.

Ich lernte schnell einen Mann kennen. Er heilte mich so sehr. Ich konnte endlich wieder lachen, leben und atmen. Ich war so lange nicht mehr so unglaublich glücklich. Meinem Ex passte dies natürlich überhaupt nicht. Er beschwerte sich in einer Tour. Ich bat ihn, sich beim Jugendamt zu melden für Umgänge. Ich wollte, dass die Kinder ihren Vater weiterhin sehen. Ich kümmerte mich um Termine beim Jugendamt, brachte ihm die Kinder und förderte den Kontakt. Von ihm kamen immer nur Beleidigungen und Drohungen. Um die Kinder ging es kaum. Er wollte mich fertigmachen, psychisch und physisch. Sein einziges Ziel. Ich wollte aus der gemeinsamen Wohnung raus. Zu groß war die Angst, dass er plötzlich in der Wohnung steht und irgendwas passiert. Mein neuer Partner bot mir an, bei ihm einzuziehen, da mein Ex nach wie vor die Kündigung nicht unterschrieb. Dem Umzug zustimmen wollte mein Ex nicht, er drohte mir weiter. Ich musste also den Umzug 45 km weit weg einklagen. Vor Gericht versuchte die Gegenpartei, mich fertigzumachen. Ich hatte Glück: Der Richter pfiff die Gegenseite zusammen und unterstützte mein Vorhaben. Er stärkte mich und lobte mich dafür, dass ich mich 24/7 um meine Kinder kümmere und bereits einen Job und Betreuungsplätze in der neuen Stadt besorgt hatte. So bekam ich Recht und konnte umziehen und das erste Mal fühlte ich mich stark und meinem Ex überlegen. Zu dieser Zeit ahnte ich auch noch nicht, was folgen würde.

Ende 2019 lernte er nach seinem Entzug jemanden kennen und zog direkt zu ihr. Die Kinder mussten alle zwei Wochen dorthin. Erst für eine Übernachtung, später dann für ein komplettes Wochenende. Wenn sie nach Hause kamen, hatten sie immer ein Päckchen zu tragen: Mal erzählte der Vater, sie sollten ihre Taschen packen und dann würde er sie zu sich holen, dann beleidigte er meinen Freund vor den Kindern, erzählte ihnen, er wäre nicht ihr Kumpel, sondern nur mein Freund. Der Große fing mit seinen vier Jahren wieder an, einzunässen, musste sich nach den Wochenenden übergeben oder schrie die halbe Nacht. Die Kleine war gerade zwei Jahre alt, bei ihr machte sich anfangs nichts bemerkbar. Das Verhältnis war immer sehr konfliktreich. Er stimmte immer gegen alles, wofür ich war. Ob eine Diagnostik im Sozialpädiatrischen Zentrum (SPZ), das Entwöhnen vom Schnuller oder sonstige Dinge. 2020 startete dann ein Gerichtsmarathon: Hauptpunkt war immer das Thema Umgangsvereinbarung. Die abgesprochenen Dinge funktionierten stets nur teils oder gar nicht. Der Vater drehte sich alles, wie er es gerne hatte, hielt sich an keine Zeiten, verweigerte die Abholorte. Ich sollte die Kinder so bringen, wie er es gerne wollte, und nicht anders. So kam es, dass mich der Kindergarten anrief, weil mein Sohn nicht abgeholt wurde, oder die Kinder stundenlang zu Hause mit gepackten Taschen standen und niemand kam. Die Folgen waren dann Aussetzen vom Umgang und Drohungen vom Vater immer in einem Rutsch mit einer Anklage. Mehrfach kam ein Verfahrensbeistand für die Kinder zu mir. Er wirkte sehr freundlich, schaute sich alles an, sprach mit mir und meinem Partner. Er wirkte positiv und besuchte dann meinen Ex.

Dann kamen sein schriftlicher Bericht und ein Schlag ins Gesicht: Der Vater wäre clean und hätte alles unter Kontrolle, er hätte eine feste Partnerschaft und würde alles für die Kinder tun. Meine Position im Bericht war durchweg schlecht. Ich konnte es nicht glauben. Ich machte doch nichts verkehrt. Ich förderte den Kontakt, entfachte keinen Streit, hielt mich an die Regeln vom Gericht.

So zieht es sich bis heute durch. Egal was ich mache, ich bin die Blöde. Im Herbst 2020 zog mein Ex zu seiner neuen Partnerin. Er ließ seine bisherige Freundin schwanger zurück und setzte sich ins neue gemachte Nest. Die Kinder verbrachten also eine Woche Herbstferien direkt bei einer neuen Person. Aufgrund von Zahnschmerzen des Vaters musste ich die Kinder am Ende seiner Woche abholen fahren (einfache Strecke 103 Kilometer). Ich nahm die Kinder in Empfang und war absolut erschrocken: Mein Sohn hatte die komplette Lippe entzündet und verkrustet und sah total erschöpft aus, meine Tochter trug eine Windel, obwohl sie bereits seit mehreren Monaten trocken war. Ich rief meinen Anwalt an und entschied, dass unter diesen Umständen keine Umgänge stattfinden können. Was darauf folgte, war klar: mal wieder eine Verhandlung. Wieder der gleiche Beistand. Von der Richterin und vom Beistand wurde ich während der Verhandlung dargestellt, als würde ich dem Vater jeglichen Kontakt verbieten und der arme Vater könnte seine Kinder nicht sehen. Ich hatte Fotos der Kinder gemacht – doch es interessierte niemanden. Der Vater war der Arme und ich die Böse. Mir wurde gedroht, sollte ich nicht einwilligen, dass ab sofort wieder Umgänge stattfinden, so würde man ein Gutachten über meine Erziehungsfähigkeit machen. Und wenn es weiter zu Verhandlungen kommen würde, sollte mir klar sein, dass meine Kinder schneller weg wären, als ich gucken könnte.

Ich ging heulend aus der Verhandlung. Ich war fix und fertig. So viel Ungerechtigkeit, so viele Lügen seitens des Vaters und Schauspielerei. Ich möchte meine Kinder schützen und werde dafür bestraft. Was in manchen Gerichtssälen abläuft, ist einfach nur unglaublich.

Aktuell gehen die Kinder alle zwei Wochen zum Vater, solange er nicht absagt wegen vorgeschobenen Gründen oder den Umgang einfach vergisst. Er bringt sie trotz abgemachter Uhrzeit nach Hause, wie er lustig ist. Er verhört die Kinder bereits bei der Fahrt zu ihm nach Hause, erzählt den Kindern Lügen über mich und meinen Freund und macht mich vor den Kindern fertig. All das muss ich einfach so hinnehmen, denn es interessiert keinen. Nicht das Jugendamt, nicht das Gericht.

In der Wohnung wird geraucht, die Kinder (7 und 4) bekommen Cola, spielen Fortnite, kommen ungewaschen nach Hause, fahren ohne Kindersitz. All das ist nicht wichtig, solange sie lebendig nach Hause kommen. Die Kinder möchten ihn nicht Papa nennen und ich bin schuld. Die Kinder wollen nicht zu ihm und ich bin schuld. Ich würde die Kinder entfremden und systematisch manipulieren. Sein eigenes Verhalten zu reflektieren ist für den Vater scheinbar unmöglich. So gibt man lieber mir die Schuld an allem.

Mein Sohn ist traumatisiert von der ganzen Vergangenheit, ist im SPZ, doch es findet seit einem Jahr nichts statt, weil der Vater nicht zu Elternterminen erscheint. Das halbe Sorgerecht abgeben möchte er natürlich nicht. Das ist schließlich seine Machtkarte mir gegenüber. Ich bin allein nicht handlungsfähig und niemanden interessiert es. Als Nächstes steht eine Verhandlung an bezüglich des Unterhalts, den er noch nie gezahlt hat. Ich habe schon eine Vermutung wie es ausgeht, aber hoffe immer noch, dass endlich mal die richtige Seite Recht bekommt.

Paola (42), Berlin · Journalistin · mit Antonio (5) und Matilde (4)

Ich war in den Vater meines Sohnes verliebt, aber die Schwangerschaft war nicht geplant. Wir hatten uns kürzlich in einer Selbsthilfegruppe kennengelernt. Als ich schwanger wurde, war der Tod meines Vaters gerade einen Monat her und ich war noch sehr aufgewühlt. Ich beschloss, dass ich das Baby trotzdem bekommen würde. Der Vater, ein 29-jähriger deutscher Mann, war trotz seiner bewegten Vergangenheit bereit, Vater zu sein und Verantwortung zu übernehmen. Ich, die keine Erfahrung hatte und Angst hatte, glaubte, dass wir eine normale Familie werden könnten. Ich habe ihm geglaubt.

Nach zwei Umzügen fanden wir ein Haus in Berlin-Wedding. Vaterschaftsanerkennung, gemeinsames Sorgerecht, Nachname des Vaters: Alles schien mir richtig, da ich ein einfacher Mensch bin, der in einer ehrlichen, aber patriarchalischen Struktur aufgewachsen ist.

Zwei Monate nach der Geburt unseres Sohnes Antonio verließ sein Vater unser Zuhause. Er fing wieder an zu trinken und Drogen zu nehmen. Ich blieb allein mit meinem Sohn, mit 750 Euro Mietausgaben und nur 650 Euro Elterngeldeinnahmen. In diesem Moment der Verzweiflung passierten drei Dinge: zwei schöne und eines, das zum schönsten »Fehler« meines Lebens führte.

Ich bekam ein kleines Haus mit Wohnberechtigungsschein für 450 Euro im Monat, beantragte beim Jobcenter die Integration des Mutterschaftsgeldes (der Unterhaltsvorschuss wurde auch vom Jugendamt aktiviert, um den Unterhalt abzudecken, den der Vater nicht gezahlt hat) und ich lernte einen jüngeren Mann kennen, der die Rolle des abwesenden Vaters übernommen hat. Es gab einige seltsame Anzeichen in seinem Verhalten, aber die Unterstützung durch ihn war enorm. Dieser Typ ist im Supermarkt aufgetaucht und hat mir mit den Einkaufstüten geholfen, mir beim Umzug geholfen, gekocht und als ich von schlaflosen Nächten geplagt wurde, hat er mich an den See begleitet. Er lachte immer. Und ja, für einige Monate war er mein Partner bzw. ich ließ mich von ihm begleiten. Denn ich war zerbrechlich wie ein Glas. Allein mit einem fünf Monate alten Baby, Ausländerin. Erschüttert von einem sehr wichtigen Trauerfall und immer noch beruflich labil (in Berlin).

Er band sich auf eine, jetzt kann ich sagen, morbide Weise an mich. Er sagte, Antonio sei sein Sohn, er wollte nach einem Monat in mein neues Zuhause ziehen. Eines Nachts, nachdem er in einem Sturm mit seinem Motorrad von Aachen nach Berlin gefahren war, tauchte er mitten in der Nacht bei mir auf und krabbelte komplett nass in mein Bett. Eines Tages fand ich ihn nackt mit meinem Sohn auf seinen Beinen spielend. Die Warnzeichen wurden mir zu viel, wir kannten uns seit drei Monaten und er hatte zu oft meine Grenzen überschritten. Wir hatten uns schon viel gestritten. Ich fühlte mich nicht sicher. Aber seine scharfe (unbewusste?) Manipulation führte dazu, dass ich innerhalb kurzer Zeit wieder schwanger war. Antonio war da erst neun Monate alt. Der erste Vater war verschwunden (er tauchte später ein zweites Mal in unserem Leben wieder auf), der zweite war ein Mann, der verzweifelt nach einer Liebe war, die ich ihm nicht geben konnte.

Ich habe ein paar Monate lang versucht zu sehen, ob unsere Beziehung funktionieren könnte und ob wir eine Familie gründen könnten. Aber es gab einen sehr düsteren Aspekt, der mich skeptisch machte: Im Bett konnte er gewalttätig werden, er war wütend, machte mir Angst und respektierte meine Grenzen nicht. Antonio war 14 Monate alt und ich war seit fünf Monaten mit Matilde schwanger.

Ich beschloss, mich zu trennen. Die Entscheidung war für mich unumkehrbar. Ich musste alleine durchkommen und diese Beziehung beenden. Ich tat es.

Wie beim ersten Kind und aus Gründen der Kontinuität habe ich auch beim zweiten Vater Vaterschaft und Sorgerecht anerkannt. Seine Reaktion auf die Trennung war zunächst ruhig, dann bekam er aber Angstattacken und wurde ins Krankenhaus eingewiesen. Eines Tages geschah das Unfassbare, während ich im achten Monat schwanger war. Er sagte, er habe Angst, er könnte sich von seiner zukünftigen Tochter sexuell angezogen fühlen. Der Satz hat mir Angst gemacht, aber ich dachte, ich sollte ihn trotzdem als fähigen Vater ansehen, um meiner Tochter ihren Vater zu »sichern«. Bei Matildes Geburt war es die Hölle. Angefangen beim vorgeburtlichen Stalking durch ihren Vater, über den DNA-Test (den er verlangte und dem ich naiverweise nachgekommen bin), zu seinem Verschwinden für zwei Wochen bis zu seinem Wiederauftauchen nach dem Testergebnis (offensichtlich positiv) mit Drohungen.

Die ersten paar Male, als er das kleine Mädchen sah, das ein paar Tage alt war, wollte er sie mir nicht geben, wenn sie vor Hunger weinte. Ich lief (wieder einmal: wie eine Naive) zum Gericht und versuchte, ihm das Sorgerecht zu entziehen. Der Richter bestätigte das Sorgerecht und inspirierte ihn, an die Türen des Gerichtsgebäudes zu klopfen, wann immer er den Umgang beantragen wollte.

Tatsächlich brachte er mich fünfmal vor Gericht – allein zwei Mal davon, weil er das Wechselmodell erzwingen wollte. Derzeit besteht unser Modell aus 70 Prozent (ich) zu 30 Prozent (er) und meine Tochter ist fast vier Jahre alt. Mit dem Vater und den Institutionen bin ich klüger geworden. Aber ich musste leiden. Ein Mitarbeiter des Jugendamtes hat mich einmal dazu befragt, wie es zu der Äußerung des Vaters gekommen sein solle, dass er sich von seiner Tochter sexuell angezogen fühlen könnte. Denn der Vater hatte abgestritten, dies je gesagt zu haben und der Mitarbeiter glaubte ihm. Deshalb warf er nun mir vor, ich sei die Pädophile, die sich so etwas Schlimmes ausdenken würde.

Ein Richter schrieb in einem Satz, der sich auf mich bezog, dass ich eine »zentralisierende spanische« Mutter sei. Meine Tochter wurde mit 15 Monaten gezwungen, bei ihrem Vater zu übernachten (und das war ein ganzes Jahr lang echt dramatisch).

Inmitten der Pandemie und mit einem Kind, das Schwierigkeiten hatte, sich im Kindergarten einzugewöhnen, zwang mich der Richter mit einer Geldstrafe von 3 000 Euro, meine Tochter für eine Woche mit ihrem Vater in den Urlaub zu schicken.

Meine Tochter hat neulich erzählt, Papa habe ihr seinen Arsch gezeigt und Papa habe mal gesagt, ihre »Fotze« sei »lecker«. Laut Jugendamt ist das alles normal und ich muss mir keine Sorgen machen…

Friederike (28), Niedersachsen · Ergotherapeutin und Studentin der sozialen Arbeit · mit Jeremias (4)

Ende 2017 fand ich mich in einer Ausnahmesituation wieder. Gerade hatte ich die Ausbildung zur Ergotherapeutin abgeschlossen und voller Spannung den Sprung gewagt, in eine 250 km entfernte Stadt zu ziehen. Dort hatte ich meine erste Wohnung bezogen und wollte das Abenteuer des jungen, selbstständigen Erwachsenseins genießen, da merkte ich, dass ich schwanger war. Diese Nachricht, die mich zugleich in grenzenlose Freude wie auch in stetig wachsende Panik versetzte, stellte mein Leben auf den Kopf. Sofort war ganz klar, ich wollte ein Leben mit diesem Baby, auch wenn genau so klar war, dass es ein Leben ohne die Unterstützung eines Vaters wäre. Nachdem ich zurück in meine Heimatstadt gezogen war, sah ich mich einem Berg von Fragen und Problemen gegenüber, die gelöst werden mussten. Ich ließ mich durch verschiedene Institutionen beraten und bekam nicht nur viele gute Antworten und Hinweise, sondern vor allem auch immer mehr Fragen. Leidiges und gleichzeitig größtes Thema war das Geld. Ich hatte in meiner Ausbildung kein Gehalt bekommen und als Berufseinsteigerin als Ergotherapeutin wenig Gehalt zur Verfügung. Das Elterngeld würde dementsprechend sehr schmal ausfallen. Ich wurde an den Unterhaltsvorschuss, den Kinderzuschlag und die Wohngeldstelle verwiesen. Zusätzlich wurde mir geraten, mich beim Jobcenter zu melden. Da dieses Kind durch eine flüchtige Bekanntschaft durch ein Sexualverbrechen entstand, wollte ich mich gar nicht erst an die Unterhaltsvorschussstelle wenden, da ich mir dort ohnehin keine großen Chancen ausrechnete und meine Wunden dort lieber nicht aufreißen wollte.

Zunächst führte mich mein Weg ins Jobcenter. Dort wurde ich von einer Person zur nächsten geschickt. Niemand wusste, was in meinem Fall zu tun war. Schließlich wurde das Standardprozedere angewandt und ich in die Arbeitsuchendenkartei aufgenommen, obwohl ich einen bestehenden unbefristeten Arbeitsvertrag vorweisen konnte. Vor und nach der Geburt wurde ich durch mein weitreichendes soziales Umfeld unterstützt. Ohne diese Sicherheit und Geborgenheit hätte ich mich nie so gut in meine neue Rolle, mein neues Leben einfinden können. Direkt nach der Geburt beantragte ich neben dem Kindergeld auch den Kinderzuschlag und Wohngeld. Ich musste von 980 Euro Elterngeld im Monat alle laufenden Kosten für mich, mein Kind, meine Wohnung und das Auto aufbringen. Dies konnte mir nur gelingen, indem ich bereits drei Monate nach der Geburt wieder zwei Tage die Woche arbeiten ging, um dieses Geld aufzustocken. Jeremias blieb in dieser Zeit bei meinen Eltern, ohne die diese Zeit niemals möglich gewesen wäre.

Die Stelle vom Kinderzuschlag sowie die Wohngeldstelle wiesen meinen Antrag ab und beteuerten, sie bräuchten einen Nachweis dafür, dass ich alleinerziehend sei und keinen Unterhalt erhalte. Wie genau der aussehen sollte, teilte man mir nicht mit. Ich sandte meine Kontoauszüge von drei Monaten ein sowie die Geburtsurkunde, in der kein Vater eingetragen war. Erfolglos. In der Wohngeldstelle verwies man mich auf den Unterhaltsvorschuss bzw. die Beistandschaft. Widerstrebend begab ich mich in das hiesige Büro, um einen Termin zu vereinbaren. Schon bei diesem kurzen Zusammentreffen mit meiner Sachbearbeiterin, Frau J., fragte sie mich, was mit dem Vater sei, und auf meine Antwort, dass ich nichts über ihn weiß, drehte sie sich augenrollend weg und knallte mir die Formulare auf den Tisch.

Als ich einige Tage später mit den ausgefüllten Dokumenten erneut in ihrem Büro vorsprach, verlangte sie einen Termin, bei dem ich die bereits ausführlich schriftlich beschriebene Nacht der Zeugung meines Sohnes ihr gegenüber noch einmal zu Protokoll geben sollte. Ich ging zu diesem Termin mit zitternden Knien. Sie wies mich an, mich zu setzen. Im Büro saß ihre Kollegin, die ungerührt weiter an ihrem Computer tippte, die Zwischentür zum Nachbarbüro blieb offen und Frau J. forderte ungeduldig, ich solle »mal loslegen«. Während ich sprach, stellte sie einige Zwischenfragen und hielt sich mit Vorwürfen nicht zurück. Während ich unter Tränen berichtete, dass ich vor meiner Wohnungstür erwachte, ohne mich an einige Stunden der vorherigen Nacht erinnern zu können, ging ein Kollege mit einer Kaffeetasse an uns vorbei und grüßte sie freundlich. Die Sachbearbeiterin verzog keine Miene und las mir hinterher ihr Protokoll vor. Sie beteuerte nun, mir zu glauben, und riet mir, eine Psychotherapie aufzunehmen. Einige Wochen vergingen, da erhielt ich die Ablehnung meines Antrages. Ich sei dadurch, dass ich nicht sofort zur Polizei gegangen sei, meiner Mitwirkungspflicht nicht nachgekommen. Weiter: Anhand meiner Ausdrucksweise und Gestik in dem Gespräch hätte ich nicht glaubhaft versichern können, dass ich tatsächlich keine Angaben zum Kindsvater machen könnte. Meinen Widerspruch nahm Frau J. überrascht und mit hochgezogenen Augenbrauen entgegen. Aber auch dieser führte zu keiner Veränderung des Urteils. Für ein Gerichtsverfahren fehlten mir das Geld und die Kraft, mich mit der gewaltigen Übermacht des Jugendamtes anzulegen. Auch Wohngeld und Kinderzuschlag wurden abgelehnt, weil das Verfahren des Unterhaltsvorschusses so lange dauerte. Ich hatte nach dieser Erfahrung bis heute keine Kraft, sie erneut zu stellen. Nach dem ersten Jahr in Vollzeit zurück im Beruf erkannte ich deutlich, dass ich mit meinem Gehalt, meinen Arbeitszeiten und meiner Belastung durch die Arbeit nicht die Mutter sein konnte, die ich meinem Sohn sein will. 2020 wagte ich schließlich den Schritt und schrieb mich für ein Studium der Sozialen Arbeit ein. Ich gehöre zu den wenigen Personen, denen die Pandemie gut in die Karten gespielt hat. Zunächst verschaffte mir die Kurzarbeit mehr Zeit für mein Kind, später konnte ich durch das Online-Studium weiter 34 Wochenstunden arbeiten. Ich arbeitete tagsüber in der ergotherapeutischen Praxis und arbeitete nachts die Vorlesungen nach und schrieb an Hausarbeiten. Ich strengte mich so sehr an, dass ich sogar zwei Semester gleichzeitig absolvierte, um ein halbes Jahr kürzer der Doppelbelastung von Studium und Beruf zusätzlich zum Alleinerziehendendasein ausgesetzt zu sein.

Auch an der, laut eigenen Angaben, »familienfreundlichen« Hochschule bemerkte ich keinerlei Entlastungen. Es gab weder eine bevorzugte Auswahl der Studienveranstaltungen, wie sie andere Hochschulen der Region anbieten, noch irgendein anderes Entgegenkommen. Auch für die Immatrikulation und Praktika machte meine Situation keinen Unterschied. Vor allem für das Anerkennungsjahr, das ich ab März 2023 absolvieren muss, hätte ich mir eine verminderte Pflichtstundenzahl gewünscht, doch auch hier gab es nicht den Hauch einer Kompromissbereitschaft. Nach meinem Studium bin ich qualifiziert für viele unterschiedliche Arbeitsstellen. Die von Frau J. und ihren KollegInnen im Amt für Unterhaltszuschuss gehören dazu. Ich bin jetzt im vorletzten Semester des Studiums und sollte mir vermutlich nicht anmaßen, die Entscheidungen dieser erfahrenen Fachkraft zu bewerten. Aber ich kann sagen, dass ich bisher nichts in meinem Studium gelernt habe, dass ihr Verhalten, ihren Umgang mit mir und die

Behandlung meines Falles, ohne mich zu Alternativen zu beraten, rechtfertigen würde.

Nun lebe ich schon fast vier Jahre als alleinerziehende Mutter und könnte mich nicht gesegneter fühlen, mein Leben mit meinem Sohn Jeremias teilen zu dürfen. Aber davon, dass angeblich niemand durchs Raster fällt, habe ich wenig bemerkt – dabei rühmt sich Deutschland so für sein soziales Netz und seine Unterstützungsmöglichkeiten. Ohne all die Unterstützung, die ich durch FreundInnen und durch meine Familie erfahre, wäre es mir nicht möglich, mich selbst aus der so knappen finanziellen Lage zu befreien.

Anfang des Jahres erlitt ich den, fast schon unvermeidlichen, Burn-out. Ich wünschte, ich müsste neben dem Studium nicht mehr so viel arbeiten, aber leider kann ich trotz BAföG-Höchstsatz nicht darauf verzichten. Ich zähle die Monate, die ich diesen Kampf, dieses Schleppen von Woche zu Woche noch ertragen muss, bis ich endlich auf eine Zukunft hoffen kann, in der ich zumindest eine Klassenfahrt und einen Ausflug in den Zoo von Zeit zu Zeit aufbringen können werde, ohne meine Eltern um finanzielle Hilfe bitten zu müssen. Wer sich ohne ein großes eigenes soziales Netzwerk auf die Hilfe der deutschen Ämter verlässt, ist verlassen.

Alina (37), Nordrhein-Westfalen · Ärztin · mit Konstantin (9) und Gabriel (7)

Am Anfang schien alles perfekt. Ich war 26, als ich meinen späteren Ehemann kennenlernte, und er schien alles zu verkörpern, wonach ich gesucht hatte. Er war aufmerksam, romantisch, großzügig, humorvoll, ein bisschen schelmisch. Bis dahin hatte ich nur eine Beziehung mit einem kalten, abweisenden Mann geführt und dachte, dass an mir etwas falsch sein müsse. In jeder anderen Hinsicht ging es mir gut. Ich war dabei, beruflich Fuß zu fassen, verdiente gut, hatte eine schöne Wohnung und gute Freunde. Und dann war da dieser tolle Mann, der sich ernsthaft für mich zu interessieren schien. Der meine Nähe suchte, mich immer wieder mit Geschenken und Ausflügen überraschte.

Ich war verliebt, zog schon bald bei ihm ein – und wurde nach nur wenigen Monaten schwanger. Im Nachhinein betrachtet war da viel Druck von seiner Seite. Druck, bei ihm einzuziehen, Druck, die Verhütung wegzulassen. Mir war mit Anfang 20 gesagt worden, dass ich auf natürlichem Weg keine Kinder bekommen könne, deswegen hatte ich mir nicht allzu viele Gedanken um eine mögliche Schwangerschaft gemacht. Ich hatte mir immer eine Zukunft ohne Kinder vorgestellt, freute mich dann aber riesig auf das Kind.

Kurz vor der Geburt heirateten wir. Am Tag nach der Hochzeit schleuderte er mich – hochschwanger, wie ich war – zum ersten Mal durch das Wohnzimmer. Weil ich einer Kollegin erzählt hatte, dass wir geheiratet hatten. Es waren schon zuvor die ersten Risse in der Beziehung aufgetaucht. Momente, in denen er plötzlich sehr kalt wurde, mir unglaubliche Vorwürfe machte und durch nichts zu beschwichtigen war. Mir kam das aber nicht seltsam vor. Ich war mit einem gewalttätigen und unberechenbaren Vater aufgewachsen. Mich wie auf rohen Eiern zu bewegen und die Verantwortung immer bei mir zu suchen war normal und vertraut für mich. Deswegen blieb ich, auch als es sehr viel schlimmer wurde.

Mein erster Sohn kam zur Welt und ich war von Anfang an sehr allein. Mein Mann und seine Familie waren der Meinung, dass ich »unbrauchbar« sei, weil ich mit der Isolation nicht zurechtkam. Meine hart erarbeitete Karriere wurde durch die Schwangerschaft praktisch beendet. Mein damaliger Oberarzt, der mit meiner Arbeit immer zufrieden gewesen war, wollte mich zur Kündigung zwingen, als ich sagte, dass ich Mutter werden würde. Meine Freunde sah ich kaum noch. Ich hatte meinen Sohn vergleichsweise jung bekommen, da dachten die anderen noch gar nicht an Kinder, und außerdem hatte mein Mann an allen meinen Freunden etwas auszusetzen. Er ekelte sie teilweise regelrecht weg – es sei denn, sie konnten ihm noch irgendwie nützlich sein.

Als ich mit dem zweiten Kind schwanger war, drängte er darauf, aufs Land zu ziehen. Ich wollte nicht aus meiner geliebten Stadt raus. Ich hatte zwar auch den Wunsch nach ein bisschen Garten, ein bisschen mehr Natur. Aber das hätte man auch in der Stadt haben können. Zu dem Zeitpunkt hatte ich schon kaum noch etwas entgegenzusetzen. Ich war als selbstbewusste, unabhängige Frau in diese Beziehung gegangen. Ich hatte so vieles von dem erreicht, was angesichts meiner Herkunft lange unerreichbar schien. Ich war eine Überfliegerin in der Schule, hatte als erste in der Familie studiert, hatte mir mein Medizinstudium selbst finanziert und trotzdem noch mit Bestnoten abgeschlossen. Aber die ständige Kritik, die Beschimpfungen und Demütigungen hatten mich zerbrochen. Ich dachte nur damals noch, dass ich eben unfähig sei. Dass ich mich mehr anstrengen müsse, um ihn nicht immer so zu reizen. Ich habe nicht verstanden, dass nicht ich das Problem war.

Wir zogen in ein freistehendes Haus auf dem Land (es musste unbedingt ein freistehendes sein) und unser zweiter Sohn kam zur Welt. Ich machte wie immer alles allein. Renovierte das Haus und richtete es ein, versorgte die zwei sehr kleinen Kinder – allein. Er war beruflich viel unterwegs, oft mehrere Wochen am Stück. Und hatte Affären. Ich hingegen durfte mich für nichts und niemanden außer ihn interessieren. Ich hatte immer viel und gern gelesen, aber er rastete regelrecht aus, sobald ich ein Buch nur aufschlug. Gleichzeitig tat er vordergründig so, als würde er mich und meinen beruflichen Weg unterstützen. Nur um mir dann vorzuwerfen, dass ich undankbar sei, wenn ich unter seinen Wutausbrüchen litt.

Als unsere Söhne fünf und drei Jahre alt waren, war ich körperlich und psychisch am Ende. Ich litt unter heftigen Migräneanfällen und Blutarmut, ich schlief nicht mehr, war abgemagert. Ich wusste, dass ich gehen musste, um mich zu retten, und ich wusste auch, dass ich meine Söhne nicht mit einem solchen Bild von Ehe und Beziehung aufwachsen lassen wollte. Ich zog aus oder vielmehr: Ich brachte mich in Sicherheit. Und der Vater, der sich bis dahin nicht um seine Kinder gekümmert hatte, machte klar, dass ich sie nie und nimmer mitnehmen dürfe. Er behielt die Kinder ein. Sperrte das gemeinsame Konto, da hatte ich 20 Euro in der Tasche. Er erzählte überall, ich sei zu einem neuen Mann »abgehauen«, da war seine Freundin bereits im gemeinsamen Haus eingezogen, weil er die Kinder gar nicht allein betreuen konnte. Er schaffte es, Zugriff auf meine gesamte Handykommunikation zu bekommen. Schrieb mir unzählige, verfolgende, belastende Nachrichten. In meiner Wohnung installierte er eine Kamera. Im Badezimmer. Filmte mich über Tage heimlich, nackt.

Ich stellte Strafanzeige wegen Stalkings bei der Polizei. Er bekam ein Näherungsverbot – davon ausgenommen war aber alles, was die Kinder betraf. Er konnte mich also weiterhin verfolgen. Ich war mir sicher, dass er auch weiterhin Zugriff auf meine Kommunikation hatte. Kurz darauf wurde der Umgang vor dem Familiengericht verhandelt. Die jahrelange Gewalt und selbst die nachgewiesenen Straftaten wurden als vollkommen irrelevant abgetan. Ich solle aufhören, dem Kindsvater Vorwürfe zu machen, ich solle mich bitte zusammenreißen und nach vorn schauen. In der Verhandlung wurde ich unter Druck gesetzt. Wenn ich nicht einem Wechselmodell zustimmen würde, würde der Lebensmittelpunkt der Kinder beim Vater sein. Schließlich biete er die örtliche Kontinuität. Weil er in dem gemeinsamen Haus geblieben war, das ich mir – nachdem ich beruflich immer zurückgesteckt hatte – allein nicht hätte leisten können.

Meine Kinder leben jetzt seit fast fünf Jahren im Wechselmodell. Aus zwei fröhlichen, sicher gebundenen Kindern, die immer ohne Probleme in den Kindergarten gegangen waren, wurden damals extrem ängstliche Kinder, die sich bei jeder Trennung schreiend an mich klammerten. Über Jahre hatten sie Angst, wenn ich nur kurz den Raum verließ, zum Beispiel um etwas aus der Küche zu holen. Sie sind mir überallhin gefolgt und haben angefangen zu weinen, wenn ich nur kurz aus ihrem Sichtfeld verschwand. Mein Großer noch bis er acht war, selbst jetzt – mit neun – wird er sofort panisch, wenn er mich in der Öffentlichkeit aus den Augen verliert, obwohl er sich überall gut auskennt. Diese Probleme durfte ich nie ansprechen. Es hieß dann immer, dass das Problem wohl bei mir und meiner angeblichen psychischen Erkrankung liegen müsse, wenn die Kinder so reagieren würden.

Ich bin mir sicher, dass die Entscheidung des Gerichts und allen voran einer Verfahrensbeiständin, die einzig und allein die Interessen des Kindsvaters vertreten hat, dafür verantwortlich sind, dass meine Kinder in ihrer Entwicklung derart traumatisiert und gehemmt worden sind. Niemand hat sich dafür interessiert, wie die Bindung zu den jeweiligen Elternteilen vor der Trennung wirklich war. Niemand hat sich für die Gewalt interessiert, die der Kindsvater (bis heute) an mir verübt. Die er, weil sich das Muster der Machtausübung – wie bei Gewalttätern üblich – auch durch andere Beziehungen zieht, genauso an den Kindern verübt.

Ich war schockiert davon, dass niemand der Verfahrensbeteiligten auch nur annähernd etwas über häusliche Gewalt und Täterstrategien zu wissen schien. Es war, als gäbe es das einfach nicht. Das Mantra schien: Man darf den Kindern diesen überaus liebenden Vater nicht vorenthalten! Obwohl es – bis auf seine ständigen Beteuerungen – keinerlei Hinweise auf liebevolles Verhalten gab. Wäre ich nicht froh gewesen, auch mal wieder mehr Zeit für mich und meine berufliche Entwicklung zu haben, wenn ich gewusst hätte, dass die Kinder bei ihrem Vater gut aufgehoben sind? Wäre ich nicht dankbar für jede weitere Person, die sich gut um diese beiden Kinder kümmert? Ich habe es aufgegeben, mich und meine Kinder vor Gewalt zu schützen zu wollen. Ich versuche nur noch, dafür zu sorgen, dass wir an ihr nicht zerbrechen.

Heike (41), Rheinland-Pfalz · Diplom-Verwaltungswirtin · mit Lia (7) und Elias (2)

Als wir uns kennenlernten, war ich Mitte 30, Mutter eines kleinen Kindes, frisch getrennt von meinem lieblosen Ehemann, der mich betrogen hatte, mein Selbstwertgefühl war am Boden. Und ich dachte, meine Gebete wären erhört worden, als dieser junge, hübsche Kerl sich ausgerechnet an mir festgebissen hatte. Es sollte eigentlich nicht mehr werden als eine Affäre. Aber alles entwickelte sich rasend schnell und nach kurzer Zeit war klar: Wir beide, für immer, gegen den Rest der Welt. Noch nie hatte ich einen Mann so geliebt und noch nie hatte mir jemand so das Gefühl gegeben, bedingungslos geliebt zu werden. In etwa das erste halbe Jahr war ein Traum. Danach gab es rückblickend immer mehr Alarmsignale, die ich hätte sehen sollen. Aber ich war blind. Zudem dachte ich, er wäre meine letzte Chance auf eine Familie.

Er verkaufte sich als der perfekte Papa, der mit mir unbedingt noch ein Kind wollte. Am liebsten sofort. Und so ertrug ich seine Attacken, die irgendwann immer häufiger auftraten: extreme Eifersuchtsanfälle, in denen er mich aus heiterem Himmel aufs Derbste beleidigte (»Nutte«, »dreckige Hure« usw.), bespuckte; Phasen, in denen er mich überall blockierte und ewig ignorierte, bis ich so weichgekocht war, dass ich nur noch froh war, wenn er den Kontakt wieder zuließ; Ausraster, in denen Mobiliar zu Bruch ging, immer wieder abrupte Trennungen und mehr. Irgendwann dann auch körperliche Übergriffe gegen mich, vor allem wenn Alkohol im Spiel war. Recht subtil anfangs, mal eine Hand, die fester zupackte, gerne drückte oder schubste er mich gegen Wände, warf mit Gegenständen nach mir, dann kam die erste schallende Ohrfeige und ich flog durchs Zimmer. Im Nachhinein konnte er sich nicht erinnern und versprach, dass es nicht mehr vorkäme. Wenn es denn überhaupt so gewesen wäre. Falls ja, müsste es meine Schuld gewesen sein. Danach folgten jedes Mal schöne Phasen und ich redete mir ein, dass das anscheinend der Preis wäre, den ich für die große Liebe bezahlen müsste. Und dass er mit den Jahren sicher irgendwie »milder« würde, ich es irgendwie schaffen könnte, ihn glücklich und zufrieden zu machen, wenn ich es nur genügend versuchte.

Ich war überglücklich, als ich schwanger wurde. Doch entgegen meiner Hoffnungen wurde sein Verhalten immer schlimmer statt besser. Die Phasen, in denen er mich (dann ja mittlerweile uns) aus seinem Leben kickte und sagte, er wollte mit mir und dem Kind nichts mehr zu tun haben, kamen immer regelmäßiger. Der Psychoterror wurde immer schlimmer. Zudem erfuhr ich von seiner seit vielen Jahren bestehenden, schwerwiegenden Suchterkrankung, Nach einem körperlichen Angriff im Vollrausch war mir klar, dass ich auch schwanger nicht unantastbar für ihn war. Wenige Tage nach der Geburt, als ich körperlich sehr geschwächt war und fieberte, rastete er wieder komplett aus. Er schrie mich an, drohte mir, unser wenige Tage altes Baby zu entführen und vor die Wand zu fahren. Er randalierte in meiner Wohnung und attackierte mich selbst mit Säugling auf dem Arm. Ich warf ihn panisch aus der Wohnung und besorgte mir Hilfe bei einer Beratungsstelle. Ich schaffte es jedoch noch nicht, mich zu trennen. Weiterhin wechselten sich verschiedene Phasen ab. Mal kam er zu Besuch und wir spielten Familie, bewunderten unser Kind und lagen uns weinend in den Armen. Dann brach er wieder den Kontakt ab und meldete sich ewig nicht. Eins zog sich fortan jedoch bei mir durch: Ich hatte große Angst vor ihm. Ich wusste, er ist unberechenbar und ließ ihn nie auch nur eine Sekunde mit dem Kind alleine. Ich war nun schon seit Monaten in einem Zustand permanenter Anspannung und Angst. Ich beschloss, den (immer wieder unerträglichen) Kontakt abzubrechen und seine stationäre Suchttherapie abzuwarten. Sollte er genesen und gestärkt daraus hervorgehen, könnten wir versuchen, uns wieder anzunähern.

Wenige Tage später flatterte ein Schreiben von einem stadtbekannten »Väter-Anwalt« ins Haus. Die Forderung: Umgänge, sofort, jedes Wochenende, mehrere Stunden, das müsste doch auch bei Stillbabys mal ohne Mutter möglich sein. Ich fiel aus allen Wolken und war total geschockt. Ich fing an zu googeln »Umgang mit Baby« und las die schlimmsten Horrorgeschichten. Umgangsausschluss nicht möglich, außer bei akuter Kindeswohlgefährdung. Na, die muss doch in unserem Fall gegeben sein, dachte ich, und nahm mir eine Anwältin. Ich schrieb ihr unsere ganze Story auf und war mir sicher, dass kein vernünftiger Familienrichter so einem Menschen, der offensichtlich starke psychische Probleme und Aggressionen hatte, ein kleines, fremdes Baby überlassen würde, an dem er bis dato kein Interesse gezeigt hatte. Die Verhandlung verschob sich immer wieder und es zogen Monate ins Land, in denen das Verhalten des Vaters immer schlimmer wurde. Er schrieb mir ständig, beleidigte mich, drohte, mir das Kind wegzunehmen, es gegen mich aufzuhetzen, ich würde keinen Cent Unterhalt sehen, wäre die schlechteste Mutter der Welt. Meine Hoffnung, dass die Therapie auch mental irgendetwas bei ihm bewirken könnte, war gestorben. Parallel flogen die aggressiven Anwaltsschreiben hin und her. Mein E-Mail-Postfach war voll, jeden Freitag wartete irgendein angsteinflößendes Dokument in meinem Briefkasten und sorgte für ein weiteres schlafloses Wochenende.

Das Jugendamt wurde im Vorfeld des Gerichtsverfahrens zur Umgangsregelung hinzugezogen, wie üblich in so einem Fall. Die Sachbearbeiterin wirkte sympathisch und kompetent. Ich hatte das Gefühl, sie glaubte mir. Sie sprach sich für begleitete Umgänge aus. Der Kindsvater lief in den Wochen vor dem Gerichtstermin zu Höchstform auf und forderte plötzlich das Wechselmodell. Alternativ, sollte man ihm dies verwehren, würde er das Sorgerecht abgeben und das ihm unbekannte Kind niemals wiedersehen wollen. Ich stimmte dem nicht zu. Daraufhin folgte eine Schmutzkampagne gegen mich. Bei Jugendamt und Gericht landete ein ausführlicher »Bericht«, in dem auf mehreren Seiten erläutert wurde, dass ich diverse Suchtprobleme und psychologische Störungen hätte. Zudem zahlreiche Schilderungen, wie ich meine Kinder vernachlässigen und schlecht behandeln würde. Fazit der Schilderungen war: Ich wäre als Mutter so überfordert, dass es für mein jüngeres Kind am besten wäre, es würde zumindest hälftig beim Vater leben. Ich sprach mit der zuständigen Mitarbeiterin des Jugendamtes, er hatte eine offizielle Meldung der Kindswohlgefährdung abgegeben. Sie fragte mich, ob ich bereit wäre, an einem Drogentest teilzunehmen. Ich stillte noch und hatte zu dem Zeitpunkt seit fast zwei Jahren keinen Alkohol getrunken. Andere Drogen hatte ich noch nie konsumiert. Daher willigte ich ein. Ich fühlte mich jedoch gedemütigt. Ich hatte ihn bildlich vor Augen, wie er sich darüber amüsierte, dass er mit solchen haltlosen Behauptungen einfach mal dafür sorgen konnte, dass ich im Labor zum Drogentest antanzen musste, um Haare und Blut entnommen zu bekommen. Ich verstand nun: Wenn er persönlich nicht mehr an mich herankam, so versuchte er es nun über Dritte. Parallel hatten wir noch zwei weitere Kriegsschauplätze, nämlich Unterhalt fürs Kind und für mich. Es verging also kaum ein Tag, an dem nicht in irgendeiner Angelegenheit irgendein Schreiben, Schriftsatz, eine E-Mail oder was auch immer bei mir eintrudelte.

In der ersten Gerichtsverhandlung lief der Kindsvater zur Höchstform auf. Er wiederholte seine Forderung nach dem Wechselmodell, was der Richter sofort abschmetterte. Das wäre nicht möglich, da eine der Grundbedingungen hierfür eine reibungslose Kommunikation zwischen den Eltern wäre. Die könnte er hier beim besten Willen nicht erkennen. Der Vater polterte herum, man würde ihm sein Kind entziehen, er würde leiden, er könnte es nicht mehr ertragen, deshalb dieser Wunsch nach Kontaktabbruch. Innerlich betete ich natürlich, dass der Richter dies einfach in seinem Protokoll vermerken, mir das alleinige Sorgerecht zusprechen und uns nach Hause schicken würde. Aber er bekniete den Vater geradezu, noch einmal in sich zu gehen und seine Entscheidung zu überdenken. Er bot ihm begleiteten Umgang vierzehntägig an und gab ihm mit auf den Weg, dass ein Vater alle 14 Tage besser wäre als gar kein Vater. Ich war irritiert, dass der Richter mit Engelszungen auf ihn einredete, sein offensichtlich auffälliges, aggressives und wirres Verhalten einfach übersah und ihn anflehte, seine Entscheidung zu überdenken, statt ihm die Leviten zu lesen und an seiner Erziehungseignung zu zweifeln.

Ich durfte auch kurz etwas sagen, war jedoch nicht so gut vorbereitet und stammelte lediglich, dass das Wechselmodell in meinen Augen absurd und absolut indiskutabel wäre. Und dass ich mir nach meinen Erfahrungen mit dem Vater nichts anderes vorstellen könnte als einen begleiteten Umgang. Ehrlich gesagt, konnte ich mir zu dem Zeitpunkt auch darunter so rein gar nichts vorstellen. Ein Säugling, der nicht mal laufen oder sprechen kann, soll sich eineinhalb Stunden mit einem ihm völlig fremden Mann in den Räumlichkeiten eines sozialen Trägers unter fachlicher Begleitung »annähern«?

Das Jugendamt wurde kurz gehört und bestätigte die Empfehlung, dass ein begleiteter Umgang das Beste wäre. Und wir fuhren heim. Es dauerte keine 24 Stunden, bis eine E-Mail kam. Ein völlig geläuterter Kindsvater. Er hätte nachgedacht. Die Aussicht, *uns* auf unbestimmte Zeit nicht mehr zu sehen, hätte ihn so traurig gemacht und deshalb hätte er sich entschieden, nun in unseren Ort zu ziehen (!), in unsere Nähe und alles dafür zu tun, schnell eine tiefe Bindung zu seinem Kind aufzubauen, um für den Rest seines Lebens für ihn und mich da zu sein. Ich dachte, mir schlägt jemand in die Magengrube. Gericht und Jugendamt schienen jedoch glücklich über diesen Sinneswandel und hinterfragten ihn nicht weiter.

Die begleiteten Umgänge starteten recht schnell. Es gab eingangs ein Gespräch, in dem Regeln und Erwartungen kommuniziert wurden. Ich fragte, wie sichergestellt würde, dass der Vater mit dem Kind nicht verschwinden würde, da es diverse Drohungen und Ankündigungen gegeben hätte, das Kind zu entführen. Die Koordinatorin war sichtlich irritiert. Das wäre noch nie passiert. Wieso der Vater das Kind denn mitnehmen sollte, er könnte es doch hier sehen. Das beruhigte mich nicht. Ich wies zudem darauf hin, dass ich Angst vor dem Vater hätte und ihm deshalb nicht begegnen wollte. Für mich aber noch nicht nachvollziehbar wäre, wie die Termine ohne mich funktionieren sollten. Das würde man dann sehen. Es gäbe auch Kinder in dem Alter, bei denen das gut klappen würde. Und dass ich ein Problem damit hätte, dort dem Vater zu begegnen, könnte man nicht nachvollziehen, denn schließlich wäre ich ja nicht allein mit ihm. Er könnte mir ja nichts mehr tun. Beim ersten Termin sollte ich auf jeden Fall dabei sein, damit das Kind sich akklimatisieren könnte.

Für mich war es die absolute Hölle, 90 Minuten mit meinem Peiniger in einen Raum gesperrt zu sein. Ich versuchte, seine Gegenwart auszublenden und mich mental wegzubeamen. Bei den ersten beiden Terminen spielte das Kind überraschenderweise mit. Beim nächsten Mal bekam es jedoch bereits einen Kreischanfall, als wir uns auch nur dem Gebäude näherten. Die Abgabe funktionierte nicht. Er schrie hysterisch. Ich saß im Warteraum und hörte dies mit an. Es zerriss mich. Der Termin musste nach 20 Minuten abgebrochen werden, weil das Kind sich nicht beruhigen ließ. Und so ging es die nächsten Male weiter. Der Vater bestand jedes Mal darauf, dass ich dazukäme, um das Kind zu beruhigen. Aber ich weigerte mich. Ich dachte, niemand könnte mich zwingen, mich in diese unerträgliche Situation zu begeben, in seiner Nähe sein zu müssen. Mein Kind dieser Situation auszuliefern war jedoch ebenfalls unerträglich. Für mich war klar, diese Form der begleiteten Umgänge sind für ein Kind in dem Alter nicht praktikabel und das Experiment müsste abgebrochen werden. Der Träger der Umgänge war jedoch wütend über mein Verhalten. Ich wäre dazu verpflichtet, alles dafür zu tun, dass es klappt. Meine Anwältin bestätigte dies leider. Wenn ich mich weiterhin weigern würde, an den Umgängen teilzunehmen, würde mir dies negativ angelastet werden. Ich war fassungslos. Er hatte es also geschafft, wieder an mich ranzukommen. Und die folgenden

Monate fanden die begleiteten Umgänge nun also zu viert statt: Der Kindsvater, die pädagogische Fachkraft, das Kind. Und ich.

Es gab einige Momente, in denen ich am liebsten das Weite gesucht hätte, kurz vor einer Panikattacke war. Stattdessen wurde von mir erwartet, dass ich mich zusammenriss und meine »Bedürfnisse« hinter denen meines Kindes zurückstellte. Das Bedürfnis meines Kindes wäre, eine Bindung zu seinem Vater aufzubauen, sagte man mir überall. Mein Kind wiederum zeigte mir sehr deutlich, dass es das dringende Bedürfnis hatte, nicht an diesen Umgängen teilzunehmen. Es entwickelte Autoaggressionen seit diesen ersten missglückten Terminen, an denen ich nicht teilnahm. Es weigerte sich, dorthin zu fahren, ließ sich nicht in den Autositz heben, weinte, klammerte sich an mich. Das belastete mich sehr. Meine Anwältin machte mir jedoch deutlich klar, dass es ein Eigentor werden könnte, wenn ich dies beispielsweise durch einen Kinderpsychologen begleiten und dokumentieren ließe. Auch meine eigenen Angstzustände und psychosomatischen Beschwerden rund um die Umgangstermine würden mich eher als hysterisch erscheinen lassen und könnten gegen mich verwendet werden. Ich müsste mich zusammenreißen und nichts unternehmen, was den Anschein erwecken könnte, dass ich mich rächen wollte oder irgendwie auf Ärger aus wäre. Und so zogen wir fast ein Jahr begleitete Umgänge durch.

Als diese ausliefen, fing der Vater plötzlich an, uns privat nachzustellen. Er hatte die klare Ansage von mir, sich mir und meiner Wohnung nicht zu nähern sowie mich nicht privat zu kontaktieren. Plötzlich stand er dann mehrmals pro Woche etwa im Supermarkt auf einmal neben mir. Ich war jedes Mal starr vor Schreck. In mir kam die Angst wieder hoch, dass er seine Drohung wahr machen und unseren Sohn entführen könnte. Als er mir dann noch schrieb, dass wir uns von nun an häufiger begegnen würden, da er gerade ganz in meine Nähe gezogen wäre, wusste ich mir nicht mehr anders zu helfen, als eine einstweilige Verfügung zu beantragen. Ich war erneut gezwungen, meine Ängste aufgrund von meinen Erlebnissen mit ihm im Detail zu schildern und mir war klar, dass er dies lesen und es zu einer heftigen Gegenreaktion kommen würde. Das Gericht wurde schnell aktiv und eine einstweilige Anordnung wurde erlassen. Er durfte sich mir auf 25 Meter nicht mehr nähern und mich auch nicht mehr kontaktieren. Ich war erst einmal erleichtert und deutete dies als Zeichen, dass man mich endlich sehen würde. Der Kindsvater legte jedoch Widerspruch ein und fuhr harte Geschütze auf. Er schrieb eine Gegendarstellung, in der er mich als hysterisch und aggressiv darstellte. Er drohte mir, mich zu verklagen, sollte ich weiterhin solche »unwahren« Behauptungen über ihn verbreiten. Parallel wurde er nun erneut beim Jugendamt vorstellig. Die kompetente Sachbearbeiterin, die anfangs unseren Fall übernommen hatte, war nicht mehr zuständig und die neue meldete sich telefonisch bei mir. Ich schilderte ihr meine Sicht der Dinge. Hatte jedoch – wie schon so oft in der Vergangenheit – das Gefühl, dass er sie bereits bearbeitet und auf seine Seite gezogen hatte. Sie sagte ganz klar, sie könnte meine Sorgen nicht verstehen. Die Suchtproblematik des Vaters würde sie total unkritisch sehen. Denn wenn er zum Beispiel freitags seiner Sucht nachginge, könnte er doch samstags das Kind sehen, dann wäre er doch entspannt. Diese Aussage machte mich so fassungslos, dass ich gar nicht mehr imstande war, irgendetwas Konstruktives zu sagen. Sie lud mich ins Jugendamt ein, um die künftigen Umgänge mit mir zu besprechen und »um sich mal persönlich kennenzulernen«. Bei diesem Termin erzählte sie mir, dass ich nach vorne schauen sollte. Ich müsste dem Vater vertrauen, sonst würde das nicht funktionieren. Das Kind würde ja auch spüren, wenn ich Angst vor dem Vater hätte. Und nur weil ein Mann eine Frau schlagen würde, müsste er nicht zwangsläufig auch ein schlechter Vater sein. Ich erwiderte, dass die Statistiken eine andere Sprache sprechen würden. Dass 60 bis 80 Prozent der Kinder, die aus einer Beziehung mit häuslicher Gewalt hervorgingen, bei den Umgängen mit diesem Elternteil ebenfalls Gewalt erleben würden. Sie wurde sehr wütend und verbot mir, dies weiter auszuführen. Dabei erfuhr ich dann auch, dass der Vater schon längst bei ihr vorstellig geworden war und sie ihm geraten hatte, einen Eilantrag bei Gericht auf Umgang zu stellen. Dieser flatterte mir zwischenzeitlich ins Haus und verschlimmerte meinen Zustand. Ich hatte panische Angst, dass dem Gericht nach dem Auslaufen der begleiteten Umgänge und der Pro-Vater-Einstellung der neuen Sachbearbeiterin nun gar nichts anderes übrig bleiben würde, als seinen Forderungen stattzugeben. Zwischenzeitlich trudelte auch der Bericht des Trägers der begleiteten Umgänge ein, der auf mehreren Seiten blumig, fast kitschig schilderte, wie schön Vater und Sohn miteinander spielten. Von den emotionalen Ausbrüchen des Kindsvaters und seinem Unwillen, sich an die Regeln des Trägers und die durch mich gesetzten Grenzen zu halten, war keine Rede. Und natürlich auch nicht davon, dass mein Sohn jedes Mal weinte, wenn wir zum Umgangstermin fuhren, dass er die erste halbe Stunde regelmäßig ängstlich auf meinem Schoß saß und jegliche Interaktion verweigerte. Und natürlich erst recht nichts von meinen aufkommenden Panikattacken, wenn mir der Kindsvater wieder einmal zu nah kam und es mir alles zu eng wurde. Ich wandte mich an eine Beratungsstelle für Gewaltopfer. Man bestätigte mir, dass mein Gefühl mich nicht täuschen würde, sondern dass das Jugendamt auf den Augen »familiäre Gewalt« und »Suchtproblematik bei Kindsvätern« blind wäre. Und dass ich ganz arg aufpassen sollte, was ich nun machte. Meine Überlegung, ihn doch noch wegen der durch ihn mir gegenüber begangenen Straftaten anzuzeigen, wurde für kontraproduktiv befunden und verworfen. Wenn ich in einem laufenden Umgangsverfahren Anzeige gegen den Kindsvater wegen Körperverletzung, Bedrohung, Erpressung und Ähnlichem erstatten würde, so würde man mir dies als Rache auslegen.

Der nächste Gerichtstermin verhandelte nacheinander das Annäherungsverbot und die Umgänge. Ich hatte einige »Belege« beigefügt, die darstellen sollten, dass meine Ängste vor ihm berechtigt waren. Der Richter war schroff und einsilbig, schaute einmal kurz drüber und fragte mich dann, was ich mit diesen alten Vorgängen sagen wollte. Ich war wie vor den Kopf gestoßen. Ich sagte, dass es kein neueres Material gäbe, da ich den Kontakt zum Vater aufgrund seines Verhaltens abgebrochen hatte. Das schien ihm nicht zu gefallen. Der Vater stritt alles ab. Der Richter schien keine Lust zu haben, sich mit der schmutzigen Wäsche dieses »strittigen Ex-Paares« zu befassen. Es wurde ein Vergleich vereinbart, dass wir uns gegenseitig nicht mehr annähern oder kontaktieren durften. Weiter auf der Tagesordnung. Umgang: Der Richter überflog den Bericht des Trägers der begleiteten Umgänge: »Das klingt doch alles sehr schön!« Das Jugendamt erzählte, wie wichtig es wäre, dass die dabei geknüpften Bande nun nicht gekappt, sondern weiter ausgebaut würden. Meine Anwältin betonte, dass keine Bindung zwischen Vater und Kleinkind aufgebaut wurde und dass die Umgänge weiterhin begleitet werden müssten. Jugendamt und Richter eierten herum, dass dieses Angebot ausgeschöpft wäre und nun nicht fortgesetzt werden könnte. Der Vorschlag des Jugendamtes, eine Umgangspflegschaft einzusetzen, lag auf dem Tisch. Der Kindsvater forderte darüber hinaus einen Verfahrensbeistand. Alles deutete in diese Richtung. Das Jugendamt trat nochmal nach, dass »die Mutter viel zu wenig Kooperationsbereitschaft und Initiative zeigen würde«. Man hatte mir vorher schon gesagt, dass ich irgendwie auf den Vater zugehen müsste, da man sonst über meinen Kopf hinweg irgendetwas installieren würde. Im schlimmsten Fall eben die Umgangspflegschaft, die einen ernsten Eingriff in mein Sorgerecht darstellen würde. Also erklärte ich mich bereit, die Umgänge mit dem Vater im öffentlichen Raum abzuhalten, als Schutz sozusagen, dass er mir dort nichts tun könnte. Was die Anzahl und Dauer der Termine anging, hatte ich das Gefühl, auf einem Basar zu sein. Von allen Seiten wurde auf mich eingeredet, ich sollte doch noch eine halbe Stunde drauflegen. Und ob nicht auch wöchentlich möglich wäre. Ums Kind und dessen Willen ging es nicht eine Sekunde.

Am Ende wurde ein weiterer Vergleich geschlossen. Alle schienen happy. Außer dem Kindsvater, der immer noch mehr wollte. Und mir, die das Gefühl hatte, gerade den Wölfen zum Fraß vorgeworfen worden zu sein.

Das Gewaltschutzzentrum organisierte mir eine Traumatherapie. Und so ging ich von da an einmal wöchentlich zur Therapie und traf einmal wöchentlich meinen Peiniger bei den Umgängen. Begleitet wurde das Ganze durch Termine bei einer Familienberatungsstelle. Auch hier durften die Themen Gewalt und Sucht nicht auf den Tisch. Das wäre Vergangenheit, man müsste nach vorne schauen. Dafür wurde dann haarklein darüber diskutiert, wie schlecht ich den Vater bei den Umgängen behandelt hätte. Ich hätte gelächelt über ihn. Oder sogar auch mal den Kopf geschüttelt. Nicht freundlich genug gegrüßt. Und das vor dem Kind. Kein Wunder, dass da keine Bindung zustande käme. Ich hätte als Mutter durchaus die Aufgabe, hier aktiv tätig zu werden. Obwohl ich der Beraterin in einem Einzeltermin vorab von den Übergriffen und seiner Suchtproblematik erzählt hatte, blendete sie diese Themen komplett aus und schlug zuletzt vor, die Umgänge auszuweiten, um die Mutter doch auch mal zu entlasten. Und wenn ich mir Sorgen ums Kind machen würde, sollte ich mir einfach vorstellen, dass es glücklich wäre.

Ich könnte einen Roman über die Vorkommnisse bei den Umgangsterminen schreiben. Aber das ist im Endeffekt irrelevant. Die Devise scheint zu sein: Solange keine akute Kindswohlgefährdung vorliegt (= Gefahr für Leib und Leben), ist das Privatsache.

Das ist der Stand der Dinge. Das Jugendamt antwortet mir nicht auf meine E-Mails, steht allerdings (angeblich) vierzehntägig im Austausch mit dem Vater. Ich bereite mich auf einen harten Kampf in den nächsten Jahren vor und muss davon ausgehen, immer wieder vor Gericht gezerrt zu werden. Es ist zermürbend. Aufgeben ist keine Option, selbst wenn man zwischendurch keine Kraft mehr hat. Man fühlt sich manchmal wie in einem wahr gewordenen Alptraum. Alle Institutionen, die einem helfen und im Sinne des Kindes agieren, es beschützen sollten, behandeln einen, als hätte man selbst sich etwas zuschulden kommen lassen. Als stünde man unter Bewährung. Dabei will man einfach nur das Wertvollste schützen, was man hat: sein Kind und seine Freiheit.

Valerie (40), Niedersachsen · Tagesmutter · mit Martin (heute 22)

Ich wurde im Jahr 2000 mit 17 Jahren Mutter eines Jungen. Sein Vater und ich blieben in einer On-off-Beziehung. Für mich änderte sich durch die Elternschaft alles. Der Vater hat so weitergelebt wie bisher. 2001 kam der Bruch. Ich erwirkte eine polizeiliche Kontaktsperre und zeigte ihn wegen häuslicher Gewalt an. Denn er hatte versucht, mich umzubringen. Nach der Kontaktsperre versuchte er, sich alkoholisiert und gewaltsam Zutritt zur Wohnung zu verschaffen. Da er sich im Recht fühlte, weil er (wie er sagte) einen Teil der Miete zahlte, rief er selbst die Polizei, die ihn dann des Hauses verwies und ihm später den Führerschein abnahm, weil er alkoholisiert und wütend mit seinem Auto wegfuhr.

Zum zweiten Geburtstag seines Sohnes kam ein Brief via Einschreiben, in welchem er uns aufforderte, unverzüglich »seine« Wohnung zu räumen. Wiederholt versuchte er, Kontakt zu uns herzustellen und sich uns zu nähern. Über provokantes Verhalten, Drohungen und Dinge, die er uns in den Briefkasten warf in Wohnungen, deren Adresse er eigentlich gar nicht wissen konnte. Es kamen Sätzen wie »Pass auf nachts im Park, neben dem du wohnst«. Oder auch »Wenn du jetzt nicht wieder normal wirst, schlage ich dir den Schädel ein«. Es gab eine Vielzahl solcher Drohungen. Es war ein Leben in ständiger Angst.

Auf Drängen seiner Mutter strebte er Umgang mit seinem Sohn an. Was viele Gerichtsverhandlungen und endlosen Schriftverkehr mit dem Familiengericht zur Folge hatte. Dort diffamierte er mich und log. Ich durfte nicht schlecht vor unserem Kind über seinen Vater reden. Selbst wenn ich nur die Wahrheit sagte. Daher dauerte es über sechs Jahre, bis mir auch mal etwas einfiel, das ich unserem Kind erzählen konnte, ohne dass mir angelastet werden konnte, ich würde seinen Vater in einem schlechten Licht darstellen.

Ich habe den Kontakt zwischen meinem Sohn und seinem Vater fast sechs Jahre hinausgezögert. Dazu bediente ich mich einiger »Tricks«. In einem Beschluss des Familiengerichts stand beispielsweise, ich solle den Kontakt herstellen. Jedoch stand dort nicht genau, »wann« ich das machen sollte… Indirekt bewegte ich mich in der Illegalität, neben der Tatsache, dass ich alleine ein Kind zu versorgen hatte und in ständiger Angst vor seinen offensichtlichen und unterschwelligen Attacken lebte.

Es fanden (leider) viele Gespräche mit dem Allgemeinen Sozialdienst statt, welcher im Auftrag des Familiengerichts angeblich die Situation bewerten sollte. Auf mich wirkte es aber so, als sollte die Dame dieses Dienstes auf mich einwirken, damit ich das Kind für seinen Vater »zugänglich« mache. Mir wurde das Gefühl vermittelt, ich wäre widerborstig und unreflektiert und würde einen persönlichen Groll gegen den Vater hegen und einen Kleinkrieg führen, welchen ich mich nicht scheuen würde, auf dem Rücken unseres Kindes auszutragen. In einem Gespräch, welches ich mit dieser Dame führte, äußerte sie, dass ich ja dankbar sein könne, diese Gewalterfahrung jetzt gemacht zu haben, weil manche sie ja erst mit 50 Jahren machen würden. Als ich sagte, dass mein Sohn seinen Vater schon einige Jahre nicht mehr gesehen hätte, erklärte sie mir, dass es was anderes wäre mit dem Umgang, wenn ich wieder in einer neuen Beziehung wäre und der Junge einen Mann um sich haben würde.

Letztendlich hat mein Sohn mit acht Jahren den Wunsch geäußert, seinen Vater sehen zu wollen, da er irgendwann das Theater mit dem Allgemeinen Sozialdient und den Gerichtsverfahren auch bewusst wahrgenommen hat. Ich habe daraufhin einem vorerst begleiteten Umgang zugestimmt. Leider hat sein Vater ihn oft versetzt. Das war aber für alle Mitwirkenden kein Grund, das Kind vor derartigen Situationen und Entwertungen zu schützen, und mir war es untersagt, etwas Schlechtes (also Wahres) über den Vater zu sagen. Mit elf Jahren äußerte mein Sohn, er wolle nicht mehr zum Vater, da dieser ihm Schläge angedroht hatte. Allgemein fand der Umgang nur dann statt, wenn der Vater Lust hatte. Auf Nachfrage, warum er den Umgang denn erkämpft hatte, um ihn dann nicht wahrzunehmen, hieß es, dass es teuer sei, mit seinem Sohn etwas zu unternehmen. Schließlich müsse er ja Unterhalt an mich abdrücken.

Als mein Sohn dreizehn wurde, konnte nur sporadisch Umgang stattfinden, da sein Vater wegen schwerer Körperverletzung und Raubes in mehreren Fällen fünf Jahre im Gefängnis saß.

Es sind über 30 000,00 Euro Unterhalt, die der Vater für seinen Sohn nicht bezahlt hat, weil er im Gefängnis saß. Mittlerweile hat er sich selbstständig gemacht und es ist ein Ding der Unmöglichkeit, dieses Geld je wiederzusehen. Von den Traumatisierungen, die seine psychische und körperliche Gewalt bei uns hinterlassen hat, mal ganz abgesehen. Auch dass der Staat uns nicht schützen wollte und Täter-Kontakt erzwungen hat, hat seine Spuren hinterlassen.

Rosa (42), Berlin · Lektorin · mit Anton, 4

Als mir vom Amtsgericht das Aufenthaltsbestimmungsrecht übertragen wurde, war es für mich ein glücklicher Zeitpunkt: Sommerferien, der neue Job in meiner Heimat begann im September. Die Kindergartengruppe meines Sohnes war im Auflösen begriffen, da die meisten Kinder in die Schule kamen, Anton konnte sich verabschieden und wir fuhren glücklich zum Haus meiner Eltern, wo wir fortan nebenan im eigenen Haus wohnen konnten. Der dreijährige Bub kannte die Umgebung gut, weil wir immer alle zwei Monate hingefahren waren. Er liebte die Großeltern, den Garten, die Nachbarskinder, seine Cousinen und Tanten dort. Anwaltlich rückversichert, fuhren wir also mit gültigem Beschluss im Gepäck los. Einen Umgangsplan für den Vater hatte ich ausgearbeitet, die Reisen würde ich finanzieren. Bis dahin hatte ausschließlich ich mich um Anton gekümmert, er hatte bei mir gelebt, sah seinen Vater dreimal in der Woche. Dieser war kurz nach Antons zweitem Geburtstag ausgezogen. Es hatte in unserer Beziehung viel psychische und körperliche Gewalt gegeben, und sein täglicher Marihuana-Konsum war zum immer größeren Problem geworden. Er konnte sich an keine Vereinbarungen erinnern, kam und ging, wie er wollte. Oft war er wochenlang nicht da, weil er auf Konzerttournee oder mit Orchesterproben beschäftigt war. Vor seinen Auftritten war er im völligen Ausnahmezustand, insgesamt gelangten wir nie auf eine Basis, die ein vernünftiges Gespräch erlaubte. Er lebte in einer eigenen Welt, in der immer die anderen in der Pflicht oder schuld waren und in der sich durch Forderung, Drohung und Manipulation alles erreichen ließ.

Alles war gut, solange ich meine eigenen Bedürfnisse zurückstellte, mein Leben um ihn herum organisierte und rund um die Uhr für seine Belange zur Verfügung stand. Alles, was im Alltag anfiel, war darüber hinaus meine Sorge. Er fühlte sich für nichts zuständig und nur seiner Kunst verantwortlich. Irgendwann stellte ich fest, dass er auch gar kein Interesse daran hatte, die Person kennenzulernen, die ich war: Er wusste weder, was ich studiert hatte, noch erinnerte er sich an meinen Geburtstag, obwohl dieser nur wenige Tage nach seinem war. Ich hatte zu funktionieren, sonst sah ich mich den absurdesten Anschuldigungen gegenüber. Irrationale Unterstellungen und Projektionen wurden zu einem Dauerproblem, das wir auch mit Paartherapie nicht in den Griff bekamen.

Wenige Tage, nachdem ich mit Anton umgezogen war, erhielt ich ein Schreiben vom Oberlandesgericht. Der Vater hatte gegen den Beschluss über das Aufenthaltsbestimmungsrecht Beschwerde eingereicht und die Entscheidung der ersten Instanz war ausgesetzt worden. Alle Verfahrensbeteiligten konnten Stellung nehmen. Mein Anwalt schrieb, dass ich den Umzug bereits realisiert hatte. Das Jugendamt schrieb, dass alles gut ist, der Umzug, der Umgangsplan und auch die Mutter erziehungsfähig und bindungstolerant sei, so wie es das erstinstanzliche Gericht ausgeführt hatte. Der Verfahrensbeistand, ein Unternehmensberater ohne weitere Ausbildung im Bereich Pädagogik oder Psychologie, schrieb, dass er ein lösungsorientiertes Gutachten empfehle und mein Job bestimmt auch von Berlin aus machbar wäre. Die Anwältin der Gegenseite feuerte mehrere Schriftsätze raus, die mich massiv diffamierten. Der Vater reiste währenddessen in der Weltgeschichte herum zu seinen Konzerten, seinen Sohn wollte er nicht besuchen.

Es kam ein gerichtlicher Hinweis: Die Stellungnahmen des Jugendamtes und der Mutter würden nichts an der Entscheidung des OLG ändern. Der Beschluss des Amtsgerichts blieb weiterhin ausgesetzt und eine weitere Entscheidung wurde noch nicht gefällt, weil der Vater noch keine Anträge auf einstweilige Übertragung des Aufenthaltsbestimmungsrechts auf ihn sowie die Herausgabe des Kindes gestellt hatte.

Ich war alarmiert, mein Anwalt im Urlaub. Seine Sekretärin vertröstete mich, er käme ja schon am Sonntag zurück. Die Frist laufe bis Montag und die könne man verschieben. Sonntagabend rief mich der Anwalt an. Er konnte sich nicht vorstellen, dass das Gericht dem Vater diese Anträge anempfehlen und dann so einfach darüber entscheiden würde. Das Kind hatte doch noch nie bei ihm übernachtet, er hatte nicht einmal eine feste Bleibe und war zurzeit nicht mal vor Ort, um das Kind entgegenzunehmen, sondern auf Konzertreise. Das müsse noch einmal deutlich gemacht werden – er würde morgen beim Gericht anrufen und versuchen, mit den Richtern zu sprechen.

Als er mich am nächsten Tag zurückrief, war er konsterniert. Die Anträge des Vaters wären schon bei Gericht eingetroffen und es würde bereits darüber beraten. Er verfasste noch schnell einen Schriftsatz, bat um Aufschub, da er gerade aus dem Urlaub zurückgekehrt war, bat um Gehör der Mutter. Am Tag darauf übersandte er mir den Beschluss: Das Aufenthaltsbestimmungsrecht wird einstweilig auf den Vater übertragen und das Kind ist sofort herauszugeben – Gefahr der Bindungsreduzierung, außerdem der plötzliche Hinweis auf eine mögliche Bindungsintoleranz der Mutter. Dass der Vater selbst den Umgang am neuen Ort verweigert hatte, spielte keine Rolle.

Der Anwalt und ich wurden fortan stündlich mit E-Mails und Anrufen des Vaters und seiner Anwältin bombardiert: Es sei Kindesentführung, wenn ich nicht sofort zurückkäme. Das Kind hätte noch heute in Berlin zu sein. Bahnstreik wäre egal, das Kind müsse zurück. Ich nahm am nächsten Tag den ersten Zug, der wieder fuhr, 700 Kilometer zurück nach Berlin. Die Nacht zuvor hatte ich Krämpfe am ganzen Körper. Zum ersten Mal in meinem Leben sah ich meine Eltern weinen. Als ich Anton am Bahnhof dem Vater übergab, wusste ich nicht, wann ich ihn wiedersehen würde. Tage vergingen, bis ich im Internet entdeckte, dass sein Vater ein Konzert im Ausland hatte. Auf meine Bitte hin erlaubte er mir, das Kind zwei Tage zu betreuen, ansonsten blieb es bei ihm.

Nach zwei Wochen hatten wir eine Verhandlung bezüglich Umgang. Vor Monaten hatte Antons Vater dafür einen Antrag gestellt. Dadurch, dass ich einstweilig das Aufenthaltsbestimmungsrecht an ihn verloren hatte, wurde ich zur Antragstellerin. Die Verhandlung wurde sehr aggressiv geführt, fortan wurde ich als Kindesentführerin gelabelt. Der Vorschlag des Vaters war, dass ich das Kind nur mehr an den Wochenenden betreuen solle. Da hätte er seine Konzerte und ich könne 700 Kilometer zu meiner Arbeit fahren. Stundenlang wurde gefeilscht, die Richterin machte klar, dass jetzt, wo mir das Aufenthaltsbestimmungsrecht entzogen war, Anton nicht mehr als 50 Prozent der Zeit bei mir sein könne. Wir vereinbarten ein Wechselmodell, das mir weniger als 35 Prozent der Zeit mit Anton zusprach. Nicht eine Woche später forderte der Vater Unterhalt von mir für Anton. Ich selbst hatte nie Unterhalt von ihm für das Kind bekommen. Zahlen konnte ich nichts, denn die neue Arbeitsstelle konnte ich über die Distanz nicht antreten und stand nun auch ohne Arbeit da.

Doch noch schwieriger hatte es Anton. Er musste nun alle paar Tage wechseln, war mal zwei Tage da, dann acht Tage beim Vater, dazwischen einen Nachmittag bei mir. Dann wieder vier Tage bei mir, drei Tage beim Vater. Der Umgangsplan sah vier verschiedene Wochen vor – als Kompromiss aus den Vorstellungen des Vaters und in Anbetracht dessen, dass Anton noch so klein war und längere Abwesenheiten der Mutter zu Schwierigkeiten führen könnten. Diese ließen nicht lange auf sich warten. Er begann einzunässen und traute sich nicht mehr, alleine Zimmer in der Wohnung zu betreten.

An seinem vierten Geburtstag weinte er, er wolle nicht mehr wechseln. Insgesamt wurde er immer unausgeglichener, begann auf Zehenspitzen zu trippeln. Der Kinderarzt empfahl eine Vorstellung bei einer Kinderpsychotherapeutin. Der Vater verweigerte seine Zustimmung dafür. Ich hatte Hoffnung, dass die Gutachterin, die inzwischen vom Gericht bestellt worden war, den Bruch, den das Kind erlebt hatte, dokumentieren und entsprechende Schlüsse ziehen würde.

Dreimal beantragte ich, dass das Kind seinen Lebensmittelpunkt wieder bei mir haben sollte. Es wurde jedes Mal abgelehnt, weil die Gefahr bestünde, dass ich mit dem Kind umziehe. Dass ich das ohne Aufenthaltsbestimmungsrecht gar nicht konnte, war scheinbar egal. Meine eidesstattliche Versicherung, dass ich hierbleiben würde, bis das Verfahren abgeschlossen sei, nutzte nichts. Dass ich – mit zwar rechtsgültigem Beschluss – die Beschwerdefrist nicht abgewartet hatte, wurde als unverzeihlicher Kardinalfehler gewertet und dies hing fortan über allem.

Mein Sohn bettelte mich inzwischen an, wieder mehr bei mir sein zu dürfen. Er schlief nicht mehr durch und war apathisch vom ständigen Wechseln. Sein Vater hatte den Mittagsschlaf wieder eingeführt, gab ihm wieder Fläschchen und zog ihm Windeln an. Anton wollte von mir wieder gestillt werden. Er erzählte mir, er spiele auch mit dem Vater stillen und Baby. Dabei käme er aus dem Bauch heraus und rief: Papa, Papa! Nach den Erzählungen des Kindes stellte ich immer wieder fest, dass der Vater versuchte, in Antons Erinnerung die Vergangenheit umzuschreiben: Papa war immer hier gewesen, das Kind wollte nach der Geburt sofort zu ihm. Anton müsse immer in seiner Nähe sein. Mama könne die Beziehung zwischen ihnen nicht zerstören. Mamas Heimatort ist kein Zuhause. Zuhause ist bei Papa.

Ich bat um eine Beratung beim Jugendamt. Es machte mir Sorgen, dass ich Anton auf seine wiederholten Fragen weder erklären konnte, warum er jetzt so leben müsse. Noch auf seine Bitten reagieren konnte, dass es wieder wie früher sein möge. Noch wusste ich mit seinen Aussagen umzugehen, wenn er vom Vater kam. Zurück vom Umgang berichtete mir das Kind immer wieder, dass der Vater ihm erkläre, man könne das nicht ändern. Ich fühlte mich ohnmächtig. Vom Jugendamt erhielt ich den Ratschlag, das Kind stets zum Umgang zu motivieren. Das tat ich, aber Anton empfand darin keine Lösung für sein Problem. In seinen kindlichen Ausdrucksmöglichkeiten entwickelte er selbst Vorschläge: »Ich bleibe einfach hier! Sag dem Papa, ich komme nicht! Mama, ich möchte 100 Tage bei dir sein!«

Und schließlich, nachdem ich es nicht tat, versuchte er es selbst beim Vater. Was bei dem Gespräch genau vorgefallen ist, weiß ich nicht. Aber es gab einen Nachmittag, da holte ich Anton in einem sehr traurigen Zustand vom Kindergarten ab. Gleich nach der Begrüßung erklärte er mir, dass das nicht ging, dass er wieder mehr bei mir sei. Von da an änderte sich sein Verhalten. Er hatte weiterhin Ängste und nässte ein, mittlerweile gab es auch Alpträume, aber beim Wechseln sagte er nun Dinge wie: »Ist nicht so schlimm. Ich wünsch dir eine schöne Zeit alleine.«

Der Vater wiederholte weiter seine Eingebungen. Anton wiederholte sie, mit zunehmend stärkerer Überzeugung. Ich konnte ab diesem Zeitpunkt zusehen, wie ich mein Kind verlor. Er selbst hatte monatelang dafür gekämpft, wieder wie früher bei seiner Mama leben zu können. Nun hatte etwas in ihm festgestellt und entschieden, dass dies unmöglich sei. Und dass der einfachere Weg ist, sich an Papa zu halten, denn was dieser sagt, trifft ein. Er muss in seinem kleinen Kopf verstanden haben: Die Mama kann nicht helfen, egal wie oft ich es sage. Und was hätte ich ihm auch tatsächlich sagen sollen? Ich hatte ihn stets stark gemacht, dass er ausdrücken darf, was er denkt und fühlt. Und er hatte damit die Erfahrung gemacht, dass ihm das ausgeredet wird. Ich wollte und konnte nicht auch noch an ihm ziehen. Der Vater wurde fortan immer unverschämter mit diesen Eingaben. Machte beim Kind meine Familie schlecht und den Ort, an der sie lebte. Die Schriftsätze seiner Anwältin wiederholten stoisch, die Mutter würde das Kind ständig mit ihren Umzugswünschen und massiven Instrumentalisierungen belasten. Mir wurde unterstellt, was der Vater selbst machte. In mühseliger Kleinstarbeit widerlegte ich mit dem Anwalt Lüge um Lüge. Aber auf jede widerlegte kamen drei neue. Egal um welches Thema es ging, das Ergebnis war immer: Die Mutter ist bindungsintolerant und manipuliert das Kind. Schließlich lag das Gutachten vor. Mir wurde Bindungsintoleranz diagnostiziert. Dabei stützte sich die Gutachterin auf Aussagen unseres Familienberaters und auf jene der Jugendamtsmitarbeiterin. Sie waren verheerend. Beide bestätigten mir, dass sie diese Aussagen nicht getätigt hätten. Von beiden erfuhr ich, dass sie die Gutachterin sehr voreingenommen erlebt hätten. Auch meine Aussagen waren selektiv gekürzt und falsch wiedergegeben worden.

Der Vater, der sich in langen Monologen über mich ausgelassen hatte und maßgeblich falsche Unterstellungen wiederholte, galt als bindungstolerant. Er galt darüber hinaus als voll erziehungs- und förderfähig. Den Drogentest, der vor zwei Jahren immer wieder ohne Erfolg bei der Familienberatung gefordert wurde, legte er nun vor. Er reichte drei Monate zurück und war negativ, das Thema wurde mir als falsche Beschuldigung angelastet. Des Weiteren behauptete er, Gewalt von mir erfahren zu haben. Dabei wurde er von der Gutachterin sehr belastet beschrieben. Die Gewalt, die ich erlebt hatte, wurde als nicht überprüfbar von ihr beschrieben, trotz ärztlicher Atteste, die vorlagen.

Dass er funktionaler Analphabet war, tat in den Augen der Gutachterin seiner Förderfähigkeit keinen Abbruch. Sie strich heraus, dass er nur in seiner Muttersprache mit Anton reden würde. Sie selbst hatte bei der Interaktionsbeobachtung kein Wort verstanden. Der Bruch, den Anton erlebt hatte, war kein Thema. Die Konzertreisen, auf denen das Kind zum Teil mitgenommen wurde, zum Teil von anderen betreut wurde, obwohl ich da war und darum bat, das Kind in der Zeit zu übernehmen, waren auch kein Thema. Zu den Situationen, in der ich die Zerrissenheit des Kindes beschrieben hatte, hieß es, ich könne Ambiguität nicht aushalten.

Dass Anton von mir zum Explorationstermin gebracht wurde, nachdem er mich acht Tage nicht gesehen hatte, wurde nicht eingeordnet, sondern das anhängliche Kind als Indiz für eine mögliche ambivalente Beziehung gesehen. Um das eigentliche Thema, dass ich mit Anton zurück zu meiner Familie ziehen wollte, ging es nur mehr am Rande. Mein Befangenheitsantrag wurde abgelehnt. Die Verhandlung, die erst knapp ein halbes Jahr nach Vorliegen des Gutachtens stattfand, war die erste seit der Umplatzierung meines Kindes und sollte den Zustand weiter verfestigen, den man einstweilig vorweggenommen hatte. Zur Kindesanhörung, die zuvor stattgefunden hatte, sagte der vierjährige Anton unvermittelt und ohne Rückfrage aus, dass seine Mutter verrückt sei. Anton gab an, ich hätte ihm gesagt, er solle »viel bei mir und wenig bei Papa« sein. Aber das stimmte nicht. Auf Fragen nach mir, seiner Mutter, antwortete er ausweichend. Sein Zimmer bei mir wollte er nicht malen. Draußen vor der Tür wartete der Vater. Er hatte ihn zwei Stunden früher vom Kindergarten abgeholt. Vier schöne Tage, die Anton und ich vorher zusammen verbracht hatten: wie ausgelöscht. Vier Jahre, in denen ein gut entwickeltes Kind neben seiner Mutter aufwachsen durfte: nur mehr eine blasse Erinnerung.

Stella (50), Bremen · Bürokauffrau · mit Sienna (24) und Alissa (9)

Ich traf Sven, den Vater von Alissa, 2007 in einer Disco. Zu der Zeit war ich alleinerziehend und arbeitslos. Sven war gar nicht so mein Typ, aber er war sehr nett und konnte auch sehr gut tanzen.

Nachdem wir uns ein paar mal durch Zufall beim Tanzen getroffen hatten, haben wir Telefonnummern ausgetauscht und sehr viel telefoniert. Irgendwann haben wir uns auch so getroffen, quasi das erste Date. Irgendwas hatte er anscheinend an sich, das bewirkte, dass er einfach nicht mein Typ war, obwohl er sehr lieb war und auch gut aussah. Heute weiß ich warum! Meine innere Stimme sagte mir damals unterbewusst schon, dass er kein aufrichtiger Typ ist, sondern eine Maske trägt. Ich habe mich weiter mit Sven getroffen, da ich ihn ja mochte. Alle mochten Sven, meine Große, meine Familie und meine Freunde. Heute sind alle entsetzt, wie sie sich so in einem Menschen täuschen konnten. Ich merkte sehr schnell, dass Sven mehr wollte und nicht nur Freundschaft, so wie ich. Meine Freunde fragten, was ich denn noch mehr wolle. Er sei doch so lieb, tue alles für mich, verstehe sich super mit meiner Tochter und sähe gut aus. Aber irgendwas hielt mich immer noch ab. Ich mochte Sven ja auch und ich habe viel mit ihm unternommen, aber ich wollte keine Beziehung mit ihm. Sven meinte, dass ich Angst vor einer Beziehung hätte, doch das war es nicht. So kam der Tag, als Sven auf eine Beziehung drängte: Er hätte schon genug Freunde. Heute weiß ich, dass ich ihn hätte laufen lassen sollen. Da ich Sven sehr mochte und er sich super mit meiner Tochter verstand, ließ ich mich zu einer Beziehung hinreißen. Ich ging mit den Worten »Wir können es ja mal probieren« in die Beziehung.

Von da an war Sven jeden Abend bei mir und fuhr morgens zur Arbeit. Es ging nicht anders, meine Tochter musste ja zur Schule. Am Wochenende war ich mit meiner Tochter bei Sven oder ich war alleine bei ihm, wenn meine Tochter bei ihrem Vater war. Er hatte ein Haus, circa 50 Kilometer von mir entfernt, in einem anderen Bundesland. Ich wollte nie aus meiner Heimat weg und das hatte ich ganz klar gesagt, als die Beziehung anfing. Sven war das egal, er wollte sogar sein Haus verkaufen und sich mit mir etwas Neues aufbauen. Heute weiß ich, alles Lüge, nur um mir zu zeigen, wie sehr er mich wollte. Ich war fasziniert, was muss ein Mann für mich empfinden, wenn er sein Haus für mich aufgeben will. Er tat alles für mich, hat mich auf Händen getragen, mir jeden Wunsch von den Augen abgelesen, trotzdem war ich immer noch am Zweifeln, ob es richtig ist, dass ich mit ihm eine Beziehung führe. Ich habe Sven die ersten Monate oft verletzt, da ich viel von meinen Ex-Freunden (mit denen ich mich heute noch verstehe) geschwärmt habe. Vielleicht wollte ich Sven vertreiben, aber er blieb. Eine Freundin fragte Sven, warum er sich das antue. So sehr wollte er mich. Sven war so wunderbar zu meiner Tochter und das findet jede Mutter toll. Ich meinte öfter, dass ich das so schön finde, wie die beiden sich verstehen, und darauf bekam ich immer zu hören, dass man das Herz einer Mutter über die Tochter gewinnt.

Heute weiß ich, dass Sven meine Tochter nur benutzt hat. Sven sah mich schon als seine Frau und die Mutter seiner Kinder. Ich war noch weit davon entfernt. Es dauerte bei mir circa sechs Monate, bis ich mich so richtig in Sven verliebt hatte. Nach eineinhalb Jahren hat sich Sven mit mir verlobt. Ich war total überrascht, habe mich aber gefreut, da ich mittlerweile auch sehr starke Gefühle hatte und sagte Ja. Sven hatte mich jetzt irgendwie fest und war sich seiner sicher. Es dauerte nicht lange, da endete das »In den Himmel heben« und es begann das Kritisieren. Je mehr ich mich bemühte, desto mehr machte ich in Svens Augen alles falsch. Alles, was mal okay war, war jetzt falsch, auch Dinge, mit denen mich Sven kennengelernt hatte. Sven wusste, hätte er dies alles zu Anfang kritisiert, hätte ich mich nicht auf ihn eingelassen. Er hatte sich so lange verstellt, bis er sich meiner sicher sein konnte. Je mehr meine Tochter in die Pubertät kam, umso mehr Ärger gab es mit Sven. Laut Sven lag es nicht an der Pubertät, nur an meiner Erziehung. Faszinierend, was ein Mann weiß, der bis dato noch keine eigenen Kinder hatte. Wir hatten nach circa drei Jahren Beziehung noch weitere zweieinhalb Jahre eine On-off-Beziehung. In dieser Zeit wurde ich unplanmäßig schwanger. Sven wollte das Kind nicht. Ich freute mich sehr, da ich, als ich mit Sven ein halbes Jahr zusammen war, schon mal unplanmäßig schwanger geworden war und eine Fehlgeburt gehabt hatte. Sven hatte die Fehlgeburt nicht so schlimm gefunden, da das Kind nicht geplant war und er es nicht wollte. Ich war auch nicht begeistert gewesen, nach so kurzer Zeit schwanger zu sein, trotzdem wollte ich das Kind. Sven war ja so lieb und meine Gefühle zu Sven waren mittlerweile auch stark.

Ich hatte so gelitten nach der Fehlgeburt. Nun war ich also wieder schwanger. Alissa kam mit einer Fehlbildung zur Welt und wurde mit drei Tagen operiert. Sowas zu erleben ist die Hölle auf Erden. Ich war mit Alissa im Krankenhaus und Sven kam einmal vorbei, ansonsten haben wir nur telefoniert. Die On-off-Beziehung ging nach der Geburt noch ein Jahr weiter bis zur endgültigen Trennung. In diesem Jahr habe ich viel mitgemacht, wurde immer mehr kritisiert. Ich wusste nicht, dass es auch psychische Gewalt gibt. Sven war nach außen immer der Liebe und Tolle, deshalb hat es auch keiner bemerkt, wie er sonst zu mir war. Meine Große hatte es schon in der Schwangerschaft bemerkt, dass aus dem superlieben Mann ein Arschloch geworden war. Sie sagte bereits in der Schwangerschaft, dass der Mann mein Untergang sein werde. Kinder sind so feinfühlig. Sie wollte an den Wochenenden nicht mehr mitfahren und blieb bei Oma und Opa, die nebenan wohnten. Sven kam höchstens (wenn überhaupt) einmal die Woche zu mir, ansonsten war ich mit den Kindern alleine. Am Wochenende bin ich mit Alissa zu Sven gefahren, habe ihm quasi seine Tochter hinterhergetragen. Ich hatte immer öfter das Gefühl, dass ich es keinem mehr recht machen konnte. Meine Große an den Wochenenden allein zu Hause zu lassen, Sven nach den Wochenenden seine Tochter zu nehmen, Alissa immer wieder rauszureißen und die Kritik wurde auch schlimmer. Mir wurde schließlich alles zu viel und ich ritzte mich an den Pulsadern. Sehr schnell dachte ich, was machst du nur und hörte auf. Da wusste ich, dass irgendwas mächtig schieflief und ich mir Hilfe holen musste.

Ich bin dann stationär gegangen, Sven brachte mich hin und nahm Alissa. Ich wollte, dass Alissa bei mir bleibt, alle haben es befürwortet wegen der Mutter-Kind-Bindung. Aber Sven wollte es nicht, da Alissa nicht in die Psychiatrie gehöre, dadurch würde es mir auch nicht besser gehen. In dieser Zeit hat Sven sich sehr doll mit meiner Großen, die voll in der Pubertät steckte, gestritten und es kam zur endgültigen Trennung zwischen uns. Ich bin nach der Trennung nicht mehr so gesprungen, wie Sven es wollte, und so begann der Krieg. Sven rannte zum Anwalt, ich musste mir dann auch schnell einen suchen und es kam zum Gerichtstermin. Sven bekam sehr viel Umgang. Ich dachte, ich wäre in einem Alptraum, dass es sowas in Deutschland nicht geben würde und ich bald erwachen würde. Aber es wurde noch viel schlimmer. Da Alissa noch unter drei Jahren war, hätte Sven auch Unterhalt für mich zahlen müssen, und als dieser berechnet war, stellte er einen Antrag auf das Aufenthaltsbestimmungsrecht. Im Verfahren kam es dann zu einem Gutachten. Ich hatte keine Ahnung, was da passiert und dass ich es hätte ablehnen können. Naja, was sollte schon passieren? Ich hatte nichts zu verheimlichen und außerdem hatte ich ja schon eine größere Tochter von 14 Jahren. Das Gutachten wurde also erstellt und was dann kam, hat mich fast zerbrechen lassen. Sven wurde im Gutachten als Bilderbuchvater, der nichts falsch macht, hingestellt und ich als die schlimmste Mutter.

Es kam so, wie es kommen musste: Alissa musste mit zweieinhalb Jahren zu ihrem Vater ziehen. Meine Beschwerde wurde abgelehnt und ich hatte nur noch alle 14 Tage Umgang, keine Ferien, keine Feiertage. Sven hatte vorher viel mehr Umgang. Alissa brüllte sich die Seele aus dem Leib (sowas hatte ich nie zuvor gehört), sie hielt sich an den Türgriffen fest (ich habe nie gewusst, dass Kinder solche Kraft entwickeln können), wenn ich sie nach den Umgängen zurückfahren musste. Sowas nenne ich mal Kindeswohlgefährdung und da fühlte ich mich wirklich als die schlechte Mutter, die ich ja angeblich sein sollte.

Ungefähr sechs Monate später wusste ich, dass man Gutachten überprüfen lassen kann, was ich dann auch tat. Ich schickte es zu Prof. Dr. Leitner und nach seiner Überprüfung stand fest, dass es ein Fehlgutachten ist, wie es mittlerweile über 75 Prozent der Familiengutachten sind. Sven beantragte das alleinige Sorgerecht und ich die Rückführung meiner Tochter zu mir aufgrund der Gutachten-Überprüfung. Ich musste noch ein Gutachten machen, da im Gutachten stand, dass ich Borderline hätte, und da meinen Fachärzten, die ich nach der angeblichen Diagnose aufsuchte, nicht geglaubt wurde. In diesem Gutachten wurde bestätigt, dass ich kein Borderline habe. Somit war auch diese Diagnose vom Tisch. Es dauerte alles sehr lange, dann gab es einen Richterwechsel, so zogen die Jahre ins Land. Ein neues Gutachten sollte erstellt werden wegen unserer Anträge. Dies war kurz vor Alissas Einschulung fertig und sollte aufzeigen, wo sie in Zukunft lebt. Ich hatte immer noch keine Ferien und Feiertage mit meiner Tochter. Alissa wollte zu mir und im Gutachten sprach auch nichts gegen mich. Doch bei Sven wurde eine eingeschränkte Bindungstoleranz festgestellt.

Trotzdem musste Alissa bei ihm bleiben. Das Kontinuitätsprinzip griff, das besagt, dass unnötige Wechsel des Umfeldes bei Kindern unterbleiben sollen. Zum Dank bekam Sven auch noch das alleinige Sorgerecht übertragen, da wir aufgrund seiner Bindungsintoleranz als hochstrittig galten. Es sollte eigentlich auch mehr Umgang für mich her, was aber abgelehnt wurde – auch vom OLG.

Irgendwann habe ich noch einmal einen neuen Antrag auf Ferien- und Feiertagsumgang gestellt. Jetzt kam endlich eine neue Verfahrensbeiständin. Sven und ich konnten uns vor Gericht nicht einigen, da Sven mir weiterhin keine Ferien und Feiertage zugestehen wollte. So wurde Alissa vom Richter angehört und diesmal lief alles anders. Alissa brachte den Richter und die Verfahrensbeiständin dazu, nichts aufzuschreiben, da ihr Vater nichts lesen sollte. Einen Tag nach Alissas Anhörung sprach die Verfahrensbeiständin mit mir. Sie berichtete, wie entsetzt sie waren, dass sie sowas noch nie erlebt hätten, sie waren fix und fertig nach der Anhörung. Darauf sprach die Verfahrensbeiständin mit Sven, dass er Ferienumgang zustimmen sollte, sonst würde der Richter entscheiden. Sven stimmte nicht zu, also beschloss der Richter und endlich gab es nach all den Jahren Ferien- und Feiertagsumgang für uns. Alissa drängte immer mehr, dass ich einen neuen Antrag stellen sollte, sie wollte endlich zu mir. Da sie bei der Anhörung immer wieder gesagt hatte, dass sie nur bei mir leben wolle, hatten der Richter und die Verfahrensbeiständin ihr wohl gesagt, dass es dafür ein anderer Antrag sein müsse. Ich stellte also einen neuen Antrag aufs Aufenthaltsbestimmungsrecht. Unterdessen gab es erneut einen Richterwechsel und dieser bestellte eine neue Verfahrensbeiständin. Es kam zum Gerichtstermin und wieder waren natürlich Svens und meine Ausführungen sehr unterschiedlich. Alissa wurde wieder angehört und dieses Mal traute sie sich nicht, irgendwas in meine Richtung zu sagen, obwohl sie ja gedrängt hatte wegen des Antrags. Es wurde alles aufgeschrieben, Sven wäre der Allerbeste und mich wollte sie weiterhin besuchen. So blieb Alissa also bei Sven und ich habe weiterhin eine Tochter, die mir nur erzählt, dass sie bei mir leben will. Ich mache Alissa keine Vorwürfe, dass sie sich nicht getraut hat, wieder alles zu erzählen, wie sie das schon in der vorherigen Anhörung getan hatte, da ich ja ihren Vater kenne. Ich mache ihr aber immer klar, dass es ohne sie nicht geht. Nun warten wir noch mal ein paar Jahre. Wenn Alissa älter ist und immer noch zu mir will, werde ich wieder einen Antrag stellen. In der Hoffnung, dass sie sich dann auch in der Anhörung traut, etwas zu sagen.

Zwei Dinge zum Abschluss.

1. Auf Betreiben von Sven wurde zwischenzeitlich gegen meinen neuen Lebenspartner ein Verfahren eingeleitet wegen vorgeblichen sexuellen Missbrauchs an Alissa. Nachdem das Verfahren eingestellt wurde, beantragte die Staatsanwaltschaft wiederum ein Verfahren wegen Anschuldigungen falscher Tatsachen gegen Sven, da der Vorwurf des sexuellen Missbrauchs ihnen dann wohl doch komisch vorgekommen war. Die Staatsanwaltschaft reichte dieses weiter an die Staatsanwaltschaft des Bundeslandes, in dem Sven wohnt, wo das Verfahren – ohne dass diesbezüglich etwas getan wurde – ebenfalls eingestellt wurde. Wir lernen also daraus, dass man verleumden und ein Kind zum Lügen anstiften darf, trotzdem noch der Beste ist und es keinerlei Konsequenzen gibt.

2. Wofür ich außerdem kämpfe, hat mit Alissas Fehlbildung zu tun. Bei dieser Fehlbildung raten Fachmediziner, dass man einmal im Jahr in der Kinderchirurgie vorstellig wird, da es immer zu Komplikationen kommen kann. Alissa geht es auch augenscheinlich gut und es muss auch nichts passieren, aber das weiß kein Mensch. Seitdem Alissa bei ihrem Vater wohnt, werden keine Nachkontrollen gemacht und alle, die mit dem Gerichtsgeschehen zu tun haben, finden dies gut. Sven macht angeblich alles richtig, aber ich nenne es verantwortungslos. In diesem Sinne wünsche ich nur, dass es bei Alissa nie zu einem medizinischen Notfall wegen ihrer Fehlbildung kommt. Dies könnte man mit einer jährlichen Kontrolle, so gut es geht, umgehen. Ich vergleiche es mal mit einem Zahnarztbesuch, man kann vieles umgehen, aber nicht alles, Löcher können auch zwischendurch entstehen. Wie gesagt, diese Kontrolluntersuchungen werden nur angeraten, sind kein Muss und deshalb macht Sven sie nicht. Die Kinderärztin, die Sven nach Alissas Wechsel neu aufsuchte, war auch der Meinung, dass man die Untersuchung nicht bräuchte. Alissas Kinderarzt vor dem Wechsel hatte mir immer geraten, zu den Untersuchungen zu gehen, da er der Meinung war, dass er auf diesem Gebiet kein Fachmann ist und er nichts übersehen möchte. Ich denke, dass sie nicht umsonst empfohlen werden, genauso wie Vorsorgeuntersuchungen angeraten sind. Zu ihnen zwingen kann uns keiner, aber im Sinne der Eigenverantwortung für unsere eigene Gesundheit sind sie ratsam.

Susie (37), Niedersachsen · Diplom-Kunsttherapeutin · mit Kai (7) und Rick (11)

Vor mehr als sieben Jahren habe ich mich von meinem Partner getrennt und damit aus einer toxischen Beziehung gelöst. Ich war schwanger und mein Sohn war damals drei Jahre alt. Noch während der Trennung im gemeinsamen Haushalt hat der Vater mir immer mehr Angst gemacht. Als er sich abends über mich in der Badewanne beugte mit den Worten »Wenn du das Kind nicht abtreibst, bist du ein Monster!« wusste ich: Wir müssen hier raus, schnell.

Doch selbst nach dem Umzug ging seine Machtausübung über die Kinder weiter. Als er seinen frisch geborenen zweiten Sohn bei uns zu Hause besuchte und sich einfach so in mein Bett zu ihm legte, sagte er: »Du kannst mir das gemeinsame Sorgerecht jetzt freiwillig geben, oder ich hole es mir vor Gericht.« Dies tat er auch. Schnell und erfolgreich. Meine Bedenken vor Gericht wurden überhaupt nicht gehört.

Mein Versuch vor diesem narzisstischen Mann mit den zwei Kindern zu fliehen – und zwar nach Oldenburg – scheiterte in der zweiten Gerichtsverhandlung. Der Anwalt des Vaters startete die Verhandlung mit dem Satz, ich sei eine Veganerin, die den Kindern Fleisch verweigere.

All meine Bemühungen, vor Gericht darzustellen, wie dieser Mann unser Leben kontrolliert, scheiterten. Auch dass es unserem großen Sohn mittlerweile so schlecht ging, dass er sich selbst die Haare ausriss, fand keine Beachtung.

Die Verhandlung endete damit, dass ich nur ohne die Kinder wegziehen könnte, und meine Anwältin sagte draußen zu mir: »Vielleicht denken sie einmal über eine Therapie nach. Sie sind wohl über die Trennung noch nicht hinweg.«

Ich meldete meinen Großen also bei einer Therapeutin an. Ich selbst war längst in Behandlung, anders hält man den Scheiß ja auch nicht aus.

Im Zuge dessen kam heraus, dass der Vater sich den Kindern gegenüber gewalttätig zeigte. Sie kamen vermehrt mit blauen Flecken von den Vater-Wochenenden zurück. Die Jungs berichteten Dinge, wie der Vater habe sie im Auto oder im Zimmer eingesperrt, den Großen in einen Kaktus gepresst oder sie gezwungen, das Eis vom Trampolin zu lecken.

Die Kinderärztin dokumentierte die Verletzungen, schaltete aber nicht das Jugendamt ein, sie bestätigte nicht einmal schriftlich ihre Informationen. Auch nicht nach Aufforderung der Ärztekammer. Auch der Kindergarten und die Schule schwiegen.

Selbst die Kindertherapeutin sagte zu mir: »Sie sollten sich mit dem Vater wirklich vertragen, alles andere schadet dem Kind!«

Freitags, wenn der Vater erschien, klammerten sich beide Kinder an meine Beine und weinten vor Angst. Termine beim Jugendamt vor Ort halfen nicht. Ich wechselte das Jugendamt wegen Befangenheit, da die Mutter des Kindsvaters seit Jahren dort arbeitete.

Auch das andere Jugendamt erkannte unsere Lage nicht. Bei Terminen, gemeinsam mit dem Vater sagten sie zu mir: »Sie müssen die Kinder motivieren, zum Vater zu gehen!« Obwohl den Jugendamtsmitarbeiterinnen die Fotos der blauen Flecken vorlagen und sie selbst mit den Kindern sprachen. Einen Fall von Kindeswohlgefährdung nach § 8a konnten sie nicht erkennen.

Auch die dritte Gerichtsverhandlung, mit neuem Anwalt für Kinderrechte, haben wir verloren. Meinen Antrag auf Aussetzen der Umgangskontakte wurde abgeschmettert. Der Gegenantrag vom Vater, die Kinder häufiger sehen zu können, wurde genehmigt. Die Richterin begründete ihre Entscheidung mit der Information, welche sie von den Kindern hatte: Sie liebten ja ihren Vater.

Der Vater entschuldigte sich notdürftig vor Gericht für sein gewalttätiges Verhalten und relativierte gleichzeitig alles, indem er sagte: »Sie haben ja alle sicherlich auch mal Fehler in der Erziehung gemacht, auf welche sie nicht stolz sind.«

Der Verfahrensbeistand war übrigens sofort auf der Seite des Vaters – mit der Begründung, ich würde einfach zu lasch erziehen.

Nach meinem dritten Versuch, uns zu befreien, fehlt mir mittlerweile die Kraft und vor allem die Perspektive weiterzumachen. Die Kinder, elf und sieben Jahre alt, laufen vom Vater weg, wenn sie denn überhaupt noch mit ihm gehen. Es hat alles überhaupt keine Konsequenzen für den Vater und ich muss alles auffangen.

Die Anzeigen bei der Polizei wegen gewalttätigen Verhaltens wurden eingestellt. Er soll aber zur Erziehungsberatung gehen, was er überhaupt nicht ernst nimmt. Die Staatsanwaltschaft hat auf mein Nachfragen geantwortet, der Vater sei einige Male da gewesen und es sei damit abgegolten.

Kapitel 4
Das sagen die ExpertInnen

Interviews

Interview mit Ludwig Salgo (Familienrechtsexperte)

Prof. Dr. Ludwig Salgo ist Jurist und war als Rechtsanwalt tätig. Später machte er sich in Wissenschaft und Politik einen Namen als Experte für Familienrecht und Kindeswillen, lehrte an juristischen Fakultäten und bewirkte maßgebliche Veränderungen im Familienrecht. Dabei wirkt er stets auf die Berücksichtigung von Kindeswohl und Kindeswille hin. Viele Jahre war er Vizepräsident des Deutschen Kinderschutzbundes. 2012 wurde ihm das Bundesverdienstkreuz erster Klasse verliehen.

Es kommt vor, dass Kinder nach der Trennung der Eltern ihre Väter selten oder gar nicht sehen wollen. Selbst wenn der Vater gewalttätig ist und es bei der Mutter weder zu Vernachlässigung noch zu Gewalt kommt, wird den Müttern dann oft Elternentfremdung vorgeworfen und das Kind gegen seinen Willen zum Vater umplatziert. Wie kann es dazu kommen?

In der nationalen und internationalen Scheidungsforschung findet die Annahme, dass es bei Kindern, die bei einem Elternteil aufwachsen, die wenig oder gar keinen Umgang mit einem Elternteil haben, zwangsläufig zu Fehlentwicklungen kommt, keinerlei Bestätigung; es konnten keine erheblichen Einschränkungen in ihrer kognitiven, sozialen und emotionalen Entwicklung festgestellt werden, wenn Kinder in einer stabilen, ihren Entwicklungsbedürfnissen gerecht werdenden Umgebung bei einem Elternteil aufwachsen. Ganz andere Faktoren als Umgang, schon gar nicht einer, der sogar gegen den Willen des Kindes erzwungen werden musste, sind von entscheidender Bedeutung für eine gesunde Entwicklung des Kindes: ein das

Kind als Person respektierendes, ein möglichst konfliktfreies Umfeld, gute und stabile Beziehungen zum betreuenden Elternteil, zu Freunden, Nachbarn, Großeltern, in der Tagesbetreuung wie zu Schulkameraden; hierher gehört auch Sicherstellung seines sozioökonomischen Wohlergehens in einer gesunden Umwelt. Der Ausgangspunkt, dass Kinder ohne Umgang gefährdet sind und deshalb der Staat diesen Fall als einen Kinderschutzfall zu behandeln hat, wo auch Zwangsmaßnahmen gerechtfertigt wären, findet keine Bestätigung in der Scheidungsforschung. Somit ist wegen Umgangsverweigerung die Senkung der bewährten Gefährdungsschwelle (definiert als erhebliche, nachhaltige und nicht anders als durch Trennung des Kindes abwendbare Gefahr) nicht gerechtfertigt. Von differenzierten Einzelfallentscheidungen, nicht von pauschalen Vermutungen und Annahmen, profitieren die Kinder, und nur bei positiver Beziehung zum umgangssuchenden Elternteil. Die Entwicklungsrisiken durch Zwangsmaßnahmen, häufig verbunden mit Verlusten erheblicher Art, sind gegenüber einem zumeist nur zeitweiligen Kontaktverlust als größer einzuschätzen, wie Langzeitstudien gezeigt haben.

Es liegen verlässliche Forschungsergebnisse dazu vor, dass erzwungener Umgang langfristig bis hinein in das Erwachsenenalter zu schlechten oder zu gar nicht mehr existierenden Beziehungen zu der Person, die den Umgang erzwungen hatte, geführt hat. Die Missachtung des Kindeswillens steht in fundamentaler Weise dem heutigen entwicklungspsychologischen und pädagogischen Wissensstand entgegen, welcher den Selbstwirksamkeits- und Kontrollüberzeugungen des Kindes bereits ab einem frühen Lebensalter ein großes Gewicht beimisst. Kinder wünschen sich, in Sorge-, Aufenthalts- und Umgangsentscheidungen einbezogen zu werden, auch wenn sie es nicht mögen, ihre Präferenzen gegenüber Behörden und Gerichten zu äußern. Den kindlichen Befindlichkeiten, ihren Präferenzen, ihren verbalen oder nonverbalen Äußerungen sollte bereits ab einem jungen Lebensalter erhebliches Gewicht beigemessen werden. Eltern leben und praktizieren während ihrer Ehe/Partnerschaft eine ihnen durchaus vernünftig erscheinende Arbeitsteilung, dies hat Konsequenzen hinsichtlich der Bindungen und Präferenzen der Kinder, die sich gerade bei einer Trennung der Eltern aktualisieren. Kinder haben zumeist »gute Gründe« für ihre Wünsche und Präferenzen, auch wenn diese von ihnen nicht gerne geäußert werden, vor für sie fremden Personen schon gar nicht. Oft erscheinen solche Äußerungen nicht nachvollziehbar, häufig sind es instinktive Schutzbedürfnisse, die das Kind steuern. Völlig ablehnende Haltungen von Kindern, wie sie bei Hochstrittigkeit vorkommen, sind eher selten, dennoch fordern diese Kinder unsere ganze Aufmerksamkeit. Stattdessen werden von anerkannten und international renommierten Experten wie den Fachverbänden längst zurückgewiesene, simplifizierende Erklärungs- und Handlungsmuster anempfohlen: Der Kindeswille sei stets manipuliert und induziert, weshalb dieser unbeachtlich sei und diese Kinder auch gegen ihren Willen – erforderlichenfalls mit Gewalt, da sie ja »erheblich gefährdet« seien – zum anderen Elternteil verbracht werden müssten. Eine Aufrechterhaltung der Bindungen zur bisherigen Bezugsperson wird allzu oft unterbunden, werden doch die Bindungen des Kindes zur bisherigen Hauptbezugsperson bei solchen Begegnungen reaktiviert.

Tatsächlich haben schon stationäre Einrichtungen mit der »Umerziehung/Umpolung« solcher Kinder für sich geworben. Dies alles sei zum Wohle des Kindes erforderlich. Die Ergebnisse solcher durch den Staat beförderten Kindeswohlgefährdungen können verheerend ausfallen: Diese Interventionen sollen »zum Wohle des Kindes« stattfinden. Dabei geht es doch um vulnerable Kinder, die insbesondere auf die genannten positiven Lebensbedingungen angewiesen wären. Stattdessen verlieren sie alles, was für ihr bisheriges Leben für sie bestimmend war. Dass es sich um Experimente und Fehlannahmen handelt, zeigt sich allzu oft in Zurückgezogenheit bis hin zu depressiven, teils sogar suizidalen, introvertierten oder extrovertierten Verhaltensweisen der Kinder, von denen dann aus diesen Gründen etliche in Einrichtungen aufgenommen werden müssen. Das »Gewinnen« erweist sich immer wieder als Pyrrhussieg. Statt hier in einer solchen schwierigen, sehr angespannten Situation für die Eltern wie für die Kinder nach der unter diesen Umständen am wenigsten schädlichen Alternative zu suchen und damit auch dem Verhältnismäßigkeitsgrundsatz entsprechend zu handeln, wird das äußerste Mittel eingesetzt und damit in Kauf genommen, dass aus einer nicht wünschenswerten, aber für das Kind funktionierenden Situation, eine das Kind oft schädigende Situation entsteht.

Eigentlich ist der Zeitpunkt zum Nachdenken, Überprüfen und Handeln längst erreicht. Trotz Einsatzes einer inzwischen entstandenen Industrie zur

Durchsetzung des Umgangsrechts: Zu welchen nachhaltigen und vor allem für die betroffenen Kinder positiven Ergebnissen führen diese Zwangskontexte?! Es liegen etliche nachdenklich machende, teils alarmierende Berichte vor. Was wir brauchen, ist hochqualifizierte, solche Kinder sensibel einbeziehende Forschung, die mit Hilfen für diese Kinder verbunden sein könnte, sollten doch die Kinder nicht nur ein »Forschungsgegenstand« sein, sondern aus solchen Begegnungen mit der Wissenschaft nicht mit zusätzlichen Belastungen, sondern mit persönlichem Gewinn und Anerkennung herausgehen.

Es gibt auch durchaus ermutigende Entwicklungen und Ungleichzeitigkeiten: Seit Anfang dieses Jahres müssen bei den Amts- und Oberlandesgerichten tätige FamilienrichterInnen nachweisen, dass sie über belegbare Kenntnisse auf den Gebieten des Familienrechts, insbesondere des Kindschaftsrechts, des Familienverfahrensrechts und der für das Verfahren in Familiensachen notwendigen Teile des Kinder- und Jugendhilferechts sowie über belegbare Grundkenntnisse der Psychologie, insbesondere der Entwicklungspsychologie des Kindes, und der Kommunikation mit Kindern verfügen. Ein gleichlautendes Profil müssen seither auch die in den Verfahren die Interessen der Kinder vertretenden Verfahrensbeistände erfüllen. Die Ampelkoalition will einen gesetzlichen Rechtsanspruch der RichterInnen auf Fortbildung gesetzlich verankern. Die Arbeitszeitbemessung für die Familiengerichte sieht für solche Fälle 237 Minuten vor, woran sich die Unterbewertung dieser herausfordernden und nicht selten belastenden Tätigkeit zeigt und damit auch die Missachtung der Belange gerade dieser Kinder, die auf besondere Beachtung, Wertschätzung und Unterstützung durch den Staat angewiesen sind. Stattdessen erfahren sie zusätzliche massive Belastung, wenn der Staat mit Zwangsmaßnahmen gegen sie und gegen für sie wichtige Bezugspersonen auf den Plan tritt. Immerhin erhalten in manchen Gerichtsbezirken FamilienrichterInnen bereits vom Staat finanzierte Supervision zur eigenen Entlastung, aber auch um die betroffenen Kinder besser zu verstehen. Es geht darum, dass sie als umfassend informierte Professionelle mit genügenden Zeitressourcen wissensgeleitet und empathisch handeln, sie sich nicht von Ideologien, sondern von Empirie leiten lassen, damit sie mit Geduld, Gelassenheit und Verständnis sich nicht in den vielfältigen Verstrickungen dieser Fälle verfangen. Ein solches Wissen und Verständnis sichern ihre Unabhängigkeit. Der Vorrang des Kindeswohls fordert eine behutsame und abwägende Behandlung eines jeden Einzelfalles, die Sicherstellung einer qualifizierten Interessenvertretung der Kinder im Verfahren, vielfältige vertrauensbildende Maßnahmen, eine gut vor- und nachbereitete, das Kind mit seinen Einstellungen und Haltungen respektierende und schonende Kindesanhörung, eine durchgehende Begleitung des Kindes durch eine Vertrauensperson, freundliche und nicht als bedrohlich empfundene nachgehende Angebote, die nicht insgeheim auf eine Umstimmung des Kindes zielen, sondern sich ausschließlich am Wohlergehen der Kinder orientieren. Erste Stimmen aus der Richterschaft sehen bereits – meines Erachtens nicht unüberwindliche – Schwierigkeiten bei der Sicherstellung der vom Gesetz geforderten Anforderungsprofile. Die Bundesländer setzen diese Qualifikationsoffensive recht unterschiedlich um, deshalb sollte vom Bundesministerium der Justiz in Kooperation mit den Landesjustizministerien und den Richterakademien eine nachhaltige Umsetzung sichergestellt werden. Ebenfalls sollte für einen fachlichen Umgang mit E-Learning-Programmen wie zum Beispiel »Gute Kinderschutzverfahren« und »Kindschaftssachen und häusliche Gewalt« gesorgt werden. In diesen werden mit Unterstützung des Bundes Programme und differenzierte Lernmaterialien entwickelt und eingesetzt. So sollten Familiengerichte, Jugendämter, Verfahrensbeistände sowie GutachterInnen lernen, dass Umgang um fast jeden Preis nicht zum Wohle des Kindes durchgesetzt werden darf, weil die damit verbundenen Risiken nicht in Kauf genommen werden dürfen.

Gewaltschutz und Umgangs-/Sorgerecht scheinen sich zu »beißen«. Wie würden Sie das lösen?

Bei einem unüberwindbaren Konflikt zwischen Elternrecht und Kindeswohl haben die Bedürfnisse und die Sicherheit des Kindes und des betroffenen Elternteils deshalb absoluten Vorrang, weil sich hier nicht gleichrangige Rechtsgüter gegenüberstehen: Vielmehr haben die Wahrung der Menschenwürde (Art. 1 GG), das Recht auf Leben und körperliche Unversehrtheit und die freie Entfaltung der Persönlichkeit (Art. 2 GG) oberste Priorität. In diesen Fällen wird es häufig um Stabilisierung und Unterstützung des zumeist mitbetroffenen Kindes sowie des betreuenden Elternteils, das heißt in der Regel der Mutter gehen. Die maßgebliche und auf wissenschaftlicher Basis beruhende Fachliteratur lässt hier keinerlei Zweifel aufkommen. Es liegt somit gar kein Zielkonflikt vor. Der Gesetzgeber kann nicht einerseits deutliche Signale gegen Gewalt setzen, andererseits aber fortdauernde Gewalt und Kindeswohlgefährdung im Umgangskontext ignorieren oder gar tolerieren. Zur Umsetzung der hierzu eindeutigen Forderungen der Istanbul-Konvention hat sich die Bundesrepublik Deutschland verpflichtet: Gewalttätige Vorfälle sind bei Entscheidungen zum Umgangs- und Sorgerecht stets zu berücksichtigen.

Welche Auswirkungen hat das Cochemer Modell auf Kinder?

Das sogenannte Cochemer Modell ist nicht Gesetz geworden, und das aus guten Gründen: Es sieht keinerlei Kindesbeteiligung vor – weder die Kindesanhörung noch irgendeine Form der Interessenvertretung von Kindern in solchen Fällen erheblicher Interessenkollision. Damit verstößt es gegen das Völkerrecht (Art. 12 Abs. 2 UN-KRK; Istanbul-Konvention) und gegen das Verfassungsrecht (GG), welches die Einbeziehung der betroffenen Kinder schon seit Langem gesichert sehen will. Dies zeigt sich an der hier einschlägigen ständigen Rechtsprechung des Bundesverfassungsgerichts und nicht zuletzt an den jüngst verfeinerten gesetzlichen Regelungen zur Kindesanhörung und Interessenvertretung. Dieses längst überholte »Modell« ignoriert zudem den nationalen und internationalen Forschungsstand zur Umgangsregelung bei häuslicher Gewalt; seine Wirkungen, insbesondere auf Kinder, aber auch die Nachhaltigkeit der teils aufoktroyierten »Lösungen« sind mit Langzeitforschung nicht überprüft worden.

Interview mit dem Verein MIA – Mütterinitiative für Alleinerziehende e.V.i.G.

MIA entstand 2017 aus der digitalen Vernetzung alleinerziehender Mütter. Ihr Ziel: die Öffentlichkeit verstärkt über die Missstände und großen Hürden ihrer Lebenssituation aufklären und zudem der Politik wichtige Impulse geben, um die teils erschreckend prekäre Lage von alleinerziehenden Müttern und ihren Kindern zu verbessern. Seit 2018 hat die bundesweite Initiative, deren Basis rund 2000 betroffene Mütter umfasst, ihre

Bundesgeschäftsstelle in Berlin und arbeitet komplett ehrenamtlich. Die Vereinsarbeit wird ausschließlich über Spenden (zum Beispiel über den Charityshop) finanziert. MIA arbeitet mit verschiedenen Verbänden sowie der Politik und Wissenschaft zusammen und ist Mitglied des »Bündnis Istanbul-Konvention«.[1]

Was meint MIA e.V. mit »institutioneller Gewalt«?

Mehr als jeder zweite Fall vor Familiengerichten in sogenannten Kindschaftssachen hat einen Gewalthintergrund. Oft wird er ignoriert. Je nach Datenquelle liegt der Anteil zwischen 50 und 70 Prozent.[2] Gewalt ist stets durch das Bedürfnis des Täters nach Machtausübung und Kontrolle über das/die Opfer gekennzeichnet.[3] Gewalt meint dabei alle Formen gemäß Definition in der Istanbul-Konvention.

Der hohe Anteil von Gewalt in familienrechtlichen Verfahren wird oft nicht oder viel zu wenig bei gerichtlichen Entscheidungen berücksichtigt. Zahlreiche Mütter und Kinder, die von Gewalt betroffen sind, erleben nach der elterlichen Trennung in Jugendämtern und vor Familiengerichten, dass sie trotz ihres Rechts auf Schutz vor Gewalt nicht vor fortgesetzter Gewalt (in teils neuem Gewand) geschützt werden. Ihre Traumatisierung und fortdauernde Gefährdung werden nicht ernst genommen.

Stattdessen werden sie Tätern über das Umgangsrecht weiterhin ausgeliefert. Häufig müssen sie sich auf unbegleitete, großzügige Umgangsregelungen bis hin zum Wechselmodell einlassen. Die stete Retraumatisierung durch die erzwungenen Kontakte mit dem Täter spielt keine Rolle. Durch Gewalt traumatisierte Menschen können jedoch nur gesunden, wenn sie nicht regelmäßig erneut ihrem Peiniger ausgesetzt werden.

Auch Mütter, die mit ihren Kindern vor der Trennung noch keiner erkennbaren Gewalt durch den Partner ausgesetzt waren, sondern diese erst im Zuge der Trennung erleben, sind von institutioneller Gewalt in familiengerichtlichen Verfahren betroffen.

Was genau erleben Mütter in Familiengerichten und inwiefern unterscheidet sich das von den Erfahrungen, die Väter machen?

Mütter erleben sehr häufig frauenfeindliche Narrative und Gender Bias, im Sinne von Vorurteilen und diskriminierenden Grundhaltungen. Diese sind auch unter Fachkräften tief verwurzelt und internalisiert, da sich diese Menschen weder darüber bewusst sind noch diese Grundhaltung hinterfragen. Das heißt Mütter erleben häufig, dass sie nicht ernst genommen werden und gerade bei Gewalt gegen sie oder ihre Kinder diese nicht nur bagatellisiert wird, sondern auch ihnen selbst die Schuld in die Schuhe geschoben wird, weil eben diese frauenfeindlichen Narrative greifen. Wir kennen es vom öffentlichen Umgang mit Gewalt gegen Frauen. Die Narrative im Familienrecht sind sehr ähnlich. Frauen wird häufig unterstellt, sie würden sich Vorwürfe nur ausdenken, um sich einen Vorteil zu erschleichen und den Vater aus dem Leben der Kinder zu drängen. Solche Bilder sind derart verbreitet, dass jegliche Tatsachenermittlung diesen Annahmen zum Opfer fällt. Die Mutter wird quasi unter »Generalverdacht« gestellt und zum Täter gemacht, obwohl sie das Opfer ist – man nennt das Täter- Opfer-Umkehr.

Natürlich erleben auch Väter traumatische Dinge im Familienrecht, das ist unbestritten so. Allerdings haben wir hier andere Mechanismen, die greifen. Frauenhass bzw. Misogynie ist weit verbreitet und international sind machtvolle Netzwerke verknüpft, die mit viel Geld und viel Knowhow frauenfeindliches Gedankengut verbreiten, um die »natürliche« Ordnung wiederherzustellen – ergo die Vormachtstellung des Mannes.

Weshalb wird der Gewalt- und Kinderschutz nicht ernster genommen?

Grundsätzlich ist das ganze Familienrechtssystem durch die hohe Emotionalität anfällig für Ideologien. Man darf nicht vergessen, das meiste findet im Dunkelfeld statt, das heißt Fachkräfte haben kaum Anhaltspunkte, um einen Fall zu beurteilen. Darüber hinaus ist der soziale Bereich, ebenso wie die Rechtsprechung, gnadenlos unterfinanziert. Es mangelt an evidenzbasiertem, stetig aktualisiertem und fachübergreifendem Wissen unter den Fachkräften. Da kommen Ideologien, die einfache Erklärungen bieten und die Beteiligten in »gut« und »böse« einteilen, häufig gerade recht.

Zum fehlenden Fachwissen hinsichtlich der Dynamiken, Machtgefälle und den psychischen Auswirkungen von familiärer bzw. Partnerschaftsgewalt auf die Opfer kommen – meist unreflektierte, bisweilen bewusste – misogyne Mythen sowie patriarchale Einstellungen und Überzeugungen der AkteurInnen in familiengerichtlichen Verfahren gegenüber Müttern. Diese bedienen zum Beispiel oft das Bild der rachsüchtigen Ex, die sich taktisch motiviert Gewalt- oder Missbrauchsvorwürfe ausdenken würde, um dem Vater zu schaden. Verschiedenste Erhebungen haben das wiederholt widerlegt: Falschbeschuldigungen kommen in diesen Fällen genauso selten vor wie in anderen Rechtsbereichen auch – zwischen 0.5 und 3 Prozent. Umso erschreckender ist angesichts dieser Zahlen, dass Mütter regelmäßig mit diesen Unterstellungen durch Verfahrensbeteiligte konfrontiert sind.

Selbst in Fällen eindeutig dokumentierter Gewalt greift immer wieder das Frauen diskreditierende Stereotyp, die Frau trage eine Mitschuld daran, wenn ihr Gewalt angetan wurde oder sie das über eine lange Zeit ertragen hat. Auf zwei Anzeigen wegen häuslicher Gewalt kommen acht nicht-angezeigte Fälle: Die Dunkelziffer liegt bei 80 Prozent. Diese nicht angezeigten Gewaltfälle landen nach Trennung, wenn gemeinsame Kinder existieren, sehr verlässlich vor Familiengerichten und werden »hochstrittig«. Laut verschiedener Erhebungen liegt der Anteil von familiärer Gewalt unter den »Kindschaftssachen« vor Familiengerichten zwischen 50 und 70 Prozent. Dieser Fakt wird bis heute von AkteurInnen an Familiengerichten jedoch zu oft ignoriert oder ist ihnen nicht bekannt.

In der Gerichtspraxis wird zudem regelmäßig von einem »Auswahlverschulden« der Frau gesprochen, schließlich habe sie sich für diesen Mann entschieden. Solche misogynen Stereotype und Täter-Opfer-Umkehr gegen die Frau haben mit der Realität von Gewaltbeziehungen, ihren Dynamiken und Abhängigkeiten nichts zu tun. Sie diskriminieren stattdessen Mütter aufgrund ihres Geschlechts – mit weitreichenden Folgen.

Erste internationale Studien belegen inzwischen einen statistisch eindeutigen Gender Bias zulasten von Müttern in familiengerichtlichen Verfahren, wenn diese auf Gewalt gegen sich oder ihre Kinder verwiesen. Die häufige Folge: Den Hinweisen auf Gewalt gegen Mutter oder Kinder wird nicht nachgegangen, stattdessen wird die Frau als unfähig, feindselig und störend dargestellt, deshalb als »bindungsintolerant«, »entfremdend« oder »erziehungsunfähig« stigmatisiert und infolgedessen für die Kinder entweder großzügige Umgänge angeordnet oder sie werden vom Gericht sogar ganz zu Tätern zwangsumgesiedelt. Dass Kinder durch miterlebte Gewalt nachweislich noch stärker traumatisiert werden, als würde sie ihnen selbst angetan, wird nicht berücksichtigt.

Wie können Frauen sich dagegen wehren?

Wir empfehlen immer zwei Dinge: vernetzen mit anderen Betroffenen und Wissen anhäufen. Das Einzige, was hilft, ist es, zur Expertin des eigenen Falls zu werden. Das ist nicht nur bei der Einordnung aller Geschehnisse wichtig, sondern hilft auch gegen Ohnmachtsgefühle, die die meisten Betroffenen gerade am Anfang einer Familienrechtsodyssee haben. Einen kühlen Kopf zu bewahren, wenn die eigene Welt gerade Kopf steht, ist unendlich schwer. Aber Fakt ist: Unbedachte emotionale Panikreaktionen helfen nicht und können die Lage sogar verschlimmern.

Was hat es mit der White Lily Revolution auf sich?

Wenn Frauen mit ihren Kindern vor Partnerschaftsgewalt fliehen, eilt die Hoffnung mit ihnen mit, dass dieser Schritt zumindest mittelfristig eine Verbesserung ihrer Situation bedeutet. Leider erleben viele von ihnen etwas anderes. Gewaltbetroffenen Müttern und Kindern wird durch Institutionen erneut Gewalt angetan. Einerseits ermöglichen Institutionen durch unzureichende, fachlich falsche Bewertungen und Entscheidungen der Fälle weitere Gewaltausübung durch den Täter. Andererseits verüben auch Institutionen und ihre AkteurInnen Gewalt: durch Victim Blaming, Täter-Opfer-Umkehr und regelmäßige Pathologisierung der Mütter – teils mit pseudowissenschaftlichen Konzepten. All das ist institutionelle Gewalt und führt zu einer erneuten Viktimisierung der Opfer.

Neben der sekundären Viktimisierung durch das Nichternstnehmen der Opfer und ihrer Gewalterlebnisse führen gerichtlich angeordneter Umgangs- und Kontaktzwang, gerichtlich verordnete »freiwillige« Maßnahmen mit dem Täter wie Mediationen, Kurse etc. zu immer weiterer Gefährdung der Gewaltopfer. Täter nutzen solche gemeinsamen Termine regelmäßig als willkommene Plattform für neuerliches gewalttätiges Verhalten gegenüber ihrer Ex-Partnerin – sei es durch psychische oder emotionale Gewalt oder Übergriffe im zeitlichen Zusammenhang der Termine. Bereits das erneute Aufeinandertreffen mit dem Täter kann zu einer Retraumatisierung des Opfers führen. Zudem bleiben Mütter über das gemeinsame Sorgerecht dauerhaft an den Täter gekettet. Sie sind gezwungen, sich bei jeder neuen Entscheidung im Verlauf der Kindheit erneut dem Täter auszusetzen. Das alleinige Sorgerecht erhalten sie nur in seltenen Fällen zugesprochen.

Eine der Ursachen dafür ist die anhaltende Missachtung der bestehenden Schutzrechte für die betroffenen Frauen – verbrieft im Gewaltschutzgesetz und der Istanbul-Konvention.

Die Kampagne #whitelilyrev möchte diese Frauendiskriminierung im Gerichtssaal sichtbar machen, den betroffenen Müttern und ihren Kindern Raum geben, von ihren Erlebnissen (anonym) zu berichten und damit gehört zu werden. Denn: Es sind keine Einzelfälle. Es passiert täglich in Deutschland. Und es ist eine anhaltende Menschenrechtsverletzung.[4]

Was muss die Politik tun, um die Situation für Mütter und Kinder zu verbessern und dem Missbrauch des Familienrechts vorzubeugen?

Wir fordern die vollständige, zügige Implementierung und Durchsetzung der Istanbul-Konvention, insbesondere von Art. 31 IK, und die verlässliche Sicherstellung von echtem Gewaltschutz. Damit wäre viel gewonnen. Für eine Umsetzung der Istanbul-Konvention ist es notwendig, dass es ein System gut finanzierter und evidenzbasiert ausgebildeter Fachkräfte gibt. Diese Fachkräfte der verschiedenen Disziplinen aus Sozialpädagogik, Psychologie und Justiz müssen nicht nur wissen, was die Rolle und Aufgabe der anderen Fachkräfte sind, sondern auch so gut fachübergreifend ausgebildet, von erfahrenen Fachleuten angeleitet und stetig evidenzbasiert fortgebildet werden, sodass jegliche Ideologie und Narrative keine Chance haben, der echten Tatsachenermittlung und Bewertung des individuellen Falles unter der Richtschnur »Kindeswohl« im Wege zu stehen.

Interview mit Wolfgang Hammer

Dr. Wolfgang Hammer ist freiberuflicher Soziologe und setzt sich für die Stärkung von Kinderrechten ein. Vor seiner Pensionierung war er über 30 Jahre der Leiter der Abteilung Kinder- und Jugendhilfe in der Sozialbehörde Hamburg. Im April 2022 veröffentlichte er seine Fallstudie zum Familienrecht und zu Inobhutnahmen in Deutschland.

Sie beschäftigen sich schon lange mit dem mangelhaften Gewalt- und Kinderschutz in Familiengerichten. Wie kommt es, dass ausgerechnet Organe, die für Kinder da sein sollten, deren Rechte oft ignorieren?

Für diese Entwicklung gibt es mehrere Ursachen.

1. Seit 2010 gibt es einen kontinuierlichen Anstieg der Fremdunterbringungen in Deutschlands Jugendämtern, an denen die Familiengerichte zunächst nur zum Teil beteiligt sind. Die Beteiligung der Familiengerichte entfällt dann, wenn die Personensorgeberechtigten einer Inobhutnahme, Vermittlung in eine Pflegefamilie oder einer Heimunterbringung zustimmen oder sie selbst beantragen. Diese Zustimmungen der meist davon betroffenen alleinerziehenden Mütter erfolgen oft aus der Angst heraus, dass ihnen sonst das Sorgerecht entzogen wird, und in der Hoffnung, die Kinder bald wieder zu Hause zu haben. Oft trügt diese Hoffnung und Mütter werden dann mit ebendiesen Anträgen ihrer Ex-Partner konfrontiert.

Die Zunahme der Fremdunterbringungen durch die Jugendämter ist zum einen eine Folge der medialen und politischen Skandalisierungen von Einzelfällen ab 2004, bei denen Kinder durch Handlungen (Gewalt) oder Unterlassungen (Vernachlässigung) ihrer Eltern gestorben sind. Den Jugendämtern wurde jeweils vorgeworfen, sie hätten die Kinder vor ihren Eltern schützen müssen und seien zu naiv im Umgang mit Eltern gewesen. Jugendamtsleitungen und die politisch Verantwortlichen wurden strafversetzt, öffentlich bloßgestellt oder mussten zurücktreten. Seitdem gilt in vielen Jugendämtern auf der Leitungsebene, lieber zehn Kinder zu früh als ein Kind zu spät aus der Familie holen.

Die zunehmende Regelungsdichte und die damit verbundenen Dokumentationspflichten haben zum anderen trotz zusätzlicher Stellen die Arbeitssituation so verschärft, dass den Fachkräften von zuvor 70 Prozent jetzt nur noch 30 Prozent ihrer Arbeitszeit für die Arbeit mit den Eltern zur Verfügung stehen. Die Beteiligung der Kinder und Eltern ist dabei immer weiter eingeschränkt worden.

2. Auch die Familiengerichte sind überlastet und die FamilienrichterInnen sind auf ihre pädagogische Aufgabe, vorrangig das Kindeswohl zu berücksichtigen, nicht vorbereitet. Sie sind also abhängig von Stellungnahmen der Jugendämter und GutachterInnen.

3. In dieser *Lücke* aus Überlastung und mangelnder Qualifikation in Jugendämtern und Familiengerichten wurde im Bereich der Begründungen von Kindeswohlgefährdungen eine fachlich und international geächtete

Ideologie in Deutschland verbreitet, nämlich die sog. PAS-Theorie (Parental Alienation Syndrome, Elterliches Entfremdungssyndrom), nach der vor allem alleinerziehende Mütter ihre Kinder so eng an sich binden, dass sie keinen eigenen Willen mehr haben und alles, was Mütter, Kinder oder auch ErzieherInnen in Kita und Schule sagen, als erlogen oder manipuliert gilt.

Verschärfend kommt hinzu, dass bei der Priorisierung des Wechselmodells bei strittigen Sorgerechtsfällen das Kindeswohl oft aus dem Blick gerät und damit Kinder gegen ihren Willen aus ihrem Bezugsfeld herausgerissen und traumatisiert werden. Auf Basis dieser mittelalterlichen Ideologie werden Gutachten geschrieben und Entscheidungen in Familiengerichten und Jugendämtern getroffen. Im Bereich der Fortbildung für Familiengerichte und Jugendämter ist es den Interessenvertretern von PAS als Anbieter sogar gelungen, dass diese Ideologie als Fachwissen weiterverbreitet wird.

Was hat Sie bei Ihrer Untersuchung »Familienrecht in Deutschland« am meisten überrascht oder gewundert?

Überrascht und erschreckt hat mich am meisten, dass es so leicht möglich ist, alle Prinzipien des Rechtstaats in einem Gerichtsverfahren über Bord zu werfen. Der Vorwurf, die Mütter seien die Täterinnen wird als Fakt gesetzt und nicht überprüft. LehrerInnen und Kitafachkräften, die die Kinder seit Langem außerhalb der Familie kennen, wird Manipulation unterstellt oder sie werden erst gar nicht als Zeugen geladen. Abweichende seriöse Gutachten werden ignoriert. Ebenso werden Hinweise auf Gewalt und sexuellen Kindesmissbrauch durch den Ex-Partner der Mutter als Lüge angelastet.

Welche Veränderungen wünschen Sie sich bzw. welche Maßnahmen sind nötig, um den Gewalt- und Kinderschutz zu verbessern?

Unser Team hat in der Bestandsaufnahme eine Reihe von Vorschlägen gemacht. Deren Umsetzung hängt davon ab, dass die Politik das Thema hochrangig platziert. Nun ist es an der Zeit, den Betroffenen seitens der Politik endlich eine Stimme zu geben. Über viele Jahre sind in Deutschland Menschenrechtsverletzungen an Tausenden von Müttern und noch mehr Kindern begangen worden. Täter waren hier ausschließlich die Institutionen, die dem Schutz und dem Wohlergehen der Kinder verpflichtet sind. Obwohl Frauenberatungsstellen, der Verband alleinerziehender Mütter und Väter und Ombudsstellen etc. seit Jahren davon berichten und zum Teil Tausende von Fällen ausgewertet haben, ohne dass es im politischen Bereich dazu eine Resonanz gab. Wir brauchen eine durch den Bundestag eingesetzte Kommission, in der die Erfahrungen gebündelt und gemeinsam Forderungen und Handlungsvorschläge abgestimmt werden.

Interview mit Rechtsanwältin Marita Korn-Bergmann

Marita Korn-Bergmann ist seit 1997 Fachanwältin für Familienrecht mit einer Kanzlei in Aschaffenburg. Sie ist außerdem Dozentin und Referentin für die Fachanwaltsausbildung und zertifizierte Mediatorin.

Was sind Ursachen institutioneller Gewalt bzw. sekundärer Kindeswohlgefährdung?

In familiengerichtlichen Verfahren beschäftigen wir uns leider zunehmend mit dem Phänomen der sekundären Kindeswohlgefährdung. Während primäre Kindeswohlgefährdung durch Handeln oder Unterlassen von Eltern gegenüber ihrem Kind entsteht oder entstehen kann, wird eine sekundäre Kindeswohlgefährdung ausgelöst durch fehlerhaftes professionelles Verhalten auf tatsächliche oder vermeintliche primäre Gefährdungen. Sie wird also gerade durch die Professionen ausgelöst, denen staatlicherseits Kinderschutz und Wahrung der Kindesinteressen von Amts wegen anvertraut sind. Ein Fatalismus, der sich sowohl in Kinderschutzverfahren als auch in sonstigen Kindschaftsverfahren in nicht unerheblichem Ausmaße wiederfindet. Wird oft die Hartnäckigkeit und die Härte von Eltern in gerichtlichen Verfahren beklagt, so wird häufig dieser Mechanismus völlig außer Acht gelassen. Ausgelöst werden solche Gefahrenpotenziale und tatsächlich eintretenden Gefährdungen der Kinder durch Mitarbeiter des Jugendamtes, Verfahrensbeistände, Sachverständige, Richter. Sie entstehen durch Fehleinschätzungen von Situationen und Personen, durch fehlerhaftes eigenes und höchst unprofessionelles Vorgehen in vorgeschalteten Verwaltungsverfahren oder im familiengerichtlichen Verfahren gegenüber Kindern oder Eltern, durch Nichtkenntnis oder Nichtbeachtung der vorgegebenen gesetzlichen Aufgaben und Grenzen, durch Überschreitung oder Überbewertung der eigenen fachlichen Kompetenz oder durch intransparent entstandene Meinungsbilder der beteiligten Fachprofessionen.

Es gibt AnwältInnen, die Müttern raten, Gewalt nicht in familiengerichtlichen Verfahren zu thematisieren. Was raten Sie Müttern, die nach einer Trennung den Verdacht haben, dass der Vater gewalttätig ist oder die Kinder missbraucht?

Akzeptanz von Gewalt, auch in Form von Schweigen, schützt Täter und lässt Kinder in ihren Nöten alleine. Für jede Art von gerichtlichen Verfahren, seien es familienrechtliche Verfahren oder Strafverfahren ist es allerdings vor Einleitung oder Aufdeckung äußerst wichtig, den Sachverhalt genauestens zu klären, Nachweis- und Beweismöglichkeiten zu sondieren oder vorzubereiten, eventuell Sicherungsschritte hierzu einzuleiten. Bei Verdachtsmomenten müssen konkrete Anhaltspunkte hierfür vorliegen und benannt werden können. Die Erhebung leichtfertiger Anschuldigungen löst schwerwiegende Folgen für alle aus. Sind allerdings genügend Fakten vorhanden, so gebietet der Kinderschutz ein Handeln, auch und gerade wenn die Verdachtsmomente sich gegen einen Elternteil richten.

Mir ist die Sorge vieler Mütter vor dem Damoklesschwert der angeblichen »Bindungsintoleranz« bekannt. Mit dieser Begrifflichkeit wird leider und tatsächlich auch häufig in Verfahren höchst pauschal und fachlich unqualifiziert umgegangen. Auf der anderen Seite ist jeder Elternteil verpflichtet, Schutzmaßnahmen für sein Kind einzuleiten, wenn Beweise vorliegen oder konkrete Anhaltspunkte die Abklärung einer Kindeswohlgefahr erfordern. Auch ein Unterlassen insoweit stellt eine Kindeswohlgefährdung dar und kann schwerwiegende Vorwürfe und Maßnahmen nach sich ziehen. Diese Gratwanderung kann nur durch hohe Verantwortlichkeit und klares Handeln bewältigt werden. Ich habe diese Haltung, auch wenn mir die Schwierigkeiten und Risiken fehllaufender Verfahren bekannt und bewusst sind.

Wie kann sich eine Mutter, die in einer gewaltsamen Beziehung mit dem Vater lebt, auf die Trennung vorbereiten?

Eine Trennung und das Herauslösen aus einer gewaltbeladenen und gewalttätigen Familienstruktur erfordert eine exakte und genaue Vorplanung und Vorbereitung. An oberster Stelle steht der Schutz der Kinder und der eigene Schutz vor Gewalt und Verhinderung von Eskalationen bei der konkreten Durchführung der Trennung und Wahl und Überlegungen zum zukünftigen Lebensbereich. Sinnvoll ist es, geschützte Trennungsschritte gleichzeitig mit gerichtlichen Anträgen, in der Regel Eilanträgen, zu koppeln, um auf rechtssicherem Boden zu stehen und eventuellen Fehlentscheidungen eines vom anderen Elternteil eingeleiteten Eilverfahrens vorzubeugen.

Wie könnte der Gewalt- und Kinderschutz verbessert werden?

An erster Stelle steht bei mir der Wunsch nach und die Förderung von eindeutig besserer und qualifizierter Ausbildung aller im Gewaltschutz und Kinderschutz involvierten professionellen Akteure wie Jugendamt, Polizei, Staatsanwälte, Familienrichter, Strafrichter, Verfahrensbeistände und Gutachter. Die Diskussion um »Kinderrechte ins Grundgesetz« halte ich für eine Art moralischer Selbstbeweihräucherung und Ablenkungsmanöver von den tatsächlich zu bewältigenden Aufgaben. Zugegebenermaßen ist die Taktik eines neuen Gesetzes einfacher zu verfolgen als die praktische Umsetzung und Gewährleistung der bereits vorhandenen Gesetze, insbesondere der Schutzgesetze. Wir haben viele Möglichkeiten zum staatlichen Eingreifen. Wir haben eine Verfassung, die Grundrechte für Kinder und Eltern in hohem Maße gewährleistet, ebenso Verfassungsgrundrechte zur Gewährleistung von rechtsstaatlich verbürgten Verwaltungsvorgängen und gerichtlichen Verfahren. Auf dieses Rechtssystem können wir nach wie vor stolz sein und sollten unsere Bemühungen meines Erachtens darauf konzentrieren, es in der Realität auch umzusetzen. Bemühungen und Diskussionen hierüber gibt es seit vielen Jahren, leider bisher ohne erkennbare durchschlagende Erfolge. Nun wurde der Ruf nach besserer Ausbildung der bereits benannten professionellen Akteure im Gesetz verankert. Leider werden lediglich Appelle festgehalten. Konkrete Ausführungen und Umsetzungsschritte bleiben ungeregelt und mehr oder weniger freiwilligen Bemühungen überlassen.

Für Gerichtsverfahren wünsche ich mir eindeutig mehr Mut zum Rechtsstaat und eine Abkehr von einer zerstörerischen Tendenz zur Entscheidungsgrundlage auf verschiedensten subjektiven, unter Umständen auch moralisierenden eigenen Vorstellungen anstelle von Neutralität, Objektivität und Beachtung von materiellem und Verfahrensrecht sowie Fachlichkeit in den einzelnen Themen. Eine bessere Vernetzung zwischen den beteiligten Institutionen und deren Mitarbeitern sowie ein regelmäßiger interdisziplinärer Austausch verbunden auch mit Aufklärung über die jeweiligen fachlichen und rechtlichen Aufgaben, Rollen und Kompetenzen wären ein hilfreicher Schritt. Gewaltprävention durch Aufklärung und Stärkung von Kindern und Eltern sehe ich als notwendig in einer Gesellschaft, die sich immer weiter von realen und zwischenmenschlichen Erlebnissen und Kontakten entfernt.

Wünschenswert wäre auch eine eindeutige gesellschaftliche und politische Haltung gegenüber Gewalt in jeder Form, sei es physisch, psychisch oder sexuell.

Interview mit »Löwenmama« Carola Wilcke

Carola Wilcke ist Sozialpädagogin, ausgebildete Verfahrensbeiständin und Umgangspflegerin. Sie hat 2014 die Löwenmama-Gruppe auf Facebook gegründet, die sich aus Müttern zusammensetzt, die institutionelle Gewalt am Familiengericht erleben. Sie berät Mütter und ihre Kinder und ist manchmal auch als Beistand der Mütter im Familiengericht.

Was ist aus deiner Sicht typisch für familiengerichtliche Verfahren? Worauf müssen sich Mütter einstellen?

Wenn man irgendwie kann, sollte man vermeiden, ein familiengerichtliches Verfahren zu eröffnen. Es trifft nicht auf jeden Fall zu, aber wenn weitere Mitspieler dazu kommen, befindet man sich sehr schnell in einer fremdbestimmten Situation. Das lässt sich nicht immer vermeiden, aber wenn man Umgangs- oder Sorgerecht mit den Ex-Partnern besprechen kann, sollte man das auf jeden Fall tun. Manchmal hilft auch die Zeit. Eine Trennung ist eine Lebenskrise, die reguliert sich unter Umständen nach einer gewissen Zeit selbst – man sagt, ungefähr zwei Jahre kann das dauern. Bei 85 Prozent aller Trennungen läuft es relativ friedlich ab. Aber es gibt auch die sogenannten hochstrittigen Fälle, das sind ungefähr 10 bis 15 Prozent aller Trennungen, und die landen vorm Familiengericht. Die haben sehr häufig im Hintergrund eine Gewaltkonstellation mit den ehemaligen Partnern oder auch, dass einer oder beide psychisch erkrankt sind. Sowas befördert diese Konstellation. Und dann gelten andere Regeln. Das wissen leider die Jugendämter nicht oder wollen es nicht wissen und behandeln diese »hochstrittigen« mit den gleichen Methoden wie die »normalen« Fälle. Das kann nicht gutgehen. Es gibt spezielle Werkzeuge, mit denen man die hochstrittigen Fälle bearbeiten sollte. Da wäre zum Beispiel, dass man die Berührungspunkte der Eltern minimiert. Ein gemeinsames Sorgerecht, häufige Umgänge, Wechselmodell sind da kontraproduktiv.

Das System macht aber genau das Gegenteil. Die versuchen, eine gemeinsame Elternschaft auf Teufel komm raus herbeizuführen und wundern sich, dass die Dinge in den Familien immer wieder eskalieren. Aber der Rückschluss von den JuristInnen wird nicht gezogen, dass sie das selbst verursacht haben. Das System geht auch davon aus, dass zum Streiten immer zwei gehören. Das ist in diesen Fällen aber selten der Fall. Da reicht ein Aggressor oder Täter und auf der anderen Seite haben wir ein Opfer. Da haben wir also nicht nur die Paarebene und die Elternebene, die es zu trennen gilt. Wir haben auch noch eine Täter-Opfer-Ebene. Und die wird von den MediatorInnen, GutachterInnen etc. gerne ausgeblendet. Häusliche Gewalt existiert quasi nicht für das Familiengericht.

In diesen Fällen häufen sich dann auch die Verfahren. Der Rekord liegt bei 135 Verfahren, die eine Mutter über sich ergehen lassen musste in Nordrhein-Westfalen. Solche Dimensionen kann das unter Umständen annehmen. 20 bis 30 Verfahren sind nicht unüblich und das kostet Zeit, Geld und Nerven.

Wenn man mit solchen Verfahren am Familiengericht festhängt, taucht man in eine Parallelwelt ein. Und diese Parallelwelt ist für mich ein rechtsfreier Raum. Man kommt dort hin und denkt: »Nun wird hier Recht gesprochen und alles gut wird gut.« Das ist ein ganz großer Trugschluss. Denn jetzt geht es erst so richtig los. Es wird am Familiengericht nicht nach Gesetzen gearbeitet oder nach dem, was Fachleute empfehlen. Dort geht es sehr häufig um persönliche Befindlichkeiten und das muss man wissen. Wenn die Verfahren laufen, wird es in aller Regel für die Mütter erstmal eher schlimmer als besser.

Und man darf auch den finanziellen Aspekt nicht vergessen. Ein Auftritt im Familiengericht ist teuer und ich kenne Mamas, die haben eine sechsstellige Summe dafür versenkt. Häufig in den Fällen, in denen Um- oder Fremdplatzierungen stattgefunden haben und die Mütter bereit sind, einfach alles dafür zu tun, um eine Rückführung zu erreichen. In Deutschland haben wir aber nur bei ca. 10 Prozent der Fremdunterbringungen später eine Rückführung des Kindes. In England liegt der Anteil aber bei 90 Prozent.

Können Verfahrensbeistände unabhängig arbeiten oder wie könnte das möglich sein?

In der jetzigen Konstellation können sie das nicht. Ob und wie jemand, der Verfahrensbeistand ist, vom Gericht beschäftigt wird, hängt von Lust und Laune der Richter ab. Es gibt engagierte KollegInnen, die keine Bestellung mehr bekommen. Damit ein Richter einen gut findet und immer wieder bestellt, muss man natürlich seinen Kurs mitfahren. Viele Verfahrensbeistände versuchen, dem Richter direkt eine Lösungsskizze zu präsentieren. Aber das ist nicht ihre Aufgabe. Sie sind Vertreter des Kindesinteresses. Viele merken nicht mal, wie sie in diesen Strudel reingeraten und plötzlich etwas ganz anderes machen, was gar nicht ihre Aufgabe ist. Und dann steht das Kind wieder ohne Interessensvertretung da.

Ich habe mir von den Löwenmamas mal Stellungnahmen ihrer Verfahrensbeistände senden lassen und diese analysiert. Etwa 95 Prozent der Stellungnahmen sind nicht korrekt. Dort findet zum Beispiel die Erhebung des Kindeswillens nicht statt, aber eine intensive Elternbewertung.

Es gibt eine wissenschaftlich erarbeitete Lösung von der Uni Hildesheim. Die sieht so aus, dass erstens die Verfahrensbeistände Ausbildungen bei zertifizierten Weiterbildungsträgern nachweisen müssen. Zweitens müssen sich die Verfahrensbeistände registrieren lassen für einen Pool. Mit einem Lossystem würden die Verfahrensbeistände den Richtern zugelost und so wäre jeder immer mal wieder dran. Ähnlich könnte man das übrigens mit den Gutachtern machen.

Was für politische Erfahrungen hast du mit dem Thema?

Vor vier Jahren habe ich einen Brief an den Bundestag geschrieben darüber, wie schlecht die Verfahrensbeistände arbeiten und wie sehr die Kinder dadurch hinten runterfallen. Nach einem Jahr bekam ich dann einen Anruf von der Kinderkommission des Bundestags. Die Dame sagte mir, dass meine Kritik Eingang in den Koalitionsvertrag gefunden hatte. Ich wurde außerdem eingeladen zur nächsten Sitzung der Kommission und bin dann nach Berlin gefahren. Dort habe ich meine Erfahrungen und die Erfahrungen der Löwenmamas geschildert. Dazu habe ich auch Lösungsvorschläge erarbeitet. Daraufhin wurde tatsächlich der § 158 FamFG abgeändert. Dort ist die Bestellung der Verfahrensbeistände definiert. Bis dato war es so, dass allein der Richter über die Geeignetheit entschieden hat. Und nun taucht dort auf, dass Verfahrensbeistände eine akademische Grundausbildung haben und eine Weiterbildung besucht haben müssen.

Unsere Gesetze finde ich gar nicht mal so schlecht. Die Anwendung ist das Problem. Viele der Beteiligten aus dem Helfersystem bearbeiten die Problemlagen auf einer persönlichen Ebene und nicht auf einer fachlichen. Das ist das größte Problem. Wer nicht reflexionsfähig ist, muss ausgetauscht werden.

Welche Tipps hast du für Mütter?

Es geht im Familiengericht um die Bedürfnisse der Richter, die zu befriedigen sind. Das erfordert ein hohes Maß an Feinfühligkeit. Was erwarten die Richter? Familienrichter sind in der Hierarchie der Richter sehr weit unten. Sie verdienen auch am wenigsten und haben unheimlich viel Arbeit und werden mit sehr emotionalen Themen eingedeckt. Was für Persönlichkeiten sind Richter? Das sind in der Regel Menschen, die sehr autoritär aufgestellt sind und anderen gerne sagen wollen, wo es langgeht. Wenn man die verärgert, hat man ein Problem. Man sollte sich recht demütig verhalten, darauf achten, dass man dem Richter nicht zu viel Arbeit beschert, möglichst nicht streitbar rüberkommen, sondern vernünftig, einigungsbereit und immer am Kind orientiert. Und bitte niemals den anderen Elternteil schlecht machen. Denn es gibt am Familiengericht dieses böse Wort »Bindungsintoleranz« und das ist schon vielen Mamas zum Verhängnis geworden. Das sind tolle Elternteile, die ihre Kinder gut erzogen haben. Aber sobald dieses Schlagwort fällt, hat man ein echtes Problem. Hilfreich wäre auch, wenn man das Helfersystem hinter sich bringen könnte, dazu gehört der Richter, gegebenenfalls ein Gutachter, das Jugendamt und der Verfahrensbeistand, vielleicht auch noch ein Umgangspfleger oder ein Familienhelfer. Auch der eigene Anwalt kann ein Interesse daran haben, dass der Konflikt am Laufen bleibt.

Eine goldene Regel ist, nicht darauf zu setzen, dass häusliche Gewalt Berücksichtigung findet. Das ist leider die Realität am Familiengericht. In ein furchtbares Dilemma komme ich als Beraterin dann, wenn Mütter mir sagen, dass sie sexuellen Missbrauch des Kindes vermuten. An der Stelle muss ich leider den Mamas raten – und ich schäme mich als Sozialpädagogin dafür –, dieses im Familiengericht nicht zu thematisieren. Denn ich habe es schon zu oft erlebt, dass Kinder dann herausgenommen, in Kinderheime gesteckt oder umplatziert werden zum anderen Elternteil. In Chemnitz zum Beispiel würde ich das auf jeden Fall verhindern wollen, dass die Mutter damit an Jugendamt oder Familiengericht herantritt, denn das geht mit hundertprozentiger Wahrscheinlichkeit nach hinten los. Das ist regional auch und von Richter zu Richter unterschiedlich und damit auch Glückssache, an wen man gerät.

Ich rate dazu, sich keiner Begutachtung der eigenen Erziehungsfähigkeit zu unterziehen, solange die Kinder noch bei einem leben. Selbst wenn das Helfersystem mit Bedrohungen reagiert. Man hat gute Chancen, damit den Kopf aus der Schlinge zu ziehen bzw. ihn gar nicht erst in diese hineinzustecken. Mütter sollten sagen: »Danke für das Angebot, aber ich gebe das Geld lieber für meine Kinder aus.« Eltern werden nicht aufgeklärt, dass sie dieses Gutachten zu bezahlen haben.

Es ist auch hilfreich, wenn Mütter sich von Anfang an Gedanken machen, wie sie Prozesskostenhilfe (PKH) erhalten können. Wenn man zum Beispiel Kredite hat, wird das Einkommen darum bereinigt. Viele denken, dass sie aufgrund ihrer Anstellung keine PKH bekommen können. Aber man kann die durchaus mit 1 600 bis 1 800 EUR netto bekommen, wenn man ein paar Ausgaben über Kredite hat. Es lohnt sich, im Internet mit einem Verfahrenskostenhilfe-Rechner, nachzurechnen, ob das klappen könnte.

Welche Tipps hast du für andere Verfahrensbeistände?

Verfahrensbeistände sollten sich auf das besinnen, was der Gesetzgeber ursprünglich wollte: Sie sollen die Interessensvertreter der Kinder sein. Und nur das. Ich wünsche mir, dass sich Verfahrensbeistände stark machen für ihre kleinen Mandanten auch gegen Widerstände. Das erfordert Mut.

Berichte

Sonja Howard (Kinderschutzexpertin und Mitglied im Betroffenenrat der Missbrauchsbeauftragten der Bundesregierung)

Ein Kind schreit, es ist in höchster Not, wehrt sich, tritt um sich. »Geh weg«, hört man es rufen, und »Ich will sofort zu meiner Mama!«. Mehrere Erwachsenenstimmen sind zu hören, die über das Kind hinweggehen. Niemand hilft. – Die Audiodatei dieser Aufnahme wurde illegal gemacht, das heißt keiner der Anwesenden wusste, dass aufgezeichnet wird. Und genau deshalb hilft sie, der Wahrheit ein Stück näher zu kommen, denn liest man die Schriftsätze zu diesem verhängnisvollen Tag, könnte man meinen, dass alles ganz kindeswohlgerecht zuging. Da liest man im Schreiben der Anwältin des Kindsvaters von einem »lustigen Katz und Maus Spiel um das Auto herum«. Von »anfänglichem Wehren«, aber dass sich das Kind dann durch den einfühlsamen Vater schnell hat beruhigen lassen. Nichts davon ist wahr, denn diese Audiodatei zieht sich über Stunden. Zu keinem Zeitpunkt ist der Junge ruhig, er ist lediglich erschöpft.

Der Fall, den ich im Folgenden umreißen möchte, ist deshalb so unfassbar, weil hier alle involvierten offiziellen, staatlichen Stellen gemeinschaftlich gelogen haben. Neben dem Kindsvater waren nämlich sowohl eine Sachverständige, eine Verfahrensbeiständin als auch eine Familienrichterin anwesend. Sie alle behaupteten in ihren späteren Schriftsätzen, im Sinne des Kindes gehandelt zu haben. Und gäbe es diese Audiodatei nicht, würden wohl alle dieser offiziellen Darstellung der Dinge Glauben schenken. Denn was ist wohl wahrscheinlicher? Dass eine Mutter lügt oder dass drei staatliche Verfahrensbeteiligte lügen?

Der Junge – ich nenne ihn Daniel – war gerade sechs Jahre alt und erst seit drei Wochen eingeschult, als er plötzlich und ohne Vorwarnung aus dem Unterricht geholt wurde. Es folgt ein gekürztes Transkript des Anfangs dieses verhängnisvollen Tages. Anwesend sind hier neben Daniel und der Richterin H. auch die Sekretärin der Schule Frau V., die Gutachterin Frau Dr. L. und die Verfahrensbeiständin Frau B.

Sekretärin:	Du bist Daniel?
Daniel:	Ja!
Sekretärin:	Dann musst du mal mitkommen. Kommst du mal mit mir mit, ja? Ich bin die Sekretärin, Frau V.
Daniel:	Was willst du denn?
Sekretärin:	Bitte?
Daniel:	Was willst du denn?
Sekretärin:	Komm einfach mal mit, das siehst du dann. Okay?
Daniel:	Aber was willst du eigentlich?
Sekretärin:	Dann komm doch mal mit, dann wirst du es herausfinden. Jo, dann schau mal in den anderen Raum da. Schau mal, du kriegst Besuch. Na dann komm mal mit.
Daniel:	Warum denn?
Sekretärin:	Komm her, wir gehen mal schnell da rum, ich will dir mal was zeigen.
Daniel:	Sind da Menschen?
Sekretärin:	Na, komm mal her?
Daniel:	Wer ist denn da?
Sekretärin:	Das werde ich dir gleich zeigen. Komm her. Kommst du mit?
Daniel:	Nee!
Sekretärin:	Na komm her. Kannste gucken. Du kannst von da oben gucken, okay? Daniel, kommste? Na komm. [Es sind Schritte zu hören.] Das packste schon. So, Daniel, die wollten dich mal sprechen.
Verfahrensbeist.:	Hallo!
Daniel:	Ich will nicht!
Sekretärin:	Die wollten dich mal sprechen.
Daniel:	Nee, ich will nicht! [lauter werdend] Ich will nicht!
Verfahrensbeist.:	Kannst du dich noch an mich erinnern Daniel?
Daniel:	Ich will nicht! Ich will nicht zu dir!
Verfahrensbeist.:	Komm mal her!
Daniel:	Ich will nicht! Ich will nicht zu dir! [Er läuft weg, Schritte sind zu hören]
Gutachterin:	Vertrau mir ruhig. Ich wollte mit dir bloß spielen. Ich habe auch Spielzeug mitgebracht.
Daniel:	Nee! Ich will nicht. Ich mag das nicht!

Gutachterin:	Aber du kennst mich ja noch gar nicht.
Daniel:	Nee, ich möchte nicht. Ich hab dir das doch gesagt.
Gutachterin:	Ach Schatzi…
Daniel:	Ich mag das nicht. Ich mag dich nicht!
Sekretärin:	Die will dir aber nichts Böses.
Daniel:	Doch.
Sekretärin:	Die will nur was Gutes. Nur das Beste.
Daniel:	Ich mag dich nicht! …
Gutachterin:	Was hast du denn? Ich tu doch nichts. Ich mach doch nichts.
Daniel:	Doch, das weiß ich.
Gutachterin:	Woher weißt du das? Du kennst mich doch gar nicht.
Daniel:	Doch!
Gutachterin:	Du kennst mich doch gar nicht.
Daniel:	Doch, Frau B. [Verfahrensbeist.] macht was mit den Kindern.
Gutachterin:	Wer macht was mit den Kindern?
Daniel:	Frau B.
Gutachterin:	Frau B? Aber ich bin doch nicht Frau B.
Daniel:	Aber die hilft Papa mit!

Das Ganze geht noch eine Weile weiter, Daniel ist völlig verzweifelt, weil sein Nichtwollen von allen Anwesenden übergangen wird. Die Gutachterin, Frau Dr. L, versucht mehrmals unbeholfen, Daniel zum Spielen zu überreden. Doch Daniel spürt, dass etwas nicht stimmt, er ahnt, dass die anwesenden Erwachsenen lügen und etwas im Schilde führen – und er soll tragischerweise Recht behalten.

Daniel:	Aber du bist mit Frau B.
Gutachterin:	Ich kenne Frau B. gar nicht. Ich habe mit Frau B. gar nichts zu tun.
Daniel:	Doch, du kommst mit meinem Papa.
Gutachterin:	Dein Papa ist nicht hier. Frau B. kenne ich gar nicht. Mit deinem Papa habe ich auch schon einmal gesprochen.
Daniel:	Du kommst immer mit Frau B. Die ist böse…
Gutachterin zur Sekretärin:	
	Ich habe jetzt gerade eben nachgefragt. Dass man rechtlich gleich einen Beschluss fasst. Das Ganze, was hier passiert, ist ja nicht so gut. Ein 1:1 ist nicht möglich.

	[Wieder versuchen sie, Daniel zum Spielen zu »überreden«.]
Gutachterin:	Ich habe gehört, dass du mit der Agentenburg ganz viel mit dem Papa gespielt hast.
Daniel:	Nee! Geh weg!
Gutachterin:	Stimmt das so?
Daniel:	Nee! Ist nicht wahr. Der blöde Papa. Das ist nicht wahr. Der will überhaupt nicht mit mir spielen. Papa ist böse!
Gutachterin:	Papa ist böse? Was hat er denn Böses gemacht?
Daniel:	Der ist richtig böse. Der hat mich gehauen und gestoßen und geschubst und eingesperrt. Der soll gehen!
Gutachterin:	Das ist eigentlich schade, dass du keinen Papa hast. Der wird dir irgendwann fehlen, Schatz.
Daniel:	Der ist böse, nee, gar nicht.
Gutachterin:	Nee gar nicht, weil Mama das sagt. Aber irgendwann wirst du es merken.
Daniel:	Nee, Mama sagt nichts. Ich will das alleine.
Gutachterin:	Ich glaube, wir müssen mal mit dem reden.
Daniel:	Nee!

Wie das ganze Szenario weiterging, ist im Aktenvermerk der ebenfalls an diesem Tag anwesenden Richterin H. beschrieben. Umso fassungsloser macht es, dass die Staatsanwaltschaft die angezeigte Rechtsbeugung dieser Richterin nicht als strafrechtlich relevant ansah. Einer Rechtsbeugung machen sich Richter strafbar, wenn sie bei der Entscheidung das Recht falsch (oder gar nicht) anwenden und dadurch Verfahrensbeteiligten zu Unrecht einen Vor- oder Nachteil verschaffen. In diesem Fall also dem Vater zu Unrecht einen Vorteil, nämlich durch den Verstoß gegen die Istanbul-Konvention, und dem Kind zu Unrecht einen Nachteil, denn der Wille des Kindes darf nicht einfach so massiv übergangen werden, es sei denn, es besteht eine akute Gefahr für das Leben des Kindes.

Aus dem Beschluss der Richterin:

»Das Kind sollte am heutigen Tag um 9 Uhr von mir in Gegenwart von Frau B. (Verfahrensbeist.) und der Sachverständigen Dr. L. angehört werden. Im Anschluss daran sollte eine Interaktionsbeobachtung stattfinden. Frau Dr. L. wollte die Beziehung und die Bindung zwischen Vater und Kind beobachten, während diese zusammen etwas spielen sollten. Die Kindesmutter hatte von diesem Termin keine Kenntnis. […]

Frau B., Frau Dr. L und ich nahmen Platz in diesem Raum. Der Kindesvater befand sich zu diesem Zeitpunkt in einem separaten Raum, von dem er aus nicht mitkriegen konnte, was im Besprechungszimmer geschieht. Unter einem Vorwand wurde Daniel von der Sekretärin in das Besprechungszimmer gerufen. Im Zimmer sitzend konnte ich hören, wie Daniel der Sekretärin nur widerwillig folgte. Diese musste ihn überreden, mit ihr mitzugehen. Als er im Besprechungsraum Frau B. erblickte, sagte er, dass er diese »nicht mögen würde«. Er drehte sich daraufhin um und lief weg. Frau Dr. L., die er bis dahin nicht gesehen hatte, folgte ihm. Nach einigen Minuten kam Frau Dr. L. zurück und erklärte, dass eine Kontaktaufnahme zu dem Kind aussichtslos sei. Dieser zeige eine absolute Verweigerungshaltung. Angesichts dessen mache es keinen Sinn, weiter mit dem Kind zu sprechen. Eine Interaktionsbegleitung könne daher auch nicht stattfinden. Sie erklärte, dass angesichts dieser Haltung Umgänge mit dem Kindsvater niemals werden stattfinden können. Mit einer weiteren Beeinträchtigung des Kindes bei unverändertem Zustand der aktuellen Situation sei zu rechnen.

Frau B. erklärte, dass sie angesichts dieses Verhaltens des Kindes eine sofortige Übertragung des Aufenthaltsbestimmungsrechts befürworte. Sie befürchte, dass wenn die Mutter von diesem Termin erfahre, sie wieder mit dem Kind abtauchen werde. Wir wissen nach wie vor nicht, wo sich die Kindesmutter in der Zeit vom 23.6.20 bis zum Tag der Einschulung aufgehalten habe. [Hinweis der Autorin: Es waren Sommerferien, die Mutter hatte zu dem Zeitpunkt das Aufenthaltsbestimmungsrecht und war mit Daniel im Urlaub. Nachweise hierzu liegen dem Gericht vor.]

Ich habe erklärt, dass ich die Auffassung teile. Da die weitere Beschulung und eine Untersuchung des Gesundheitszustandes des Kindes notwendig seien, müssten auch gleichzeitig schulische Angelegenheiten und Gesundheitsfürsorge übertragen werden. Einen entsprechenden Beschluss habe ich sofort verkündet und bin umgehend, nachdem ich die Sekretärin noch darüber unterrichtet habe, dass der Vater das Kind mitnehmen wird, in mein Büro, um den Beschluss zu begründen. […]

Kurze Zeit später rief mich ein Polizist aus H. an. Es werde gerade eine Kindesentführung durch die Mutter angezeigt. Ich verwies den Polizisten auf meinen Beschluss. Er bat um eine Übersendung des Beschlusses zeitnah per Fax, was ich zusagte. […] Kurze Zeit später rief er erneut an. Das Kind wollte gar nicht mit dem Vater mitkommen. Inzwischen habe ihm die Anwältin der Mutter erklärt, dass mein Beschluss rechtswidrig sei. Ich dürfe nämlich gar nicht gegen den Willen des Kindes entscheiden. Das hätte ich aber offensichtlich getan, denn den Willen des Kindes könne er gerade vernehmen. Außerdem bräuchte ich sowieso erst einen Gerichtsvollzieher, damit mein Beschluss umgesetzt werden könne, da es schließlich ein Zivilstreit sei und sie als Polizei nicht vollstrecken dürften. […] Außerdem sei der Beschluss doch bestimmt nicht gleich wirksam. Das Kind habe jedenfalls ausdrücklich seinen Willen geäußert und gesagt, dass er zur Mutter wolle. Er müsse sich schließlich absichern. Ich erklärte ihm, dass er überhaupt nichts zu vollstrecken habe und ich im Übrigen nicht meinen Beschluss diskutieren werde. Das Kind sei 6 Jahre und dürfe nicht entscheiden, wo es hingehe. Das habe allein der Vater zu bestimmen. Außerdem habe er bitte das zu tun, was ich ihm sage, und sich nicht dem Druck der Anwältin und der Mutter zu beugen. Dieses Gespräch und sein Inhalt waren für mich gleichsam eine neue wie irritierende Erfahrung […].«

Was hier am 1. Oktober 2020 geschehen ist, war ein eindeutiger Rechtsbruch und er ist nachweisbar, was in ähnlichen Fällen selten der Fall ist – und trotzdem interessiert es niemanden von offizieller Seite. Sowohl die von Deutschland ratifizierte Istanbul-Konvention, die dem Schutz von Müttern und Kindern vor Gewalt dienen soll, die UN-Kinderrechtskonvention als auch höchste BGH-Rechtsprechung im Kindschaftsrecht wurden hier schlichtweg ignoriert. Der kleine Junge wurde massiv von allen Verfahrensbeteiligten angelogen und übergangen. Er wusste, dass sein Vater dort war, was von allen Erwachsenen verneint wurde. Am Ende wurde er von seinem Vater aus der Schule gezerrt und ins Auto verfrachtet.

Was hier geschah, nennt sich staatliche Kindeswohlgefährdung. Von heute auf morgen verlor dieser Junge sein gewohntes Lebensumfeld, all seine Freunde. In 80 Kilometern Entfernung musste er sich neu einfügen mit einem Mann, der ihm durch dessen eigene Unfähigkeit fremd war, der ihm und seiner Mutter nachweislich Gewalt angetan hat.

Doch wie kam es überhaupt zu diesem Tag? Eine Mutter trennt sich nach jahrelanger Gewalt von ihrem Ehemann, nimmt ihren gemeinsamen

Sohn und zieht aus. Der Vater hatte schriftlich bereits im Vorfeld zugestimmt, das alleinige Sorgerecht für die Mutter zu garantieren, sollte es jemals zu einer Trennung kommen. Die Gewalt ist natürlich, wie in so vielen Fällen, nur bruchstückhaft nachweisbar. Doch einige wenige Berichte des Hausarztes über Hämatome am Körper von Mutter und Kind gibt es, plus entsprechende Fotos. Auch wurde dem Kindsvater nach einem Gewaltvorfall in der Kita des Jungen ein Hausverbot erteilt. Darüber liegen eidesstattliche Versicherungen vor.

Auch bezeugte eine Nachbarin über den Tag der Trennung, wie der Vater am Telefon geschrien hatte, er würde Mutter und Sohn »fertig machen«, er würde beide umbringen. Es steht also fest, dass es massive Gewalt gab, die auch im Beisein von Dritten verübt wurde, und deshalb gab es ein Gewaltschutzverfahren.

Trotzdem hat in Deutschland auch so ein Vater ein Recht auf Umgang mit seinem Kind. Diese Umgangskontakte hat die Mutter versucht, zu ermöglichen. Es gab einen Umgangsbetreuer, es gab auch einige Umgänge, die teilweise sehr misslich verliefen, weil Daniel den Kontakt verweigert hat und der Vater nachweislich nichts dafür getan hat, Situationen zu deeskalieren und einfühlsam auf seinen Sohn einzugehen.

Regelmäßig hat der Vater die Umgänge auch komplett ausfallen lassen, auch darüber gibt es zahlreiche Nachweise. Vor Gericht behauptete er später, die Mutter hätte den Umgang boykottiert. Von der Kita gibt es ebenfalls eine eidesstattliche Versicherung einer ausführlichen Dokumentation, aus der hervorgeht, dass der Vater sein Kind in nur vier Monaten neun Mal nicht wie vereinbart aus der Kita abgeholt hat. Drei Mal ist dokumentiert, wie Daniel weint, weil er nicht zum Vater möchte. Wenn die Mutter angerufen wurde, schaffte sie es, ihren Sohn zu beruhigen, so dass er doch mit seinem Vater mitging.

Auch der Rest ist umfassend dokumentiert. Das Jugendamt Braunschweig war oft dabei, wenn die Mutter ihren Sohn zur Haustür des Vaters brachte. Dieser weigerte sich regelmäßig, seinen aufgewühlten Sohn in Empfang zu nehmen. Das Jugendamt hat die Mutter in diesen Fällen angewiesen, ihren Sohn wieder mit zu sich zu nehmen, nachdem man schon über eine Stunde oder länger ergebnislos versucht hatte, eine Übergabe zu gestalten. Am Ende eskalierte das Ganze, aber nun in die entgegengesetzte

Richtung: Der Vater schaffte es erfolgreich durch massive Lügen das Gericht davon zu überzeugen, dass die Mutter ihr Kind manipuliert, es ihm böswillig vorenthält – und stellte einen Antrag auf das alleinige Sorgerecht. Daraufhin kam es zu diesem verhängnisvollen Tag am 1. Oktober 2020.

Die Richterin ist ihrer Amtsermittlungspflicht nicht nachgekommen, hat all das, was vorher geschah, völlig außer Acht gelassen. Ich erwarte von jedem sechsjährigen Kind, dass es nicht einfach so mit Fremden mitgeht, spricht oder spielt. Auch und gerade nicht im Schulkontext. Die Reaktion Daniels war völlig nachvollziehbar. Und doch wurde dieses Verhalten der Mutter als »bindungsintolerant« angelastet.

Was in den anderthalb Jahren nach dieser Entführung geschieht, ist ebenso unfassbar. Der Junge wird psychisch immer auffälliger, sucht Streit, quält seine Klassenkameraden. Es gibt Beschwerden von anderen Eltern, weil ihre Kinder Angst vor Daniel haben. Die Lehrer wissen sich nicht mehr zu helfen, das nun zuständige Jugendamt Hannover nimmt Kindeswohlgefährdungsmeldungen nicht ernst. Auch meine nicht. Die Schulleiterin ruft eine Konferenz mit dem Kinderschutzzentrum Hannover aus. Im Protokoll steht, dass Daniel im Unterricht teilweise nicht ansprechbar ist, dass er dauernd abschweift, vor sich hin summt oder murmelt, dass er sadistische Tendenzen zeigt. Alles Anzeichen einer posttraumatischen Belastungsstörung mit dissoziativer Störung. Er gilt als unbeschulbar. Als schnelle Hilfe ist die Rede von einer Schulbegleitung, es wird aber auch von einem Aufenthalt in einer Kinder- und Jugendpsychiatrie gesprochen. Im Juli 2022 kommt es zur bislang letzten Verhandlung vor dem OLG Braunschweig. All die oben aufgeführten Dokumentationen und auch der Anfang der Audiodatei liegen dem Gericht vor.

Das Urteil: Der Vater bekommt das alleinige Sorgerecht. Die Verfahrensbeiständin Frau B. hat Daniel insgesamt 14 Mal angehört. In jeder Anhörung hat er eindeutig gesagt, dass er sofort zurück zu seiner Mutter möchte. Er wolle den Vater zwar auch »besuchen«, aber bei seiner Mutter leben. Jedes Mal schrieb Frau B. dazu: »Der Wille des Kindes ist unerheblich«.

Die mittlerweile hinzugezogene familienrechtliche Gutachterin Frau A., die keinerlei Ausbildung im Bereich Kindheitspädagogik oder Traumatologie vorzuweisen hat, behauptete in ihrem Gutachten, dass zu Hause gefährdete Kinder sich durch »Mikroexpressionen« versuchen würden, Hilfe von

Fremden zu holen – auch im Beisein der Täter. Und dass Daniel dies nie getan hätte in den Interaktionsbeobachtungen zwischen Vater und Sohn, die sie begleitet hatte.

Nun muss man wissen, dass es diese Mikroexpressionen natürlich gibt. Besonders geschulte Psychologen oder Profiler können so zum Beispiel erkennen, ob Angeklagte lügen. Solche Erkenntnisse, die bei der Strafverfolgung Anwendung finden, nun auf kindliche Opfer übertragen zu wollen, ist etwas an den Haaren herbeigezogen. Zumal Frau A. natürlich keine Ausbildung in diesem Bereich vorlegen kann. Umso absurder, dass sich das OLG Braunschweig in seinem 70-seitigen Beschluss unter anderem auf diese haltlose Theorie bezieht. So etwas passiert, wenn Menschen ohne fundiertes Wissen zu viel Macht haben, was im Kindschaftsrecht in Deutschland leider an der Tagesordnung ist. Angefangen bei mangelhaft ausgebildeten Sozialarbeitern im Jugendamt, über Verfahrensbeistände teils ohne jegliche Qualifikation, bis hin zu Gutachtern, die nichts vorzuweisen brauchen, solange sie in irgendeiner Art ein medizinisches Studium vorweisen können. Da ist die staatliche Kindeswohlgefährdung vorprogrammiert.

Der Gerichtsbeschluss: ein Wirrwarr aus mangelnden Qualifikationen, persönlichen Ansichten und paternalistischen Ideologien (»Ein Kind hat nichts zu wollen«, »Wir wissen am besten, was das Beste für das Kind ist«, »Der Wille des Kindes muss gebrochen werden«, »Ein schlagender Vater ist besser als gar kein Vater«), die ihre Wurzeln noch in der Schwarzen Pädagogik des dritten Reichs haben. Ebenso fassungslos macht der folgende Satz zur oben transkribierten Tonaufnahme – in ebenjenem Sorgerechtsbeschluss, nur ein Satz von vielen:

»Zudem belegt auch die […] übersandte Tonaufnahme keine Situation, die die Traumatisierung eines Kindes oder das Entstehen einer posttraumatischen Belastungsstörung als überwiegend wahrscheinlich erscheinen lässt […]. Ob dieses Kindergeschrei von Dritten eher als panisch oder eher als bockig gewertet wurde, dürfte auch vom Standpunkt der jeweiligen Person und dessen Erfahrung im Umgang mit Kindern abhängen.«

Susanne Wunderer (Vorstandsmitglied im Verein Feministische Alleinerzieherinnen – FEM.A)

Immer mehr alleinerziehende Mütter sehen sich mit gerichtlichen Pflegschafts- und Unterhaltsverfahren konfrontiert. Viele Organisationen, wie Frauenberatungsstellen, Gewaltschutzzentren, Frauenhäuser etc. berichten von einem starken Anstieg an Beratungsbedarf in diesem spezifischen Thema, aber auch von ihrer eigenen fachlichen Überforderung, weil das Thema außerhalb ihrer Expertise liegt. Um diese Lücke zu schließen, wurde der Verein Feministische Alleinerzieherinnen – FEM.A gegründet. Der Verein Feministische Alleinerzieherinnen – FEM.A ist in Österreich einzigartig mit seinem Beratungs- und Serviceangebot rund um die Themen Unterhalt, Obsorge und Kontaktrecht. Es reicht von kostenlosen Webinaren mit Rechtsanwältinnen und Psychologinnen, Entlastungsgesprächen am FEM.A Telefon, das man drei Stunden täglich kostenlos anrufen kann, bis zu Informationen auf der Website, ein regelmäßiger Newsletter sowie Informationen auf diversen Social-Media-Kanälen, Vernetzung, Erfahrungsaustausch und Lobbying.

Grundsatzziel des Projektes: Unterstützung der Alleinerzieher*innen – rasch, niederschwellig, treffsicher und direkt. Außerdem: psychosoziale Entlastung der Mütter mit besonderem Fokus auf die Zusatzbelastung durch Pflegschafts- und Unterhaltsverfahren; Bündelung der Angebote für Alleinerzieher*innen und Vereinfachung des Zugangs zu Informationen und Unterstützungsangeboten; Stärkung und Empowerment; Vernetzung und Förderung des Erfahrungsaustauschs.

Institutionelle Gewalt im familiengerichtlichen Kontext in Österreich

An Österreichs Familiengerichten werden pro Jahr aktuell rund 11 000 Kontaktrechtsverfahren und 13 500 Obsorgeverfahren geführt, wobei die Tendenz bei Ersteren stark steigend ist (Zunahme um 76 Prozent im Zeitraum 2010 bis 2019). International geht man von 5 bis 10 Prozent hochstrittiger Verfahren aus. Verfügbare Zahlen aus Österreich lassen jedoch vermuten, dass der Prozentsatz deutlich höher ist und bei Obsorge- und Kontaktrechtsverfahren aktuell eher bei 20 bis 25 Prozent liegt.[5]

Der Leidensdruck von Müttern ist in den vergangenen Jahren größer geworden. Viele Organisationen orten einen erhöhten spezifischen Beratungsbedarf. Daher hat der Verein FEM.A am 1. Oktober 2021 das FEM.A Telefon aus der Taufe gehoben, an das man sich kostenlos mit Fragen rund um das eigene Pflegschafts- und Unterhaltsverfahren wenden kann. Als diejenige, die das Telefon betreut, ist mein Eindruck: An Österreichs Familiengerichten geht es stark um Ideologie, Fakten spielen viel zu oft eine bedauernswerte Nebenrolle.

Was ich am FEM.A Telefon höre.

Es sind hauptsächlich Mütter, die anrufen, hin und wieder auch Großmütter, die ihre Töchter unterstützen. Väter sind selten dabei. Betroffene wenden sich an das FEM.A Telefon, weil sich ein Pflegschaftsverfahren ankündigt und sie wissen wollen, was auf sie zukommt. Oder weil sie gerade die erste Tagsatzung hinter sich haben, die gänzlich anders verlaufen ist, als sie sich das vorgestellt haben. Manche haben bereits eine jahrelange gerichtliche Vorgeschichte, manche sind anwaltlich vertreten, manche können sich einen Anwalt nicht leisten, in manchen Fällen sind andere Institutionen wie die Familiengerichtshilfe oder Kinder- und Jugendhilfe involviert, manchen steht gerade ein Sachverständigengutachten bevor oder sie haben es gerade erhalten. Besonders dramatisch sind die Anrufe, wo es Kindesabnahmen oder Umplatzierungen zum anderen Elternteil gegeben hat.

Bei aller Unterschiedlichkeit gibt es doch auffällige Parallelen:

Auf der einen Seite findet man häufig Väter, die sich im Laufe der Beziehung wenig oder gar nicht um die Kinder gekümmert haben, die ihre Partnerinnen stark kontrolliert haben, oftmals mit zwanghaft nötigendem Charakter: Kontrolle über Finanzen (wofür darf wie viel Geld ausgegeben werden), Kontrolle über Sozialkontakte (mit wem darf sich die Partnerin treffen), Kontrolle über die Kommunikation (zum Beispiel über das Handy etc.). Nicht selten sind auch physische Gewalt sowie Alkohol- und Drogenmissbrauch im Spiel. Diese Väter drohen ihren Partnerinnen für den Fall der Trennung oftmals explizit Konsequenzen an wie: »Ich nehme dir die Kinder weg. Ich weiß, wie das geht.« Oder: »Wenn du gehst, bekommst du keinen Cent Kindesunterhalt von mir.« Oder: »Ich mach dich fertig. Du bekommst nie wieder einen Job.« Manche drohen sogar mit Mord.

Auf der anderen Seite stehen häufig Mütter, die es geschafft haben, sich aus der Beziehung zu ihrem toxischen Ex zu lösen, jetzt ihr Leben zurückhaben wollen, sich stattdessen aber am gerichtlichen Gängelband ihrer Ex-Männer wiederfinden. Es sind oftmals gut ausgebildete Frauen, die mit ihrem Gehalt sich und das Kind ernähren können. Diese Frauen sind gewohnt, sich zu informieren und nachzulesen, sei es über Kindererziehung oder über Gerichtsverfahren. Sie sind selbstreflektiert und haben hohe Ansprüche an sich als Mutter. Sie befürworten, dass der Vater Kontakt zum Kind hat, allerdings nur in einem Rahmen, in dem seine Toxizität nicht zulasten des Kindes geht. Angesichts der überbordenden Forderungen des Vaters nach immer mehr Kontakt bis hin zum hauptsächlichen Aufenthalt mit alleiniger Obsorge finden sie sich plötzlich in der Rolle der Abwehrenden, derjenigen, die Nein sagen muss, die einschränken muss. Wo sie doch zuvor die Zulassenden, die Unterstützenden waren, diejenigen, denen ein guter Kontakt des Kindes zum Vater stets wichtig war.

Verkehrte Welt: Ideologie statt Fakten.

Viele der Anruferinnen/der Anrufer fühlen sich in Pflegschaftsverfahren in einer verkehrten Welt. Denn Wissenschaft, Fakten oder selbst basale Regeln des Zusammenlebens scheinen plötzlich nicht mehr zu gelten.

Österreich wird international dafür gelobt, dass es das Kindeswohl in seinem Rechtssystem explizit ausformuliert (§ 138 ABGB) und die Kinderrechte (zwar nicht vollumfänglich, aber immerhin) in der Verfassung verankert hat. All das wird jedoch ausgehebelt, wenn man einer Ideologie gestattet, in der Rechtsprechung Raum zu ergreifen.

Ich höre immer wieder dieselben Erzählungen:

- **Von unterschiedlichen Maßstäben, die für Mütter und Väter gelten.** Während sich Mütter den Vorwurf der Manipulation und Kindesentfremdung gefallen lassen müssen, sobald sie einem Kontaktwunsch des Vaters nicht zustimmen, gilt für Väter anderes. Gerade im Fall von Umplatzierungen der Kinder zum Vater passiert es nicht selten, dass die Kinder vom Kontakt zur Mutter völlig abgeschnitten werden. Dies gänzlich ohne Konsequenzen für die Väter, und die betroffenen Mütter erinnern sich an diesem Punkt bass erstaunt an die enervierenden Diskussionen vor der Umplatzierung, zum Beispiel mit der Familiengerichtshilfe, in denen sie sich mühsam rechtfertigen mussten, warum das Kind vergangenen Sonntag mit 39 Grad Fieber nicht mit dem Vater telefonieren wollte.

- **Von Gewalt, Alkohol- oder Drogenmissbrauch, die keine Rolle spielen.** Während Väter einen Freibrief zu genießen scheinen, werden Mütter bei entsprechenden Vorwürfen unter staatliche Kuratel (zum Beispiel in Form von verpflichtender ambulanter Betreuung durch die Kinder- und Jugendhilfe) genommen oder die Kinder werden ihnen sogar zwangsweise abgenommen. Und nicht nur das: Bringt eine Mutter ihre Erfahrungen mit Gewalt, Alkohol- oder Drogenmissbrauch des Vaters vor, wird sie beschuldigt, den Vater lediglich schlechtmachen zu wollen. Mit diesem Argument wird ihr dann die Erziehungsfähigkeit teilweise oder zur Gänze abgesprochen.

Von dem Unwort »Sexueller Missbrauch« – weil nicht sein kann, was nicht sein darf.

Wehe einer Mutter, die den Vorwurf des sexuellen Missbrauchs erhebt, mag er durch PsychologInnen und ÄrztInnen noch so gut fundiert sein, und mögen die Aussagen des Kindes und andere Hinweise noch so eindeutig sein. Es wird dann lieber die Glaubwürdigkeit des Kindes begutachtet, als dass der Vater in Zweifel gezogen wird. Nachdem es bei sexuellem Missbrauch nur in seltenen Ausnahmen zwingende Beweise gibt, ist es ein Leichtes, den Vorwurf als im Zweifel unbestätigt gelten zu lassen. Somit ist die Sache vom Tisch und die Mutter wird gezwungen, die Kontakte zwischen Vater und Kind wieder zuzulassen. Wenn sie sich weigert, riskiert sie eine zwangsweise Fremdunterbringung oder Umplatzierung zum Vater.

Von dem Gefühl, es nicht richtig machen zu können.

Mütter berichten, dass sie das Gefühl haben, dass ihnen jedes Wort im Mund umgedreht wird und egal, was sie sagen, es jedenfalls falsch ist. Wenn sie eine Kindeswohlgefährdung beim Vater sehen und eine Gefährdungsmeldung machen, wird ihnen gesagt, sie wollten den Vater nur schlecht machen – machen sie keine, werden sie beschuldigt, ihre Verantwortung als Elternteil nicht wahrgenommen zu haben. Wenn sie das Kind während der Papa-Zeit anrufen, sagt man ihnen, sie könnten nicht loslassen, wären Helikoptermütter und bindungsintolerant – rufen sie nicht an, sagt man ihnen, sie würden sich nicht um die Kinder kümmern und hätten augenscheinlich ausreichend Vertrauen in die Erziehungskompetenz des Vaters. Wenn sie den Vater wegen Gewalt anzeigen, wird ihnen gesagt, sie wollten sich nur einen Vorteil im Verfahren verschaffen – wenn sie es nicht tun, wird ihnen unterstellt, an ihren Vorwürfen wäre nichts dran, sonst hätten sie ja Anzeige erstattet.

Nach 450 Gesprächen in elf Monaten am FEM.A Telefon, 450 Fällen, die mir geschildert wurden, unzähligen Beschlüssen, Berichten der Familiengerichtshilfe und Gutachten, die ich gelesen habe, haben sich für mich folgende **Leitgedanken der wirkenden Ideologie** herauskristallisiert:

Väterbeteiligung um jeden Preis.

Die Kinderbetreuung auf die Schultern beider Elternteile legen zu wollen ist gesellschaftspolitisch ein löbliches Ansinnen. In der Praxis nimmt das insbesondere Väter in die Pflicht, denn Kinderbetreuung ist in Österreich immer noch Frauensache. Im Kontext von Pflegschaftsverfahren scheint es jedoch, als ob es einem Vater nicht gelingen könne, sich als Elternteil zu disqualifizieren, während man bei der Mutter das Haar in der Suppe sucht, um zu rechtfertigen, dass das Kind künftig mehr Zeit mit dem Vater und weniger mit der Mutter verbringen soll. Über Gewalt, Alkohol- und Drogenmissbrauch oder andere Kindeswohl schädigende Verhaltensweisen wird dabei beim Vater großzügig hinweggesehen. Die Standardantwort auf entsprechende Hinweise der Mütter lautet: »Das war in der Vergangenheit, wir blicken in die Zukunft.« Mütter stehen unter Generalverdacht, Vorwürfe nur deshalb zu erheben, um sich einen Vorteil im Verfahren zu verschaffen.

**Mütter entfremden und manipulieren,
Väter sind Opfer der Entfremdung.**

Wenn ein Kind artikuliert, dass es nicht in dem Ausmaß beim Vater sein will, wie dieser sich das wünscht, oder wenn es Übernachtungen oder gar den Kontakt zur Gänze verweigert, wird reflexartig die Mutter dafür verantwortlich gemacht. Sie wird beschuldigt, das Kind gegen den Vater zu manipulieren und somit zu entfremden. Niemand kommt auf die Idee, dass die Verweigerungshaltung des Kindes etwas mit einem Fehlverhalten des Vaters zu tun haben könnte, und geht ihr professionell auf den Grund. Die Diagnose der Entfremdung und Manipulation durch die Mutter wird – so überhaupt – mit Theorien begründet, deren Gültigkeit international längst in Frage gestellt oder sogar klar verneint wurden. Dabei wären Einzelfallaussagen ohne professionelle Exploration ohnehin gar nicht möglich. Und dennoch reicht in Pflegschaftsverfahren ein Triggerwort (»Entfremdung«), um eine unsubstanziierte Diagnose (»Manipulation durch die Mutter«) auszulösen. Anwälte wissen das und nutzen es.

(Hoch-)Strittigkeit ist beiderseitiges Verschulden.

Das Pflegschaftsgericht und sein Helfersystem gehen bei den beiden Parteien von Vernunft geleiteten Menschen aus, die in einem Streit gefangen sind. Man müsse lediglich den Streit befrieden, um zu einer Lösung in der Sache zu kommen. Gewalt ist dabei Ausdruck der Hilflosigkeit einer Partei in Reaktion auf eine Aktion der anderen Partei im Laufe des Streits. Verschwindet der Streit, verschwindet auch die Gewalt. Menschen, die nicht von Vernunft geleitet werden, die gewalttätig sind, weil sie zum Beispiel ihre Emotionen nicht regulieren können, oder die andere Verhaltenspathologien zeigen, kommen in dieser Überlegung nicht vor. Insbesondere kommen darin Väter nicht vor, die streiten wollen, die sich am Streit nähren, weil es das letzte Mittel ist, das ihnen Kontrolle über die Ex-Partnerin gibt.

Kindern wird kein eigener Wille zugestanden.

Lt. § 105 AußStrG sind Kinder in Obsorge- und Kontaktrechtsverfahren zwingend persönlich zu hören. Ab einem Alter von zehn Jahren muss dies durch die Richterin/den Richter erfolgen, bis dahin kann es auch durch eine geeignete dritte Person (zum Beispiel Kinderbeistand, Sachverständige/Sachverständiger, Familiengerichtshilfe, Kinder- und Jugendhilfe) erfolgen. Das Gesetz formuliert Ausnahmen von diesem Grundsatz, die leider viel zu leichtfertig gezogen werden. Somit kehrt sich etwas grundsätzlich Positives in sein Gegenteil um, weil Kinder mit dem Argument einer zu hohen Belastung durch die Befragung entweder gar nicht befragt werden oder dem geäußerten Willen wegen der angeblichen Manipulation der Mutter keine Bedeutung beigemessen wird. Statt eines qualitativen Blicks auf den Kindeswillen hat man viel zu oft den Eindruck, dass die Ausnahmen des § 105 AußStrG bemüht werden, um keine Argumente gegen eine Ausweitung der Vaterkontakte in den Prozess zu bringen.

Die Rolle der Institutionen.

In Österreich sind das neben dem Familiengericht insbesondere die Familiengerichtshilfe, die Kinder- und Jugendhilfe sowie Sachverständige, die in Pflegschaftsverfahren eine starke Rolle spielen. Aber auch Kinderbeistände und BesuchsbegleiterInnen mischen mitunter kräftig mit. Sie alle stützen in der Regel oben dargestellte Ideologie. Das ist zum Teil wohl auch systemisch begründbar:

Die **Familiengerichtshilfe** kann ausschließlich auf Auftrag des Gerichts tätig werden, die beauftragende Richterin/der beauftragende Richter entscheidet auch über einen eventuellen Ablehnungsantrag, die Oberlandesgerichte fungieren als innere Revisionsstellen.

- Für **Kinderbeistände** gilt dasselbe, wobei Kinderbeistände stundenweise bezahlt werden, also mehr verdienen, wenn sie häufiger beauftragt werden.
- Amtswegige Kindesabnahmen der **Kinder- und Jugendhilfen** müssen innerhalb von 14 Tagen durch einen gerichtlichen Beschluss bestätigt werden. Hier ist ein guter Kontakt zur zuständigen Richterin/zum zuständigen Richter von Vorteil.

Für einige **Sachverständige** stellen Gutachten die einzige Einkommensquelle dar, und oft genug kann man sich des Eindrucks nicht erwehren, dass mit den Empfehlungen die Erwartungen einerRichterin/eines Richters bedient werden sollten, um Folgeaufträge zu sichern. In Bayern hat eine Studie der Ludwig-Maximilians-Universität München 2014 ans Tageslicht gebracht, dass 45 Prozent der psychologischen Sachverständigen erklärten, ein Gericht habe ihnen schon einmal oder häufig signalisiert, welche Tendenz es bei einem Gutachten erwarte. Sachverständige in Österreich berichten uns Ähnliches.

Im Allgemeinen ergibt sich folgender Eindruck: Je weniger eine Organisation unmittelbar in ein gerichtliches Pflegschaftsverfahren eingebunden ist, desto eher ist gewährleistet, dass das Kindeswohl im Mittelpunkt steht. Im Einzelfall hängt es stark von der konkreten Person ab, was wiederum untrügerischer Hinweis auf einen Systemmangel ist.

Was es braucht.

Österreichs Kindschaftsrecht ist nicht so schlecht, wie oben geschilderte Praxis vermuten lassen könnte. Verbesserungen ebendieser Praxis wird man daher auch nicht mit neuen Gesetzen erreichen, sondern vielmehr damit, an allen Stellen sicherzustellen, dass das Kindeswohl oberste Prämisse bleibt und nicht zugunsten anderer Interessen in den Hintergrund tritt. Mit einem professionellen Qualitätsmanagementsystem, das den gesamten Prozess abdeckt, und Transparenz an allen Stellen könnte man diesem Ziel einen großen Schritt näher rücken. Denn über das Wohl und die Zukunft eines Kindes zu entscheiden, ist eine enorm hohe Verantwortung. Entsprechend hoch müssen die Qualitätsansprüche sein.

AlleinerzieherInnen als auch ihre Kinder gehören zu einer der Bevölkerungsgruppen in Österreich, die am stärksten von Armut und Ausgrenzung bedroht sind. Der Alltag von AlleinerzieherInnen ist durch die Vielfachbelastungen des Alltags sehr herausfordernd. Wenn dann noch ein gerichtliches Unterhalts- oder Pflegschaftsverfahren dazukommt, ist die dadurch entstehende Zusatzbelastung kaum zu stemmen – weder zeitlich, noch finanziell oder emotional. Hier schließt FEM.A eine wichtige Lücke.

Jede/Jeder kann sich aktiv beteiligen, dies entweder:

- durch eine Mitgliedschaft (entweder als reguläres oder förderndes Mitglied) oder
- durch ehrenamtliche Mitarbeit (zum Beispiel durch Unterstützung der Vereinsarbeit, Aufbau und Einbringen spezifischer Expertise etc.) oder
- durch Spenden.

Bericht eines Verfahrensbeistands aus Nordrhein-Westfalen (anonym)

»Ich hatte noch nie so viel Macht wie im Familiengericht!«
Satz einer Richterin

Justitia – die Göttin der Gerechtigkeit und Symbol unserer heutigen Justiz. Während sie zunächst einäugig und blind dargestellt wurde, trägt sie seit Ende des 15. Jahrhunderts eine Augenbinde: Ein Zeichen der Unparteilichkeit. Ihre Blindheit symbolisiert die Aufgabe des Gerichts, objektiv aufgrund der Sachlage zu urteilen. Die Waage zur Abwägung der Sachlage, die sie in der Hand hält, früher noch waagerecht, ist heute unausgeglichen, dem im Strafrecht bekannten lateinischen Spruch folgend »in dubio pro reo« – im Zweifel für den Angeklagten.

Bei meiner Tätigkeit als Verfahrensbeistand in Kindschaftssachen in familiengerichtlichen Verfahren, aber auch generell in der Zusammenarbeit mit Jugendämtern, sozialpädagogischen Familienhilfen oder Jugendhilfeeinrichtungen scheint das grundsätzliche Motto nicht nur im Zweifel für den Angeklagten zu lauten, sondern generell **für** den Angeklagten, jedenfalls wenn dies der Vater ist. Denn damit sind männliche (Gewalt-)Täter gemeint, die von ihrer Schuld nicht nur freigesprochen werden, diese wird häufig komplett unsichtbar gemacht, verschleiert oder schlichtweg ignoriert, während Mütter zum Störfaktor und zum eigentlichen Problem konstruiert werden.

Während sich Mütter derartiges Verhalten nicht leisten dürfen, wird ihnen sogar der Versuch ihre Kinder vor der Gewalt des Kindsvaters zu schützen, als negativ ausgelegt und die in der Psychologie nicht existierende »Bindungsintoleranz« diagnostiziert – häufig sogar, ohne jemals mit der Mutter gesprochen zu haben. Und sollte sich die Mutter gar nichts zu Schulden kommen lassen haben, dann wird sich nicht selten etwas von Mitarbeitenden der Jugendämter oder anderen Verfahrensbeteiligten ausgedacht. Mütter erleben somit permanent institutionelle psychische Gewalt durch das Familiengericht und das Helfersystem, das ursprünglich doch für das Herstellen von Gerechtigkeit erschaffen wurde. Doch der Spruch »in dubio pro reo« macht bereits deutlich, dass mit

Gerechtigkeit in einer Institution für Gerechtigkeit nicht unbedingt zu rechnen ist.

Das Familiengericht ist Teil der patriarchalen Gesellschaft und somit der patriarchalen Gewalt, die sich gegen Frauen, Mütter und Kinder richtet und nicht nur »im Zweifel«, sondern per se für den Vater einsteht, anstatt Betroffene zu unterstützen und zu schützen. Der Name ist hier Programm: Patriachat bedeutet Väterherrschaft oder Vaterrecht.

Einblicke in die Fortbildung zum Verfahrensbeistand und Gutachter

Bereits die Ausbildung des Helfersystems ist durch die sogenannte Väterrechtslobby, die sich aggressiv für Väter auf Kosten der Mütter und Kinder einsetzt, unterwandert. Ich habe während meiner Ausbildung zum Verfahrensbeistand sowie zum Gutachter Einblicke in die mütter- und frauenfeindlichen Ansichten der AusbilderInnen erhalten:

Eine **Familienrichterin** berichtete den TeilnehmerInnen, anstatt die relevanten rechtlichen Themen abzuarbeiten, vor allem von den vielen ihr bekannten problematischen Müttern. Diese könnten ihre Kinder einfach nicht loslassen. Sie vermutet eine Bindungsintoleranz, die sie daher per Gutachten überprüfen lässt. Mütter seien ihrer Meinung nach diejenigen, die nach einer Trennung vom Kindsvater die Kinder manipulieren würden. Väter hingegen würden dies nur äußerst selten tun und ohnehin in Gerichtsverfahren meist den Kürzeren ziehen. Die Richterin berichtete zum Beispiel von folgendem Fall:

Die Kindsmutter teilte dem Gericht den Wunsch der Kinder mit, dass diese den Vater aktuell nicht sehen wollen. Der Kindsvater würde täglich vor der Tür stehen, klingeln und sie belästigen und tyrannisieren. Die Richterin habe die Mutter dann unter Androhung einer Geldstrafe und des Wechselmodells unter Druck gesetzt und die Kinder dann selber zum Vater gefahren. Letztendlich habe sie zunächst das Wechselmodell und dann den Umzug der Kinder zum Vater angeordnet, worauf der Vater in das Haus der Mutter einzog und diese ausziehen musste.

Weiterhin erzählte die Richterin, dass man Müttern, die etwas Schlechtes über den Vater erzählen würden, den Zahn ziehen müsse, da das Erzählte in der Regel ausgedacht sei. Sie machte deutlich, dass sie sich für eine standardmäßige Umsetzung des Wechselmodells engagiert, da dies eine deeskalierende Wirkung habe. Sie gebe Verfahrensbeteiligten sogar Argumentationshilfen, um auch jetzt schon, wann immer irgend möglich, das Wechselmodell durchzusetzen.

Mütter müsse man lange quälen, knebeln und triezen sowie unterbinden, dass sie Beweise für Gewalt gegen den Kindsvater vorbringen könnten, notfalls per Zwang. Am besten sei, so die Richterin, ohnehin generell der Umzug zum Kindsvater. Sie halte außerdem nichts davon, den Umgang auszusetzen, wenn Missbrauch durch den Vater im Raum stehen würde. Dies sei zum einen in fast allen Fällen von den Müttern erfunden und würde zum anderen den Kindern nur schaden. Gutachter, so ihre steile These, könnten sehr leicht und problemlos herausfinden, ob der Vater das Kind missbraucht oder nicht. Täter würden ohnehin keine Bedrohung für Kinder darstellen, wenn sie zusichern, ab sofort damit aufzuhören. Auch Väter, die unter Einsetzung von Schusswaffen eine Bank überfallen würden, wären natürlich gute Väter mit Recht auf Umgang.

Ein Problem habe sie darüber hinaus aber mit Frauen, die vor einem vermeintlich gewalttätigen Vater ins Frauenhaus mit ihren Kindern flüchten würden. Das hätte extrem negative Auswirkungen auf das Kind und die Vater-Kind-Bindung. Wenn der Vater das Kind nicht fast totgeschlagen habe, dann schiebe sie dem einen Riegel vor und ordne Umgänge an.

Eine ausbildende **Verfahrensbeiständin** erklärte, dass es enorm wichtig sei, dass sie bei den Gesprächen mit den Kindern, wenn diese über fünf Jahre alt sind, immer alleine – mit geschlossener Tür – sprechen würde. Die Kinder würden ansonsten durch die Anwesenheit der Mutter manipuliert werden. Ein Recht auf einen Beistand durch Sorgeberechtigte hätten Kinder ihrer Meinung nach nicht. An den Anschuldigungen von Müttern, dass der Kindsvater gewalttätig gewesen sei, wäre normalerweise überhaupt nichts dran. Man dürfe derartige Aussagen nicht beachten, da man ansonsten zu schnell eine Täter-Opfer-Vorstellung bekommen würde. Außerdem müsse man nicht unbedingt mit beiden Elternteilen sprechen, meist reiche einer schon aus, um alles zu wissen.

Das Wechselmodell könne die Schwächen der Eltern kompensieren[6] und, wenn Mütter nicht richtig mit dem Kindsvater kommunizierten, auch erzwungen werden. Die meisten Väter würden selbstverständlich zur finanziellen Unterstützung der Mütter selbst beim Wechselmodell den vollen Unterhalt zahlen.[7] Bei Gewalt durch den Kindsvater, die extrem selten sei, müsse es Umgang geben. Ganz im Gegenteil wäre ein Umgangsausschluss kindeswohlgefährdend. Und selbst wenn der Kindsvater das Kind misshandelt, dieses aber zu ihm möchte, so habe sich der Verfahrensbeistand dafür einzusetzen.[8]

Ein weiterer Ausbilder (**Psychologe** und **Gutachter**) erklärte, dass Mütter für Kinder grundsätzlich auch austauschbar seien. Das schließe er daraus, dass in der Steinzeit viele Mütter früh gestorben seien, daher würden Kinder auch erst im Alter von mehreren Monaten beginnen zu fremdeln, aber Beziehungen können sie jederzeit mit jedem Menschen aufnehmen. Hier wurde subtil und manipulativ den angehenden Verfahrensbeiständinnen vermittelt, dass die Kinder, die jahrelang durch die Mutter erzogen wurden und eine enge Bindung zu ihr besitzen, immer auch problemlos und abrupt zum Vater wechseln könnten. Auch vom Kindsvater missbrauchte Kinder könnten ruhig bei diesem bleiben, wenn das Kind das möchte. Es sollten nur die Rahmenbedingungen geklärt werden. Hier wird sich offensichtlich auf die pädokriminellen Ansichten des amerikanischen Kinderarztes Dr. Richard Gardner bezogen, der das sexistische und mütterfeindliche PAS (Parental Alienation Syndrome/Bindungsintoleranz) erfand, welches er im Übrigen Müttern per se unterstellte.

Der Psychologe propagierte darüber hinaus das (erzwungene) Wechselmodell mit der absurden Begründung, dass es für Kinder gesünder sei, sie dadurch glücklicher wären und weniger Mobbing erfahren würden. Außerdem empfehle er, dass sich Eltern nicht mehr trennen sollten, wenn sie ihr Kind wirklich lieben würden.

In einem Ausbildungsmodul zum Gutachter referierte eine vorsitzende **Familienrichterin** eines Oberlandesgerichts. Ihrer Meinung nach dürfen GutachterInnen nicht von Kindeswohlgefährdung oder Traumatisierung sprechen. Sie habe bereits mit fünf bis sechs ExpertInnen darüber gesprochen, aber niemand hätte ihr erklären können, was das eigentlich genau sei. Ihrer Meinung nach handele es sich nur um Schlagworte bzw. um leere Worthülsen. Außerdem hätten auch schwer misshandelte Kinder Bindungen zum Täter, die berücksichtigt werden müssten. Wenn das Kind keinen dauerhaften Schaden durch den Missbrauch oder die Gewalt erlitten habe, dann müsse es natürlich zum Kindsvater. Auch seien das alles nur Behauptungen und es gelte die Unschuldsvermutung. In der Regel würden sich Mütter Gewalt nur ausdenken. Man habe sich da rauszuhalten. Eher bestehe das Problem der Bindungsintoleranz bei Müttern.

Ihrer Meinung nach gebe es jedoch sehr viele Frauen, die selber Kinder sexuell auf eine Art und Weise missbrauchen würden, die wir uns alle nicht vorstellen könnten.

Kinder, die den Kindsvater nicht sehen wollen, müssten gegebenenfalls zum Umgang gezwungen werden – wie auch die Mütter unter Androhung von Ordnungsgeld oder Haft, um den Umgang durchzusetzen. Das solle den Kindern auch als Druckmittel mitgeteilt werden. Die Richterin machte kein Geheimnis daraus, dass sie für den höchst aggressiven und mütterfeindlichen Väterrechtsverein »Väteraufbruch für Kinder e.V.« schwärmte und mit diesem gemeinsam Veranstaltungen durchführt. Und auch den »Erfinder« des Wechselmodells bewunderte sie darüber hinaus nach eigener Aussage sehr.

Familiengerichtliche Verfahren

In fast allen familiengerichtlichen Verfahren, in denen ich als Verfahrensbeistand tätig war, standen gewalttätige, manipulierende, drogenabhängige, alkoholkranke und höchst gefährliche Männer im Zentrum, denen es ganz offensichtlich nicht um das Kind, sondern um die Terrorisierung und Zerstörung der Mutter ging.

In einem Verfahren terrorisierte der Vater die Kindsmutter per Telefon und per E-Mail, klingelte nachts bei ihr Sturm, während das Kind schlief, verfolgte sie, tauchte unangekündigt bei ihrer Arbeit auf, machte heimlich Fotos, kontrollierte, was sie in ihrem Auto liegen hatte oder ging abends an ihrem Haus vorbei, um sie zu beobachten. Er notierte dann, in welchen Räumen noch Licht angeschaltet war, um ihr dann mitzuteilen, dass er wisse, dass das Kind noch wach sei. Wenn das Kind krank war und nicht in die Kita konnte, erwartete der Kindsvater, dass die Kindsmutter dann unverzüglich zum Arzt ging. Anschließend musste sie ihm Beweisfotos von der Krankmeldung oder Ergebnissen senden. Bei Fieber musste sie die Temperatur im Po des Kindes messen und das Ganze filmen und ihm ebenfalls zusenden.

In einem anderen Fall mit einem gewalttätigen Vater installierte dieser – er war Informatiker – ein Tracking-Programm in seinen Emails, um auszuspionieren, ob das Jugendamt, das Gericht, die Anwälte und ich die E-Mails von ihm lasen, wann sie diese öffneten und an wen sie sie weiterleiteten.

Ein weiterer Vater beantragte sofort die alleinige elterliche Sorge, nachdem die Kindsmutter in Kabul kurzfristig nicht ausreisen durfte aufgrund des Regierungssturzes und der Machtübernahme der Taliban in Afghanistan. Sie war nur im Land, um ihren sterbenden Vater ein letztes Mal zu besuchen.

Besonders erschreckend war ein Fall, bei dem der Vater, ein ehemaliger syrischer Soldat, die Kindsmutter versuchte, zu ermorden. Das Kind musste dies mit ansehen. Eine gängige Strafe des Kindsvaters waren Schläge mit einem Stock auf den nackten Po oder dass sich das Kind stundenlang nackt im Winter in den Garten an eine Mauer stellen musste. Er drohte, das Kind ins Ausland zu entführen und die Anwesenden im Gerichtssaal – die Richterin, die Jugendamtsmitarbeiterin etc. – umzubringen.

Ebenfalls besonders verstörend war ein Verfahren, in dem der Kindsvater Drogendealer und Drogenkonsument war mit Kontakten zu kriminellen Netzwerken. Er wurde mehrfach von der Polizei festgenommen, teilweise unter schwerster Gegenwehr. Er war zigfach gewalttätig gegenüber Mutter und Kind, gegen Verwandte und Freunde. Er erhielt einen Platzverweis und ein Näherungsverbot. Es laufen mehrere Verfahren gegen ihn wegen schwerer Gewalt sowie ein Gewaltschutzverfahren. Er brachte das Kind in Lebensgefahr und drohte offen der Polizei gegenüber, das Kind zu entführen. Im Zuge des gerichtlichen Verfahrens sowie gegenüber dem Jugendamt sagte er offen, dass er gewalttätig sei und das auch nicht ändern könne. Er sei eben so. Selbst beim Gerichtstermin bedrohte er vor allen Beteiligten die Kindsmutter. Diese, wahrscheinlich aus Angst, stimmte allen Vorschlägen des Jugendamtes, des Vaters und des Gerichts zu. Nur beim Thema Umgang war es ihr wichtig, dass dieser begleitet wird. Daraufhin herrschte das Jugendamt die Kindsmutter an, was sie für ein Problem habe, es gäbe ja nun wirklich keine Gründe, weshalb der Kindsvater sein Kind nicht unbegleitet sehen könne, gerne auch über Nacht (was nicht einmal vom gegnerischen Anwalt gefordert worden war). Nun begann das Jugendamt, die Kindsmutter als Problem darzustellen. Der Vater sei zudem nur ein liebender Vater, die Probleme – also die Gewalt durch ihn – seien ausschließlich Konflikte auf der Elternebene, sie hätte sich ja viel früher an das

Jugendamt wenden können, eine Familienhilfe sei nicht nötig und weitere Überprüfungen durch das Jugendamt auf Drogenkonsum des Vaters wurden abgelehnt mit der Begründung, dass diese Geld kosten würden. Auch die Richterin mischte sich nun ein und gab ihre Meinung kund, dass es sich hier nur um hochstrittige Eltern mit unterschiedlichen Perspektiven handeln würde. Dem Täter müsse man nun einfach mal wieder vertrauen. Dann fügte sie an, dass das Wort Täter ein böses Wort sei, das niemand im Gerichtssaal verwenden wolle. Der Kindsvater erhielt mehrfach pro Woche unbegleiteten Umgang und somit Zugriff auf das Kind.

Ich selber erlebte in meiner Funktion als Verfahrensbeistand immer wieder, wenn ich die polizeilich dokumentierte Gewalt an Müttern benannte und die daraus resultierenden möglichen psychischen Folgen für Mutter und Kind, dass ich laut Jugendamtsmitarbeitenden parteilich bzw. nur pro-Mutter und angeblich männerfeindlich sei.

Dennoch: In vielen Verfahren, in denen ich tätig war, konnte ich durch das Benennen der Gewalt, der Übergriffigkeiten und der Manipulationen durch den Kindsvater die patriarchale Schieflage etwas begradigen. Jedoch nicht immer. Es bedarf daher eines grundsätzlichen gesellschaftlichen Wandels und viel Aufklärung über patriarchale Zusammenhänge, institutionelle Gewalt, toxische Männlichkeit und Auswirkungen von Gewalt auf Mütter und ihre Kinder. Verfahrensbeteiligte müssen dementsprechend geschult werden, damit institutionelle Gewalt an Müttern und Kindern ein Ende hat. Ich hoffe, dass das vorliegende Buch viele RichterInnen und Verfahrensbeteiligte erreicht und ein Umdenken und eine grundlegende Veränderung anstößt.

Kapitel 5

Die Folgen für Mütter, Kinder und Gesellschaft

Institutionelle Gewalt im Familiengericht und Jugendamt hat für betroffene Mütter und Kinder weitreichende Folgen. Sie setzt die Gewalt, die sie durch den Vater erlebt haben, fort. Alle körperlichen und psychischen Folgen dieser Gewalt werden also verlängert und vervielfacht. Denn Mütter und Kinder stehen so weiterhin unter der Kontrolle des Täters.[1] Der erzwungene Kontakt zum Aggressor oder gar die Umplatzierung der Kinder zum Täter »können zu einer erheblichen Vergrößerung der Gefährdungssituation beitragen.«[2]

Körperliche Gewalt führt zu Verletzungen, bleibenden Beeinträchtigungen, Schmerzen, psychischen Erkrankungen und Traumatisierungen bis hin zum Tod durch Femizid. Psychische Gewalt, also Zwangskontrolle, Stalking, Belästigungen etc., hat oft weniger offensichtliche Auswirkungen, die aber nicht weniger schwerwiegend sind.[3] Das Selbstwertgefühl der Betroffenen wird geschwächt, sie leiden an posttraumatischen Belastungsstörungen und befinden sich durch die fortwährende Bedrohung nicht selten in einem Hyperarousal. Das bedeutet, dass das autonome Nervensystem permanent übererregt und die Betroffene in Alarmbereitschaft ist. Oft geht damit ein Isolationsteufelskreis einher. Täter versuchen bewusst, ihre Opfer von anderen Menschen zu isolieren, verbieten ihnen Kontakte oder verleumden sie im gemeinsamen Umfeld. Und wenn Betroffene jahrelang unter den Belastungen leiden, sich kaum noch aus dem Haus trauen und ununterbrochen alarmiert und verängstigt sind, nehmen soziale Kontakte weiter ab. Bei Opfern von Zwangskontrolle konnte man herausfinden, dass Täter bei rund einem Drittel aller Betroffenen »Angst, Einschränkungen der Autonomie, Herabwürdigungen und [...] ein Gefangensein ohne offensichtliche Gewaltereignisse« erreichen.[4]

Wachsen Kinder bei gewalttätigen, toxischen oder narzisstischen Elternteilen auf, müssen sie lernen, sich ständig in diese hineinzuversetzen, um die nächsten Wutausbrüche, Schläge oder Demütigungen vorzuahnen, um ihnen bestmöglich aus dem Weg zu gehen oder durch das eigene unterwürfige Verhalten zu versuchen, es nicht erst zu Übergriffen kommen zu lassen. Kinder verlernen dann ihre eigenen Gefühle und Bedürfnisse zu spüren, da sie mit ihrer Aufmerksamkeit beständig »im Außen« sind. Sie zeigen dann auch Symptome wie Ess- und Schlafstörungen, Kopfschmerzen, Schulversagen oder -verweigerung, sozialen Rückzug sowie Suchtverhalten wie Alkohol- und Drogenkonsum oder Online-/Spielsucht.[5] Sie können ebenso wie Erwachsene durch den Hyperarousal nie wirklich entspannen und sind stets in Habachthaltung.[6] Das hat gravierende Auswirkungen auf das kindliche Gehirn und Nervensystem, das sich noch im Wachstum befindet.

Kinder und Jugendliche sind teilweise »nur« Miterlebende der Gewalt. Am Familiengericht wird oft ignoriert, dass auch das Bezeugen von Gewalt gegen die Mutter oder andere Kinder »massive Folgen für die Entwicklungsmöglichkeiten von Mädchen und Jungen hat.«[7] Das Miterleben von Gewalt wird daher häufig nicht als Kindeswohlgefährdung eingestuft.

Auch wenn die Kinder direkter körperlicher, sexueller oder psychischer Gewalt durch den Vater ausgesetzt sind, neigen Verfahrensbeteiligte und Erziehungsberatungen dazu, die Auswirkungen auf die Kinder herunterzuspielen. Es heißt dann, die Kinder würden sich schon anpassen, oder auch, sie würden den Täter ja trotzdem lieben, da er ihr Vater ist. Tatsächlich ist es eine reine Überlebensstrategie von Kindern und Jugendlichen, die sich dem Täter nicht entziehen können, sich unterzuordnen und Gewalt und Demütigungen zu verdrängen. Zu bemerken, dass ein Mensch, von dem sie absolut abhängig sind, sie manipuliert und herabsetzt, ist derart schmerzhaft, dass die Psyche der Kinder sie oft vor dieser furchtbaren und erstmal ausweglosen Erkenntnis schützt.[8]

> »Kinder passen sich auch an sexuellen Missbrauch an. Kinder können nichts anderes als sich anpassen. Sie sind (altersabgestuft) existenziell abhängig von den Entscheidungen Erwachsener.«[9]

Kinder erleben Gewalttäter ohnehin als allmächtig und haben Angst vor dem Angreifer und den Folgen eines möglichen Widerstands. Erleben sie nun auch noch, dass selbst VerfahrensbeiständInnen, Jugendamt und Familiengericht die Täter decken, unterstützen und ihnen weiter die Kontrolle über ihre Opfer ermöglichen, müssen sie sich dem Tätersystem anpassen und unterordnen. Die Bedrohung ihrer Sicherheit durch Personen, die weitaus mächtiger sind als sie selbst, führt zu existenziellen Ängsten und berührt gerade für Kinder und Jugendliche daher nichts Geringeres als die Frage nach dem eigenen Überleben.[10] Das Stockholm-Syndrom sollte allen Verfahrensbeteiligten bekannt sein. Es beschreibt ein psychisches Phänomen, bei dem Menschen in extremen Abhängigkeitsverhältnissen irgendwann beginnen, mit dem Täter zu sympathisieren und zu kooperieren. Es ist daher möglich, dass ein Kind bei der Begegnung mit dem Täter diesen freudig begrüßt oder ihn umarmt. Diese Beobachtung reicht keinesfalls, um anzunehmen, dass die Gewalt dem Kind nicht geschadet hätte oder keinerlei Auswirkungen auf seine psychische Gesundheit hat. Ein ganz typisches Verhalten kann sein, dass das Kind im sicheren Umfeld Angst vor dem Täter äußert, Erwachsene, denen es vertraut, anfleht, den Täter nicht sehen zu müssen, vor und nach Begegnungen tagelang aggressiv oder in sich gekehrt ist, *aber* bei der Begegnung selbst dem Täter gegenüber freundlich und zugewandt scheint. Einen ähnlichen Effekt beschreibt der Begriff Trauma-Bindung oder auch Trauma-Bonding. Menschen, die durch körperliche, sexuelle oder psychische Gewalt durch einen anderen Menschen traumatisiert wurden, streben oft nach der Zuneigung und Liebe des Peinigers, die sie jedoch nicht bekommen. Insbesondere Kinder suchen die Schuld für Übergriffe durch Erwachsene oft bei sich selbst. Diese Schuldgefühle führen letztlich zu dem Versuch der Psyche, das vermeintlich falsche Verhalten abzulegen, alles »richtig« zu machen und dann endlich die ersehnte Zuneigung zu erhalten.[11]

Insbesondere UmgangspflegerInnen und -begleitungen müssen über diese psychologischen Abläufe informiert sein. Andernfalls sind folgenschwere Fehleinschätzungen vorprogrammiert. Es könnte der Schluss gezogen werden, dass das Kind nicht etwa Angst vor dem Täter hat, sondern von dem Elternteil, an das es sicher gebunden ist, manipuliert wird. Auch könnte die Tatsache, dass sich Aggressionen des Kindes bei der Mutter zeigen, nicht aber im Kontakt mit dem Vater, zu dem Fehlschluss führen, dass das Kind beim Vater besser aufgehoben wäre. Doch Kinder zeigen sich dort verletzlich, aggressiv und aufgekratzt, wo sie in Sicherheit sind. Dort wo ein unliebsames Verhalten nicht zur Gefahr oder zum Liebesverlust führt. Dort wo sie sicher gebunden sind und sich geliebt und geborgen fühlen.

Erzwungener Umgang mit dem Täter hat für Kinder weitreichende Folgen. Es gibt

»zahlreiche gut belegte empirische Studien, die die psychischen Beeinträchtigungen durch erzwungene Umgangskontakte belegen, wenn dadurch das Kind extremen Loyalitätskonflikten ausgesetzt wird – ganz zu schweigen von den körperlichen und psychischen Misshandlungen bis hin zum Mord«.[12]

Die institutionelle Gewalt hinterlässt bei Kindern Spuren. Wir haben es dann nicht nur mit Gewaltfolgen durch den Vater als Täter zu tun, sondern auch noch mit sogenannten sekundären Kindestraumatisierungen bzw. sekundären Kindeswohlgefährdungen. Kinder, die in jahrelangen Verfahren mit fünf, zehn oder mehr Verfahrensbeteiligten immer wieder über ihre Gewalterlebnisse sprechen müssen – oder in diesem Punkt gar nicht gehört werden, obwohl sie von immer neuen Fremden befragt werden – sind massiv gefährdet.

»Im Verlauf der langjährigen oft multiplen Verfahren kommt es bei Kindern häufig zu schwerwiegenden Verhaltensauffälligkeiten und Störungen der Persönlichkeitsentwicklung.«[13]

Auch die Art und Weise der Befragungen durch VerfahrensbeiständInnen und Sachverständige können Traumatisierungen bei Kindern bewirken. Vor allem auch da ihnen zunächst vorgegaukelt wird, diese Personen würden ihren Willen ermitteln wollen, um sich im Verfahren für ihre Wünsche und Sicherheit starkzumachen. Stattdessen erleben aber viele Kinder, dass sie diesen Personen zu Unrecht vertraut haben, dass sie von ihnen beschimpft, beleidigt, gedemütigt wurden und das Äußern des eigenen Willens bestraft wird. Wird das Kind in der Folge von der Mutter getrennt, wenn es bei Befragungen angab, den Vater zu fürchten oder nicht sehen zu wollen, führt dies nicht nur zu Ohnmachtsgefühlen. Die Kinder beziehen die fatalen Gerichtsbeschlüsse auf ihr eigenes Handeln, ihre eigenen Aussagen bei den Befragungen und fühlen sich schuldig und verantwortlich für die institutionelle Gewalt, die ihnen und ihren Müttern widerfährt.

Manchmal führt institutionelle Gewalt bei Müttern, die jahrelang gekämpft und sich aufgerieben haben, die ihre Kinder »verloren« haben und nicht mehr sehen dürfen, die wissen, dass ihre Kinder nun bei jemandem leben, der sie missbraucht, auch dazu, dass sie resignieren. Wenn alle Instanzen bemüht wurden, sind manche Frauen nicht nur am Ende ihrer Kräfte, sondern auch am Ende der Hoffnung angelangt.[14]

Die Auswirkungen von institutioneller Gewalt im familienrechtlichen Kontext auf die Gesellschaft als Ganzes sind unermessbar. Fest steht, dass ein großer finanzieller Schaden entsteht durch massenhaft Gerichtsverfahren, Prozesskostenhilfe, Hunderttausende von Gutachten und weitere Helfersysteme, die anspringen. Hinzu kommen die Gesundheitskosten, die durch körperliche und psychische Erkrankungen entstehen. Kinder, die Schuljahre wiederholen müssen, Mütter, die krankgeschrieben sind. Die Gesellschaft hat überall Kontakt mit den Folgen der Gewalt. Ob im Justiz-, Bildungs- oder Gesundheitssystem, am Arbeitsplatz oder immer dann, wenn Gelder für sinnvolle Aufgaben fehlen – weil sie für die staatliche Unterstützung des Krieges von Vätern gegen Mütter und Kinder verwendet wurden.

Selbst wenn es ab morgen keine institutionelle Gewalt mehr gäbe, wären die Auswirkungen noch in einigen Generationen zu spüren. Denn Kinder, die heute vom System im Stich gelassen und zerstört werden, sind die Erwachsenen von morgen.

Kapitel 6

Strategie-Tipps für Mütter

Eigentlich sollten sich Mütter keine Rhetorikstrategien oder Methoden aneignen müssen, um das Risiko zu minimieren, am Familiengericht ungerecht und gewaltsam behandelt zu werden. Das Helfersystem sollte denen, die Kinder vor Gewalt und Missbrauch schützen wollen, unter die Arme greifen, Täter in ihre Schranken verweisen und bestrafen sowie Sicherheit für Opfer und ZeugInnen herstellen. Eigentlich sollten Frauen und Kinder angstfrei leben können. Frauen sollten nachts im Dunkeln nackt durch den Park oder die Disko gehen können. Kinder sollten bekannten und fremden Erwachsenen risikofrei vertrauen können. Niemand sollte Kontrolle, Macht, Gewalt und Demütigung als Liebe bezeichnen. Und niemand aus dem Jugendhilfe- und Justizsystem sollte Gewalt im freundlichen rosa Glitzerkostüm für Liebe halten. Nicht Angst sollte bestraft werden, sondern das Verängstigen. Nicht die Wunde ist das Problem, sondern das Messer. Und deshalb sollte es eigentlich dieses Kapitel gar nicht geben müssen, nicht einmal dieses Buch sollte existieren. Eigentlich. Doch es gibt institutionelle Gewalt. Und es muss dieses Buch geben.

Selbstverständlich tragen diejenigen die Verantwortung, die Gewalt ausüben, dulden und fördern. Solange die Zustände aber für Frauen und Kinder derart gefährlich sind, brauchen Mütter Infos darüber, wie misogyn dieses System ist, und darüber, wann man den Kopf am besten einzieht und wie man seine Ziele am sinnvollsten verfolgt. Sich nach dem eigenen Bauchgefühl zu verhalten, anderen die eigenen Emotionen und Wunden zeigen, ist ein »Luxus«, den sich betroffene Mütter (und Kinder) leider nicht leisten können. Wann man was sagt und wem man sich anvertraut, sind wichtige Entscheidungen, die mit kühlem Kopf getroffen werden sollten. Jegliche Naivität (»Im Gericht erfahre ich endlich Gerechtigkeit«, »Das Jugendamt wird alles tun, um mein Kind zu schützen« oder »Wenn ich denen nur alles erzähle, wird man mir glauben«) ist zwar verständlich, muss aber über Bord geworfen werden. So bitter es auch ist, sich von diesen Idealen und Hoffnungen zu lösen. Niemand sollte sehenden Auges ins Unglück rennen.

Man kann nun darüber streiten, ob es nicht sinnvoller wäre, wenn Täter und Mittäter zur Verantwortung gezogen werden, statt dass sich Frauen einem frauenfeindlichen System anpassen. Ich setze mich dafür ein, dass sich das System ändert. Dafür wurde dieses Buch geschrieben. Gleichzeitig würde ich aber niemals eine gute Freundin unvorbereitet ins offene Messer laufen lassen oder mit den bloßen Fäusten zu einer Schießerei schicken. Müttern Tipps zu geben, bedeutet also nicht, dass sie mit ihrem Verhalten verantwortlich für institutionelle Gewalt und Nachtrennungsgewalt sind. Wer nach einem Rettungsring greift, hat deshalb nicht das Boot versenkt.

Einige sehr gute und hilfreiche Hinweise für Betroffene von institutioneller Gewalt können den ExpertInneninterviews und -berichten entnommen werden. Hier möchte ich nochmal einige grundlegende Tipps aus meinem Coaching für Mütter beschreiben:[1]

Ich rate ebenso wie Carola Wilcke dazu, familiengerichtliche Verfahren – sofern möglich – zu vermeiden. Natürlich ist das nicht immer möglich. Doch viele erhoffen sich vom Gerichtsverfahren Recht und Sicherheit. Das ist leider selten der Fall. Deshalb ist es ein Instrument, das wohlüberlegt eingesetzt werden sollte. AnwältInnen sind Teil des Systems und verdienen an Gerichtsverfahren mit. Manche AnwältInnen raten deswegen grundsätzlich dazu, zu klagen. Auch wenn es um kleinere Probleme geht oder der außergerichtliche Weg noch nicht ausgeschöpft wurde oder auch gerne, wenn eigentlich der andere einen Antrag bei Gericht stellen müsste – es aber nicht tut. In meiner Beratung war mal eine Mutter, die von ihrer Anwältin sogar den Rat bekommen hatte, sie solle einen Antrag bei Gericht einreichen, weil der Vater dagegen war, dass sie mit den Kindern die Großeltern in einer anderen Stadt besucht. Statt ihr zu erklären, dass sie das ohne die Zustimmung des Vaters dürfe, hatte sie versucht, das Ganze vor Gericht auszuhandeln. Der Richter hat den Fall direkt abgewiesen mit dem Hinweis, dass die Mutter einfach fahren solle und dass es dazu kein Verfahren geben werde. Deshalb ist auch die richtige Anwaltswahl entscheidend – und gar nicht so einfach. Es gibt in Müttergruppen in den sozialen Netzwerken Empfehlungslisten (und auch Negativlisten), die Ihr einsehen könnt. Es ist ohnehin ratsam, sich mit anderen betroffenen Müttern aus der eigenen Region zu vernetzen. Häufig sind bestimmte Verfahrensbeiständ-dInnen oder Jugendamtsmitarbeitende bereits bei anderen bekannt.

Kommt es zu einem Gerichtsverfahren oder Kontakt zu Erziehungsberatungen, Jugendamt, Mediationen etc., ist ein weiterer wichtiger Punkt: **Die Verfahrensbeteiligten sind keine FreundInnen.** Mütter sollten ihnen nicht vertrauen und sich wie ein offenes Buch zeigen. Ich rate von längeren, offenen, emotionalen Gesprächen mit den »Profis« aus dem System grundsätzlich ab. Solche Gespräche können mit Freundinnen, gegebenenfalls der Familie und eventuell Frauenberaterinnen geführt werden. Bei Terminen mit Verfahrensbeteiligten sollten Mütter einen kühlen Kopf bewahren, ruhig und sachlich bleiben und nicht zu viele Informationen herausgeben. Auch wenn die Verfahrensbeiständin im Gespräch verständnisvoll und interessiert wirkte, ist es schon vielen Müttern passiert, dass diese die Informationen aus der Unterhaltung vor Gericht um 180 Grad gedreht und gegen die Mutter benutzt hat.

Ein wichtiger Hinweis aus der Rhetorik ist, sich nicht in ausufernde Rechtfertigungen zu verstricken. Das kann man gut anhand von völlig banalen Beispielen aus dem Alltag verstehen. Wenn mich in einer Konferenz jemand fragt, weshalb ich Wasser trinke, antworte ich vielleicht mit »Weil ich es mag« oder »Weil ich Durst habe«. Aber welcher Eindruck entsteht, würde ich hingegen sagen: »Wasser ist sehr gesund, schon mein Arzt hat dazu geraten und man soll ja am Tag sehr viel Flüssigkeit zu sich nehmen, insbesondere an warmen Tagen, Dehydrierung ist gefährlich, Wasser hat null Kalorien und enthält keine Schadstoffe oder Koffein und meine Mutter hat früher schon immer sehr viel Wasser getrunken, sie ist 95 Jahre alt geworden, deshalb habe ich mir früh angewöhnt, auch Wasser zu trinken, Tee schmeckt mir nicht so und ich könnte auch Saft trinken, aber da ist mir zu viel Fruchtzucker drin und den Durst löscht er auch nicht so gut, überhaupt finde ich, dass Wasser Durst am besten löscht, das ging auch aus der Studie XY hervor…«

ZuhörerInnen werden zum einen genervt sein und vielleicht auch denken, ich sei verrückt. Außerdem werden sie skeptisch: Weshalb muss ich das Trinken des Wassers derart verteidigen? Steckt da vielleicht etwas dahinter, das ich zu verbergen versuche? Trinke ich vielleicht in Wirklichkeit viel zu wenig Wasser? Bin ich gar Alkoholikerin und hätte viel lieber ein Glas Wein getrunken?

In jedem Fall erhält dieses simple Thema eine viel zu große Aufmerksamkeit. Ich mache mich selbst klein, indem ich auch anderen den Eindruck vermittle, ich dürfe nur Wasser trinken, wenn ich es wirklich gut mit mindestens zwölf Gründen erklären könne.

Außerdem kommt noch hinzu, dass das Gedächtnis der Menschen überstrapaziert wird. Welche ZuhörerInnen könnten hinterher noch mehr als drei meiner zwölf angeführten Gründe nennen? Wenn wir viele Gründe anführen, neigen wir zudem dazu, die wichtigsten als Erstes zu nennen und die schwächeren Gründe am Ende, wenn uns fast nichts mehr einfällt. ZuhörerInnen merken sich aber die letztgenannten Gründe am besten und da diese Gründe nicht so stark und überzeugend waren, halten sie unsere Entscheidung womöglich für falsch. Wir wundern uns dann, wie das sein kann, wo wir doch so genau und fleißig waren und *so* viele Gründe aufgezählt haben. Deshalb rate ich von langen Rechtfertigungen ab.

Am besten ist es, ein bis zwei sehr gute Gründe kurz und knapp zu nennen – auch wenn es noch drei weitere Gründe gibt. Wird die Begründung nicht akzeptiert oder nochmal infrage gestellt, sollten die genannten Gründe einfach wiederholt werden. Insbesondere Frauen laufen so oft in die Falle, wenn ihre Begründung überhört, ignoriert oder abgelehnt wird und denken: »Ah, jetzt muss ich mir noch mehr Mühe geben und es nochmal anders versuchen.« Sie verstehen die Ablehnung als Herausforderung für ihren Fleiß und wollen es ganz korrekt machen. Ebendiese Genauigkeit und Korrektheit führen aber in Verhandlungen nicht zum Ziel. Wenn also gefragt wird »Weshalb passt es Ihnen nicht, wenn der Umgang jeden Samstag stattfindet?«, dann könnte die Mutter antworten: »Ich habe mit den Kindern auch am Wochenende Aktivitäten geplant, deshalb geht es nur jedes zweite Wochenende.«

Dieser Tipp gilt nicht nur für die Kommunikation mit den Verfahrensbeteiligten, sondern auch für Absprachen mit dem Kindsvater selbst.

Eine weitere Falle, in die Frauen hier tappen könnten: dem Kindsvater »Geschenke« machen, noch bevor danach gefragt wurde. Also beispielsweise von sich aus verschiedene andere Varianten des »Entgegenkommens« anzubieten, selbst wenn diese fast ebenso belastend sind wie die ursprüngliche Forderung des Vaters. Es ist ungünstig, in vorauseilendem Gehorsam anzubieten: »Aber der Vater könnte das Kind an jedem Montag- und Mittwochnachmittag sehen, dann verschiebe ich meine Arbeitszeit oder das Kind lässt das Fußballtraining ausfallen und an manchen Samstagen geht es vielleicht zusätzlich, wenn wir mal keine Aktivität geplant haben. Oder vielleicht legen wir einfach fest, dass das Kind nicht vier, aber immerhin drei Wochenenden im Monat beim Vater ist.« Mütter, die psychische oder körperliche Gewalt erlebt haben, neigen dazu, in alte Überlebensstrategien zurückzufallen und eine davon war mit Sicherheit: den Vater besänftigen, indem man ihm Wünsche erfüllt, noch bevor er sie überhaupt ausgesprochen hat. Diese Strategie klappt nach einer Trennung im familiengerichtlichen Prozess oder in Auseinandersetzungen zum Umgangs- und Sorgerecht nicht. Die Beteiligten nehmen wahr, dass die Mütter sich klein machen und dem Vater alles recht machen wollen und könnten so noch in der Einschätzung bestärkt werden, dass *sie* die Böse ist, die völlig zu Recht ihr ganzes Leben nach ihm ausrichtet.

Aber Achtung! Es gibt einen kleinen, aber wichtigen Unterschied, den es zu beachten gilt: Es ist vor dem Familiengericht entscheidend, dass die Mütter kooperativ wirken. Das heißt nicht, dass sie tatsächlich kooperativ sein müssen. Es ist unmöglich, sich und die Kinder vor dem Täter zu schützen, wenn man förmlich in ihn hineinkriecht und seine Forderungen und Taten unterstützt. Und gleichzeitig wird es Frauen unmöglich gemacht, sich offen gegen die Peiniger zur Wehr zu setzen.

Mütter sollten stets den Blick auf das Kind gerichtet haben und das sollte sich auch sprachlich widerspiegeln. Was für die Mütter gut, schlecht, angenehm, unangebracht etc. ist, interessiert bei Jugendamt und Familiengericht fast niemanden. Das gilt zwar leider auch für die Bedürfnisse der Kinder, doch hier besteht immerhin eine kleine Chance, dass von der Gegenseite gute Argumente gefunden werden müssen, um das Kindeswohl komplett vom »Tisch zu wischen«. Es ist sinnvoll, dabei Prioritäten zu setzen und sich auf die »harten« Themen zu konzentrieren. Man kann »schwächere« Kritikpunkte mit in Gespräche hineinnehmen, um sie später als »Verhandlungsmasse« zu benutzen: Dann kann die Mutter zum Beispiel in puncto Schnullerentwöhnung beim Dreijährigen nachgeben. Aber sie lässt sich nicht dazu zwingen, ihr fünf Monate altes Baby abzustillen, damit der Vater eine Woche mit ihm in den Urlaub kann – wenn das Baby bislang noch nicht mal eine Nacht bei ihm war.

Im Kontakt mit dem Vater außerhalb von Gerichtsverfahren empfehle ich in jedem Fall, fast ausschließlich schriftlich zu kommunizieren und jedes mündliche Gespräch später zu verschriftlichen und ihm zukommen zu lassen. Am besten per E-Mail, damit es belegbar ist. Außergerichtlich ist es wichtig, übergriffigen Männern gegenüber konsequent zu sein. Wenn der Vater die Mutter 150 Mal kontaktiert, weil er will, dass sie ihren Urlaub mit den Kindern absagt, dann ist es keine gute Idee, beim 151. Mal einzuknicken. Viele dieser toxischen Väter benutzen Stalking und Belästigung, um an ihr Ziel zu kommen. Wenn Frauen beginnen, hier konsequent zu bleiben, geben die Väter oft erstmal noch mehr Gas. Nach dem Motto »Okay, es klappt jetzt nicht mehr nach der zwanzigsten Beleidigung, aber vielleicht brauche ich jetzt 25 Bedrohungen.« Konsequenz wirkt sich mittel- und langfristig oft etwas mildernd aus. Bei Belästigungen, Beleidigungen und Stalking rate ich aber auch dringend dazu, ein Stalking-Tagebuch zu führen und mit einem Anwalt/einer Anwältin einen Antrag auf Gewaltschutz zu stellen.

An dieser Stelle kann ich nicht noch tiefgehender auf die Inhalte aus meinem Coaching eingehen. Dies liegt daran, dass ansonsten auch Väterrechtler hier alle Strategien und Rhetorik-Techniken der Mütter kennenlernen würden und diese mit gewalttätigen und gefährlichen Vätern teilen könnten. Dieses Wissen muss daher ein Stück weit ›geheim‹ bleiben, um Mütter und Kinder zu schützen.

In so gut wie allen »hochstrittigen« Fällen und in allen Fällen, in denen es zu Gewalt durch den Vater kam oder psychische Erkrankungen beim Vater festgestellt werden, rate ich betroffenen Müttern dringend und **so früh wie möglich Beratung durch ExpertInnen für institutionelle Gewalt sowie Sorge- und Umgangsverfahren** in Anspruch zu nehmen. Die Erfahrung zeigt: Je später die Beratung oder das Coaching eingeholt wird, umso mehr Beratung ist nötig für umso kleinere Erfolge. Das heißt, dass höhere Kosten anfallen bei weniger Output und die Kinder mehr leiden müssen. Meinungen, die sich die Verfahrensbeteiligten gebildet haben, sind umso schwerer zu verändern, je länger sie schon bestehen. Und natürlich ist es immer leichter, von vornherein gut gecoacht in die Gespräche zu gehen und erst gar keine negative Meinung über einen selbst aufkommen zu lassen. Sind erstmal mehrere Beteiligte in ihrer schlechten Meinung über die Mutter festgefahren, ist es schwierig, langwierig und manchmal unmöglich, da wieder herauszukommen.

Wer sich näher mit Psychologie, Rhetorik und Überzeugungskraft auseinandersetzen möchte, dem empfehle ich folgende Lektüre:

Vera F. Birkenbihl: *Kommunikationstraining*
Petra Bock: *Mindfuck*
Justus Kronfeld: *Die vier machtvollsten Werkzeuge der Psychologie für wahre Superkräfte*
Paul Watzlawick: *Wie wirklich ist die Wirklichkeit?*
Marion Knaths: *Spiele mit der Macht*

Und für das Verständnis der Machtstrukturen und Fallen, in die frau hier tappen kann, empfehle ich diese vier Bücher:

Anita Heiliger, Traudl Wischnewski (Hg.): *Verrat am Kindeswohl*
Marie-France Hirigoyen: *Die Masken der Niedertracht*
Charlotte Sommer: *Gemeinsame Kinder mit einem narzisstischen (Ex-)Partner*
Jennifer Nadolny: *Scheidung vom Psychopathen*

Mütter brauchen eine familienrechtliche Praxis, die nicht länger frauen-, mütter- und kinderfeindlich ist. Ein wichtiger Schritt auf dem Weg zu mehr Kinder- und Gewaltschutz ist, die institutionelle Gewalt öffentlich zu machen. Deshalb ist es von großer Bedeutung, wenn Frauen rund um den 25. November im Rahmen der White Lily Revolution mit weißen Lilien und ihren Berichten über die institutionelle Gewalt, die sie erlebt haben, vor Amtsgerichten, Jugendämtern, Beratungsstellen und anderswo ein Zeichen des Protests setzen. Am 25. November ist der Tag gegen Gewalt an Frauen und deshalb legen an diesem Tag seit zwei Jahren betroffene Mütter Lilien und Berichte vor den Orten nieder, an denen sie institutionelle Gewalt erfahren haben. Auch Texte, Bücher oder Kopien aus Büchern und Blogs können an Amtsgerichte, Erziehungsberatungen, Verfahrensbeiständ-dInnen geschickt werden. Je mehr öffentliche und mediale Aufmerksamkeit diese Verbrechen an Müttern und Kindern bekommen, desto größer ist die Chance, dass sich die Strukturen und die Haltungen der Menschen im System ändern werden.

Im Oktober 2022 habe ich mit rund zwanzig Müttern und UnterstützerInnen vor der Staatskanzlei in Hannover eine Demonstration und Kundgebung abgehalten. Wir sammelten zuvor in wenigen Tagen 63 Berichte betroffener Mütter aus Niedersachsen, um sie vor den anstehenden Koalitionsverhandlungen dem Ministerpräsidenten zu überreichen. Es ist wichtig, die Politik auf das Thema aufmerksam zu machen. Auf einen besonders schlimmen Fall habe ich im Sommer 2022 auch die niedersächsische Justizministerin auf einer Veranstaltung angesprochen und ihr dann Unterlagen dazu zukommen lassen. Zunächst wurde ich abgewiesen. Der Ministerin seien die Hände gebunden. Doch ich habe nicht lockergelassen und blieb hartnäckig. Daraufhin wurde meine Kritik an der Vorgehensweise des OLG Celle in dem Fall als Dienstaufsichtsbeschwerde behandelt. Solche Zusammenschlüsse von Müttern, öffentliche Aktionen, Anschreiben an Politiker sind sehr sinnvoll und hilfreich, um die Politik in die Verantwortung zu nehmen.

Kapitel 7

Lösungen für die Familienjustiz

Die Missstände in Jugendamt, Familiengericht und angegliedertem Helfersystem machen dringende Veränderungen und umfangreiche Reformen nötig. Alle sinnvollen Maßnahmen, die auch von ExpertInnen empfohlen werden, habe ich hier thematisch untergliedert zusammengetragen:

A) Aus-, Weiter- und Fortbildung

Zum einen müssen sämtliche bestehende Aus-, Weiter- und Fortbildungsinstitute im familienrechtlichen System sowie die Inhalte der dort durchgeführten Seminare auf das Neutralitätsgebot überprüft werden.[1] Dies betrifft Angebote für RichterInnen, Jugendamt, VerfahrensbeiständInnen, Sachverständige, MediatorInnen etc. Es gibt Ausbildungsinstitute, die mit Väterrechtsverbänden zusammenarbeiten, sich auf die Pseudotheorien von Väterrechtlern stützen und ihre Lerninhalte aus den längst widerlegten Thesen vom Pädokriminellen-Unterstützer Richard Gardner zusammenstellen. Das ist ein Skandal. Deshalb müssen hier eine grundlegende Untersuchung und Überprüfung offenlegen, welche Institute und Lehrveranstaltungen geschlossen und welche überarbeitet werden müssen.

Darüber hinaus brauchen wir verbindliche Vorgaben für die berufliche Eignung und Qualifizierung aller am Verfahren beteiligten Fachkräfte.[2] Soll-Formulierungen zu pädagogischen oder psychologischen Hintergründen für Sachverständige sind durch Muss-Formulierungen zu ersetzen. Es kann nicht sein, dass ein Taxifahrer ein paar Stunden in einem Väterrechtler-Seminar verbringt und folglich Eltern und Kinder psychologisch beurteilt. In der Ausbildung müssen auch Inhalte zu den Themen häusliche Gewalt, Psychotraumatologie, sexuelle Gewalt und Missbrauch, Täterstrategien, Zwangskontrolle, Stalking und Kindeswohlgefährdung enthalten sein.[3] Dies gilt nicht nur für VerfahrensbeiständInnen, Umgangsbegleitungen, RichterInnen, Jugendamt und Sachverständige. Auch polizeilichen, erzieherischen und gesundheitsbezogenen Fachkräften müssen diese Inhalte mindestens in Fortbildungen vermittelt werden.[4]

Dass FamilienrichterInnen unbedingt zum Thema häusliche Gewalt fortgebildet werden sollen, ist auch Bestandteil des Sonderleitfadens, den es am Amtsgericht München zum Thema Gewalt in Umgangs- und Sorgerechtsverfahren gibt.[5]

Die Verbesserung der Eignung von Verfahrensbeteiligten muss selbstverständlich auch mit der Schaffung einer Möglichkeit einhergehen, Verfahrensbeistände bei Ungeeignetheit entpflichten zu lassen bzw. vollständig von der Tätigkeit auszuschließen.[6]

B) Gewaltschutz stärken gegenüber Umgangs- und Sorgerecht

Die familienrechtliche Praxis sieht vor, hinzuwirken auf Vergleiche, Einigungen, gemeinsame Beratungsgespräche und Entscheidungen, das gemeinsame Sorgerecht, Mediationen sowie das Wechselmodell. Das ist bei friedlichen und respektvollen Beziehungen zwischen Elternteilen sicher ein verständliches Anliegen – sofern die Einigungsversuche im Sinne der Kinder sind. Bei hochstrittigen Fällen, bei Gewalthintergrund, psychischen Erkrankungen oder Suchtverhalten eines Elternteils, sieht die Lage völlig anders aus. Hier muss die Praxis, auf Vergleiche hinzuwirken, sehr kritisch hinterfragt werden.[7]

Regelmäßig wird der Gewaltschutz zugunsten von Umgangs- und Sorgerechtsfragen ausgehebelt. Das ist nicht mit der Istanbul-Konvention vereinbar und bewirkt die Vernachlässigung des Opferschutzes zugunsten des Täterrechts. Kein Täter darf ein Recht an seinem Opfer haben! Das ist einer freiheitlichen und rechtsstaatlichen Demokratie im 21. Jahrhundert nicht würdig. Es kann nicht sein, dass sogar Kontakt- und Näherungsverbote aufgehoben werden, um gefährliche Gewalttäter an Mutter und Kind herankommen zu lassen. Wer diese Politik mitträgt, ist für hierdurch erst ermöglichte Gewalttaten, sexuelle Missbräuche und Femizide mitverantwortlich.

Zunehmend begegnen mir nicht nur Fälle, bei denen Mütter und Kinder Angst vor gewalttätigen Vätern haben, sondern bei denen auch Umgangsbegleitungen, VerfahrensbeiständInnen, JugendamtsmitarbeiterInnen etc. Angst vor ebendiesen Vätern haben und sich deshalb nicht trauen, ihnen zu widersprechen. Das führt dazu, dass Mutter und Kinder den Tätern geradezu auf dem Silbertablett präsentiert werden, weil die »Profis im System« Angst davor haben, selbst vom Vater bedroht, verfolgt, belästigt und attackiert zu werden. Das gleicht einem Wegducken und einer Kapitulation vor den Kriminellen. Allein deshalb ist es unerlässlich, dass Verfahrensbeteiligte, insbesondere bei Verdacht auf Gewalt, zum Umgang mit Tätern geschult sind und ein entsprechendes Standing und eine persönliche Eignung mitbringen. Gerichte wälzen begleitete Umgänge oder Beratungsgespräche mit den Tätern und Opfern an einem Tisch auf Subunternehmen ab, deren Angestellte mit den brenzligen und eskalierenden Situationen völlig überfordert sind.

Um Gewaltschutz gewährleisten und umsetzen zu können, muss dieser Vorrang haben vor Umgangs- und Sorgerechtsansprüchen. Der unbegrenzte Zugriff von Tätern auf ihre Opfer über den Umweg Umgangsrecht muss unterbunden werden.[8]

Konkret bedeutet das:

- Bei Anordnungen nach dem Gewaltschutzgesetz (auch wenn diese nur die Mutter schützen soll) muss das Umgangsrecht für die Dauer der Anordnung ausgesetzt werden.[9]
- In Fällen von Missbrauch oder häuslicher Gewalt ist ein gemeinsames Sorgerecht ausgeschlossen.[10]
- Bei häuslicher Gewalt oder Missbrauch muss auch das Umgangsrecht ausgeschlossen werden oder gegebenenfalls müssen bei Erfüllung von Auflagen (Täterkursteilnahme, Entzugsklinik) Umgänge dauerhaft begleitet werden.[11]
- In konflikthaften Elternbeziehungen muss die Ausübung des gemeinsamen Sorgerechts kritisch geprüft werden und das Wechselmodell darf nicht richterlich oder über Zwang herbeigeführt werden.[12]
- Dem Wechselmodell müssen immer beide Elternteile freiwillig ohne Nötigungen zustimmen. Das Wechselmodell ist zu beenden, wenn es von einem Elternteil abgelehnt wird.
- Auch in Beratungskonstellationen müssen Kindeswohl und Opferschutz absoluten Vorrang haben und Elternteile getrennt angehört werden können. So wie es auch der Sonderleitfaden vom Amtsgericht München vorsieht.[13]

- Elternberatungen und -mediationen müssen abgelehnt werden können bei Gewalthintergrund. Dafür sollten derartige Beratungen in Fällen von häuslicher Gewalt, Stalking etc. überhaupt nicht mehr angeordnet werden.[14] Sie sind in diesen Fällen zum einen nicht zielführend und zum anderen ein Einfallstor für weitere Gewalt und Traumatisierung der Opfer.
- Aufgrund der fehlenden Beschleunigung von Gewaltschutzverfahren sollten aktuell Sorge- und Umgangsverfahren ruhen, bis das Gewaltschutzverfahren abgeschlossen ist. Mittelfristig muss auch eine Beschleunigung des Gewaltschutzverfahrens erfolgen. Grundsätzlich sollte überlegt werden, weshalb die Rechte der Väter beschleunigt behandelt werden müssen, während der Schutz für Gewaltopfer nachrangig behandelt wird – obwohl gerade hier oft Gefahr in Verzug ist.[15] Hier offenbart sich auch die angesprochene Nachrangigkeit des Gewaltschutzes gegenüber den Vaterrechten. Eine Beschleunigung des Gewaltschutzes und eine genauere Betrachtung der Umgangs- und Sorgerechtsverfahren sind sinnvoll.
- Wir benötigen eine multiprofessionelle Gefährdungseinschätzung in Fällen von Verdacht auf Gewalt und Missbrauch in Umgangs- und Sorgerechtsverfahren entsprechend des Artikels 51 der Istanbul-Konvention.
- Dass KinderschutzexpertInnen oft nicht tätig werden können, wenn ein sorgeberechtigter Elternteil sein Einverständnis verweigert, muss zum Wohle der Kinder abgelöst werden durch eine Regelung, bei der KinderschutzexpertInnen auch bei Verdacht eines Elternteils hinzugezogen werden dürfen. Ansonsten wird Kinderschutz für Taten durch Elternteile unnötig erschwert.[16]

C) Spezielle Beratungsstellen einrichten

Es werden unabhängige und spezifische Unterstützungsangebote benötigt für Mädchen und Jungen, die von häuslicher Gewalt betroffen sind.[17] Diese spezialisierten Beratungsstellen sollen, wie im Sonderleitfaden am Amtsgericht München beschrieben, flächendeckend ab Verfahrensbeginn sofort hinzugezogen werden.[18]

D) Kartellbildung und Klüngelei unterbinden

Die Bildung von Interessensgruppierungen und Kartellen muss am Familiengericht unterbunden werden. Klüngelei zwischen RichterInnen, VerfahrensbeiständInnen und Sachverständigen kann leicht vorgebeugt werden. Schon lange fordern ExpertInnen eine Reform des Gutachterwesens.[19]

Die Bestellung von VerfahrensbeiständInnen und Beauftragung von Sachverständigen muss anhand einer Liste erfolgen.[20] Oder anhand eines Pools, wie auch Carola Wilcke vorschlägt. Somit würden alle qualifizierten VerfahrensbeiständInnen und Sachverständige regelmäßig beauftragt. Kein Richter kann nur nach persönlichen Vorlieben immer wieder dieselben Personen bestellen.

Für mehr Transparenz und Zuverlässigkeit ist es außerdem unabdingbar, dass Befragungen von Kindern verpflichtend aufgezeichnet und die Aufzeichnungen entsprechend archiviert werden.[21]

Gutachten sollten außerdem nur bei Verdacht auf Kindeswohlgefährdung anhand verbindlich festgelegter Kriterien beauftragt werden, um einer überbordenden Gutachterindustrie Einhalt zu gebieten.[22]

Ebenso muss die Möglichkeit zur Entpflichtung von VerfahrensbeiständInnen geschaffen werden, um bei Befangenheit eine andere Verfahrensbeistandschaft für das Kind zu erhalten.[23]

E) Kindeswohlgefährdung erkennen, berücksichtigen, verhindern

Kindeswohlgefährdungen müssen korrekt erfasst werden. Das Miterleben von Gewalt stellt unstrittig eine Kindeswohlgefährdung dar, wird in der Praxis aber nicht als solche eingestuft. Momentan heißt es oft, das Kind wäre ja nicht selbst betroffen gewesen. Es bedarf keiner großen Vorstellungskraft, um zu verstehen, dass ein Kind, das erlebt wie ein Erwachsener, von dem es noch dazu abhängig ist, die eigene geliebte Mutter verprügelt oder mit dem Tode bedroht. Häufig noch dazu im privaten Bereich, wo Hilfe fern ist. Kinder entwickeln Todesängste und werden traumatisiert. Diese Gewalt gegen Kinder durch das Bezeugen von Gewalt muss endlich auch in der Praxis als Kindeswohlgefährdung eingestuft werden.[24]

Kinder müssen außerdem besser geschützt werden vor (Re-)Traumatisierungen durch familiengerichtliche Verfahren. Dafür ist es nötig, dass

- Befragungen und persönliche Anhörungen von Kindern durch familienrechtliche AkteurInnen pro Kind und Jahr limitiert werden.[25]
- Befragungen von Kindern bei Verdacht auf Kindeswohlgefährdung nach verbindlich festgelegten Kriterien und nur durch ausgebildete Fachkräfte erfolgen dürfen.[26]

F) Finanzierung verbessern

Sowohl FamilienrichterInnen als auch Jugendämter leiden unter einer recht hohen Fallzahl pro MitarbeiterIn. Es steht also wenig Bearbeitungszeit für die Fälle in familiengerichtlichen Verfahren zur Verfügung. Das befördert Schubladendenken, vorschnelle Urteile und im Gerichtssaal auch die Versuche, Einigungen zu erzwingen und nötigenfalls zu erpressen – ein Vergleich ist für RichterInnen wesentlich zeitsparender gegenüber einem Beschluss, den sie selbst fällen und entsprechend begründen müssen. Die finanzielle Ausstattung von Familiengerichten und Jugendämtern steht also in direktem Zusammenhang mit der Gefahr, Kinder- und Gewaltschutz unberücksichtigt zu lassen und auch in hochstrittigen Fällen mit einem Aggressor und einem Opfer Einigkeit zu erzwingen. RichterInnen entziehen sich also häufig ihrer Verantwortung, indem sie alles versuchen, um einen richterlichen Beschluss zu umgehen. Und was passiert in der Regel, wenn eine schlichtende Drittinstanz zu einem Streit hinzugerufen wird, den es blitzschnell aufzulösen gilt, und bei dem es einen Täter und ein Opfer, also ein großes Machtgefälle gibt? Die Schlichtungsinstanz wird den leichteren Weg gehen und versuchen, auf die unterlegene, schwächere, friedlichere Partei einzuwirken, sich der aufdringlichen, lautstarken, aggressiven Partei anzupassen.

Finanzen spielen also eine nicht zu unterschätzende Rolle bei institutioneller Gewalt. Interessanterweise ist auch die Besoldung von FamilienrichterInnen besonders schlecht im Vergleich zu anderen Rechtsbereichen. Schlimmstenfalls führt das dazu, dass neben den wenigen, die ihren Job aus purer Leidenschaft machen, nur die Spreu im Familiengericht »hängenbleibt«, während die Besten in andere Bereiche abwandern. Die Besoldung für FamilienrichterInnen muss daher angemessen erhöht werden.[27] Dasselbe gilt natürlich für die MitarbeiterInnen im Jugendamt.

G) Überprüfungsinstanzen einrichten

Wir benötigen Kontrollinstanzen, die eine übergeordnete Aufsichts- und Prüffunktion innehaben. Sonja Howard fordert daher eine unabhängige Fachaufsicht für Jugendämter, die auf jeden Fall für mehr Neutralität sorgen könnte und auch Betroffenen eine Beschwerdestelle bieten könnte.[28] Der Jugendhilfeausschuss als Organ ist hier manchmal auch deshalb ungeeignet, da Fragen nur von BürgerInnen und Bürgern gestellt werden können. Doch bei getrennt lebenden Elternteilen wohnt nicht selten einer nicht im Einzugsgebiet des zuständigen Jugendamtes.

Wolfgang Hammer empfiehlt zudem die Einrichtung von regionalen Ombudsstellen für Betroffene – auch zur Dokumentation für wissenschaftliche Zwecke.[29] Tatsächlich haben Betroffene momentan kaum Beratungs- oder Anlaufstellen in Deutschland. Manche Frauen finden gute Unterstützung in Frauen- und Gewaltberatungsstellen. Das ist aber individuell sehr verschieden und hängt stark von der Beraterin vor Ort ab. Manche Beratungsstellen haben mit institutioneller Gewalt auch noch keine oder wenig Erfahrungen gemacht. Darüber hinaus greifen die üblichen Ratschläge oft nicht. Das sind Tipps wie: das Vermeiden von Kontakt, das Wechseln der Handynummer, Fangschaltung, Anzeigen, Kontaktverbote etc. Diese Tipps helfen bei institutioneller Gewalt oft nicht, sie sind entweder schlicht gar nicht durchführbar, weil das Umgangsrecht einen Kontaktabbruch unmöglich macht, oder gehen womöglich sogar nach hinten los.

Das Einsetzen einer Enquetekommission im Bundestag ist wichtig, damit die Ursachen für mangelnden Kinder- und Gewaltschutz ermittelt und politische Lösungen gefunden werden.[30] Hier sollte auch analysiert werden, weshalb die Rückführungsquote nach Inobhutnahmen von Kindern in Großbritannien bei 90 Prozent liegt und in Deutschland lediglich bei 10 – insbesondere vor dem Hintergrund, dass solche Inobhutnahmen seit Jahren extrem zugenommen haben.

Literaturverzeichnis

Bala, Nicholas und John Schuman (2000): »Allegations of Sexual Abuse When Parents Have Separated.« *Canadian Family Law Quarterly* 17, S. 191–241.

Bancroft, R. Lundy und Jay G. Silverman (2002): *The Batterer as Parent: Addressing the Impact of Domestic Violence on Family Dynamics.*

Barnett, Adrienne (2020): *Domestic Abuse and Private Law Children Cases.* Hg. vom Ministry of Justice (UK), S. 20, Tab 4.1.

Beck, Dorothee u. a. (2021): *Antifeminismus auf dem Weg durch die Institutionen*, https://www.boell.de/sites/default/files/2021-10/E-Paper%20%C2%ABAnti feminismus%C2%BB%20Endf.pdf, letzter Zugriff: 12.12.2022.

Bff – Bundesverband der Frauenberatungsstellen und Frauennotrufe Deutschland (2022): »Tötung von Frauen (Femizid)«, https://www.frauen-gegen-ge walt.de/de/infothek/toetung-von-frauen-femizid/merkmale-und-tatsachen. html, letzter Zugriff: 26.9.2022.

BMFSFJ (2014): *Gewalt gegen Frauen in Paarbeziehungen*, https://www.bmfsfj. de/resource/blob/93970/957833aefeaf612d9806caf1d147416b/gewalt-paarbe ziehungen-data.pdf, letzter Zugriff: 26.9.2022.

BMFSFJ (2021): »Formen der Gewalt erkennen«, 22.12.2021, https://www.bmfsfj. de/bmfsfj/themen/gleichstellung/frauen-vor-gewalt-schuetzen/haeusliche-ge walt, letzter Zugriff: 26.9.2022.

BMJ (2009): »Familienrecht: Am 1.9.2009 treten wichtige Änderungen in Kraft (BMJ)«, 28.8.2009, https://datenbank.nwb.de/Dokument/596750/, letzter Zugriff: 26.9.2022.

Brown, T. u. a. (2000): »Revealing the Existence of Child Abuse in the Context of Marital Breakdown and Custody and Access Disputes.« *Child Abuse & Neglect* 24(6), S. 849–885.

Bündnis Istanbul-Konvention (2021): *Alternativbericht zur Umsetzung des Übereinkommens des Europarats zur Verhütung und Bekämpfung von Gewalt gegen Frauen und häuslicher Gewalt*, https://www.buendnis-istanbul-konvention.de/, letzter Zugriff: 26.9.2022.

Bundeskriminalamt (2021): *Partnerschaftsgewalt – Kriminalstatistische Auswertung – Berichtsjahr 2020*, https://www.bka.de/SharedDocs/Downloads/DE/ Publikationen/JahresberichteUndLagebilder/Partnerschaftsgewalt/Partner schaftsgewalt_2020.html, letzter Zugriff: 26.9.2022.

BVerfG (2005): »Beschluss der 1. Kammer des Ersten Senats vom 13. Juli 2005, – 1 BvR 215/05 –, Rn. 1–15«, https://www.bundesverfassungsgericht.de/SharedDocs/Entscheidungen/DE/2005/07/rk20050713_1bvr021505.html, letzter Zugriff: 26.9.2022.
Cruschwitz, Julia (2021): »Sollten gewalttätige Väter ihre Kinder sehen dürfen?«, 27.11.2021, *mdr.de*, https://www.mdr.de/nachrichten/deutschland/gesellschaft/beziehung-gewalt-schutz-frau-kind-umgangsrecht-100.html, letzter Zugriff: 26.9.2022.
Dallam, Stephanie J. (1998): »Dr. Richard Gardner: A Review of his Theories and Opinions on Atypical Sexuality, Pedophilia, and Treatment Issues.« *Treating Abuse Today* 8(1).
Der Rechnungshof (2017): »Bericht des Rechnungshofes – Familiengerichtsbarkeit«. *Reihe BUND 2017/24*, https://www.rechnungshof.gv.at/rh/home/home/Bund_Familiengerichtsbarkeit_2017_24.pdf, letzter Zugriff: 12.10.2022; diverse parlamentarische Anfragen.
Deutscher Präventionstag (2021): »Partnerschaftsgewalt – Kriminalstatistische Auswertung für 2020«, 27.11.2021, *praeventionstag.de*, https://www.praeventionstag.de/nano.cms/news/details/5663, letzter Zugriff: 26.9.2022.
Dittmann, Anne (2021a): »Ich darf mein Kind nicht beschützen«, *solomuetter.de*, https://solomuetter.de/2021/08/12/ich-darf-mein-kind-nicht-beschuetzen-2/, letzter Zugriff: 26.9.2022.
Dittmann, Anne (2021b): »Der Vater meines Kindes wollte mich fertigmachen«, *solomuetter.de*, https://solomuetter.de/2021/06/22/wollte-mich-fertig-machen/, letzter Zugriff: 26.9.2022.
Dittmann, Anne (2021c): »Ich holte meinen Sohn aus dem Kinderheim«, *solomuetter.de*, https://solomuetter.de/2021/11/22/ich-musste-meinen-sohn-aus-dem-kinderheim-holen/, letzter Zugriff: 26.9.2022.
Edleson, Jeffrey L. (1999): Problems Associated with Children`s Witnessing of Domestic Violence, April 1999, *vawnet.org*, https://vawnet.org/sites/default/files/materials/files/2016-09/AR_Witness.pdf, letzter Zugriff: 26.9.2022.
Ulrike Eichin: (2008): »Jeder zweite Mord bleibt unentdeckt«. *Die Kriminalpolizei – Zeitschrift der Gewerkschaft der Polizei* März 2008, hier: https://www.kriminalpolizei.de/ausgaben/2008/maerz/detailansicht-maerz/artikel/jeder-zweite-mord-bleibt-unentdeckt.html, letzter Zugriff: 26.9.2022.
Ernestus, Claudia (2017): »Ursachen und Folgen ›sekundärer Kindeswohlgefährdungen‹. Interview mit Universitätsprofessor i.R. Dr. phil. Uwe Tewes«, 20.06.2017, http://www.prof-dr-tewes.de/presse/, letzter Zugriff: 26.9.2022.
Fassler, Joe (2015): »How Doctors Take Women`s Pain Less Seriously«, https://www.theatlantic.com/health/archive/2015/10/emergency-room-wait-times-sexism/410515/, letzter Zugriff: 16.10.2022.
Finke, Christine (2016): *Allein, alleiner, alleinerziehend.*
Frauenhauskoordinierung.de (2022): »Psychische Gewalt – Zwangskontrolle«,

frauenhauskoordinierung.de, https://www.frauenhauskoordinierung.de/themenportal/gewalt-gegen-frauen/gewaltformen/psychische-gewalt/, letzter Zugriff: 26.9.2022.

Gardner, Richard A. (1991): *Sex Abuse Hysteria: Salem Witch Trials Revisited.*

Goldenberg, Rina (2020): »Gewalt gegen Frauen: Mehr Femizide in Deutschland«, 25.11.2020, *dw.com*, https://www.dw.com/de/gewalt-gegen-frauen-mehr-femizide-in-deutschland/a-55562981, letzter Zugriff: 26.9.2022.

Halfwassen, Kathrin (2022): »Antifeminismus: Wie mächtige internationale Netzwerke Gleichberechtigung verhindern wollen«, 07.03.2022, *emotion.de*, https://www.emotion.de/leben-arbeit/gesellschaft/antifeminismus-netzwerke-gegen-gleichberechtigung, letzter Zugriff: 26.9.2022.

Hammer, Wolfgang u. a. (2022): *Familienrecht in Deutschland – Eine Bestandsaufnahme*, https://www.familienrecht-in-deutschland.de/studie/, letzter Zugriff: 26.9.2022.

Hartmann, Corinna (2022): »Kollektiver Narzissmus: Wir, wir, wir.« *Spektrum der Wissenschaft Kompakt* 02/22, S. 58–63.

Hecht, Patricia (2021): »Alleinerziehende im Koalitionsvertrag – ›Noch kein großer Wurf‹«, 7.12.2021, *taz.de*, https://taz.de/Alleinerziehende-im-Koalitionsvertrag/!5819658/, letzter Zugriff: 26.9.2022.

Held, Gunter (2021): »Das Martyrium einer Mutter: Oerlinghausenerin will ihr Kind zurück«, 19.11.2021, *nw.de*, https://www.nw.de/lokal/kreis_lippe/oerlinghausen/23132781_Das-Martyrium-einer-Mutter-Oerlinghausenerin-will-ihr-Kind-zurueck.html, letzter Zugriff: 26.9.2022.

Hödl, Saskia (2021): »Die armen Väter aus Prenzlauer Berg«, 17.8.2021, *taz.de*, https://taz.de/Spiegel-ueber-Problemeinhoerner/!5789610/, letzter Zugriff: 26.9.2022.

Immanuel, Rebecca (2022): »Den Kindern eine Stimme geben«, 4.7.2022, https://www.instagram.com/tv/CfmEZ1vqUxZ/?igshid=YmMyMTA2M2Y=, letzter Zugriff: 26.9.2022.

Jaffe, Peter G.; Wolfe, David A. und Susan Kaye Wilson (1990): *Children of Battered Women.*

Johnston, J. R. (1994): »High-Conflict Divorce«. *Future of Children* 4(1), S. 165–182, https://doi.org/10.2307/1602483.

Kampling, Katrin (2022): »Zu enge Mutter-Kind-Bindung? Staat nimmt Kinder weg«, 11.1.2022, *ndr.de*, https://www.ndr.de/fernsehen/sendungen/panorama3/Zu-enge-Mutter-Kind-Bindung-Staat-nimmt-Kinder-weg,kinder1804.html, letzter Zugriff: 26.9.2022.

Katz, Emma (2020): »Zwangskontrolle und Kinder«, *frauenhauskoordinierung.de*, https://www.frauenhauskoordinierung.de/themenportal/gewalt-gegen-frauen/gewaltformen/psychische-gewalt/, letzter Zugriff: 26.9.2022.

Keilitz, S. L. (1997): *National Center for State Courts, Domestic Violence and Child Custody Disputes: A Resource Handbook for Judges and Court Managers.*

Köhler, Oliver und Manfred Kulecki (2022): Sexualisierte Gewalt? Mutter taucht mit Kind unter, 11.2.2022, *wdr.de*, https://www1.wdr.de/nachrichten/westfalen-lippe/verdacht-auf-kindesmissbrauch-in-lippe-100.html, letzter Zugriff: 26.9.2022.

Korittko, Alexander (2013): »Umgang um jeden Preis oder Neuanfang ohne Angst?«, https://irp-cdn.multiscreensite.com/be90064b/files/uploaded/Umgang%20um%20jeden%20Preis.pdf#:~:text=Gerichtlich%20angeordnete%20Umg%C3%A4nge%20dienen%20in%20solchen%20Situationen%20der,der%20gewaltt%C3%A4tige%20Vater%20von%20seinem%20Vergehen%20frei%20gesprochen, letzter Zugriff: 26.9.2022.

Kostka, Kerima (2007): »Cochemer Modell – Professionsübergreifende Kooperation im Sorge- und Umgangsrecht«, 23.3.2007, *pb-paritaet.de*, https://www.pb-paritaet.de/fachtagungen/dokumente2007/cochemer_modell.htm, letzter Zugriff: 26.9.2022.

Kräuter-Stockton, Sabine (2018): »Konvention zum besseren Schutz von Frauen vor Gewalt in Kraft getreten«, 3.9.2018, *bmfsfj.de*, https://www.bmfsfj.de/bmfsfj/konvention-zum-besseren-schutz-von-frauen-vor-gewalt-in-kraft-getreten-121718, letzter Zugriff: 26.9.2022.

Langford, Linda; Isaac, Nancy und Stacey Kabat (1998): »Homicides Related to Intimate Partner Violence in Massachusetts: Examining Case Ascertainment and Validity of the SHR«, https://journals.sagepub.com/doi/abs/10.1177/1088767998002004002, letzter Zugriff: 16.10.2022.

Langhans, Katrin (2021): „Gewalt und Missbrauch: Wenn Behörden Müttern ihre Kinder wegnehmen, 26.11.2021, *fr.de*, https://www.fr.de/politik/gewalt-missbrauch-behoerden-muetter-kinder-wegnehmen-vaeter-zr-91142503.html, letzter Zugriff: 26.9.2022.

Louis, Chantal (2017): »Die Karriere des Helmut Kentler«, 20.2.2017, *emma.de*, https://www.emma.de/artikel/die-karriere-des-helmut-kentler-334169, letzter Zugriff: 26.9.2022.

MIA – Mütterinitiative für Alleinerziehende (2021a): »#MIAmeckert«, 6.6.2021, https://www.facebook.com/diemias/posts/1028023544272022, letzter Zugriff: 26.9.2022.

MIA – Mütterinitiative für Alleinerziehende (2021b): »#MIAmag«, 25.5.2021, https://www.facebook.com/diemias/posts/1020911911649852, letzter Zugriff: 26.9.2022.

Morrill, A. C. u. a. (2005): »Child Custody and Visitation Decisions When the Father Has Perpetrated Violence Against the Mother«. *Violence Against Women* 11(8), S. 1076–1107.

Müller, Ann-Katrin (2017): »Berliner Jugendamt vermittelte Kinder an Pädophile«, 30.12.2017, *spiegel.de*, https://www.spiegel.de/spiegel/berliner-jugendamt-vermittelte-kinder-an-paedophile-a-1185461.html, letzter Zugriff: 26.9.2022.

Mundlos, Christina (2015): *Gewalt unter der Geburt – Der alltägliche Skandal.*

Mundlos, Christina (2017): *Dann mache ich es halt allein: Wenn Singlefrauen sich für ein Kind entscheiden und so ihr Glück selbst in die Hand nehmen.*

Mundlos, Christina (2018): »Gender Pay Gap und Equal Pay Day falsch berechnet!«, 7.9.2018, *christina-mundlos.de*, http://christina-mundlos.de/frauen-werden-um-1-million-euro-betrogen/, letzter Zugriff: 26.9.2022.

Musafiri, Katja (2021): »Aktivistin über Gewalt gegen Frauen: ›Ein rechtsfreier Raum‹«, 25.11.2021, *taz.de*, https://taz.de/Aktivistin-ueber-Gewalt-gegen-Frauen/!5813900/, letzter Zugriff: 26.9.2022.

Nadolny, Jennifer (2020): *Scheidung vom Psychopathen: Der Weg in die Freiheit.*

Naumann, Tamara (2021): *Narzissmus in Beziehungen – Die gefährliche Manipulation des Narzissten.*

Noll, Nora (2021): »Wohl der Kinder, Schutz der Mutter«, *Der Freitag* 37/2021, online unter https://www.freitag.de/autoren/der-freitag/wohl-der-kinder-schutz-der-mutter, letzter Zugriff: 26.9.2022.

Österreichisches Institut für Familienforschung (2017): *Endbericht – Evaluierung des KindNamRÄG 2013. Obsorge- und Kontaktrechtsverfahren*, https://www.bmj.gv.at/service/publikationen/evaluationsstudie-kindnamraeg-2013.html, letzter Zugriff: 12.10.2022.

OLG Brandenburg (2010): »Beschluss vom 22.07.2010 – 9 WF 95/10 –«, *open-jur.de*, https://open-jur.de/u/282757.html, letzter Zugriff: 26.9.2022.

OLG Dresden (2021): »Beschluss vom 07.06.2021 – 21 UF 153/21 –«, *kostenlose-urteile.de*, https://www.kostenlose-urteile.de/OLG-Dresden_21-UF-15321_Regelung-der-ErwartungenWuensche-oder-Rechte-der-Eltern-nicht-Zweck-des-Wechselmodells.news30567.htm, letzter Zugriff: 26.9.2022.

Röhr, Heinz-Peter (2020): *Narzissmus. Dem inneren Gefängnis entfliehen*, 9. Neuauflage.

Rosenbach, Nicole und Rainer Stadler (2022): »Schleppende Ermittlungen im Fall Winterhoff«, https://www.sueddeutsche.de/politik/winterhoff-kinderpsychiater-staatsanwaltschaft-1.5558312, letzter Zugriff: 4.11.2022.

Ross, S. M. (1996): »Risk of Physical Abuse to Children of Spouse Abusing Parents«. *Child Abuse & Neglect* 20(7), S. 589–598.

Salewski, Christel und Stefan Stürmer (2014): »Qualitätsstandards bei psychologischen familienrechtlichen Gutachten«, *fernuni-hagen.de*, https://www.fernuni-hagen.de/gesundheitspsychologie/forschung/qualitaetsstandarts-gutachten.shtml, letzter Zugriff: 26.9.2022.

Salgo, Ludwig (2016): »Häusliche Gewalt und Kindeswohl. Möglichkeiten und Grenzen familiengerichtlicher und jugendhilferechtlicher Interventionen«. In: Freiburger Interventionsprojekt gegen Häusliche Gewalt (Hg.): *Kinder und Häusliche Gewalt – gemeinsam für ein gewaltfreies Aufwachsen*, S. 9–31, online unter https://frig-freiburg.de/wp-content/uploads/2018/02/dokumentation-2015.pdf, letzter Zugriff: 3.11.2022.

Scheidung.org (2022): Das Cochemer Modell – Wie gelingt die Konfliktvermeidung im Familienverfahren, 18.7.2022, *scheidung.org*, https://www.scheidung.org/cochemer-modell/, letzter Zugriff: 26.9.2022.

Schneider, Stephanie (2021): *Bedingungen für die kindeswohldienliche Praktizierung des Wechselmodells.*

Seith, Corinna; Lovett, Joanna und Liz Kelly (2009): *Unterschiedliche Systeme, ähnliche Resultate? Strafverfolgung von Vergewaltigung in elf europäischen Ländern*, Mai 2009, *frauenrechte.de*, https://www.frauenrechte.de/images/downloads/hgewalt/EU-DAPHNE_Strafverfolgung_von_Vergewaltigung_Laenderbericht_Deutschland.pdf, letzter Zugriff: 26.9.2022.

Sommer, Charlotte (2021): *Gemeinsame Kinder mit einem narzisstischen (Ex-) Partner.*

Statista Research Department (2022): »Geburtenzahlen in Deutschland bis 2021«, April 2022, https://de.statista.com/statistik/daten/studie/235/umfrage/anzahl-der-geburten-seit-1993/, letzter Zugriff: 26.9.2022.

Steinbach, Anja u. a. (2021): Erste Ergebnisse der Studie »Familienmodelle in Deutschland« (FAMOD): »Zur Bedeutung des Wechselmodells für das kindliche Wohlbefinden nach elterlicher Trennung oder Scheidung«. *Zeitschrift für das gesamte Familienrecht (FamRZ)* 68(10), S. 729 0150740.

Süßmann, Johannes (2021): »Der Vorgang scheint größere Ausmaße anzunehmen«, https://www.zeit.de/gesellschaft/2021-08/michael-winterhoff-vorwuerfe-kinderpsychiater-bestsellerautor, letzter Zugriff: 4.11.2022.

Thoennes, N. und P. G. Tjaden (1990): »The Extent, Nature, and Validity of Sexual Abuse Allegations in Custody and Visitation Disputes«. *Child Sexual Abuse & Neglect* 14(2), S. 151–163.

Tippe, Sebastian (2021): *Toxische Männlichkeit – Erkennen, reflektieren, verändern.*

VAfK – Väteraufbruch für Kinder e.V. (2011): *Elterninfos*, https://www.vafk-koeln.de/vaeterinfos/125-dissertation-kindliche-kontaktverweigerung-nach-trennung-der-eltern-aus-psychologischer-sicht-entwurf-einer-typologie.html, letzter Zugriff: 26.9.2022.

VAMV – Verband alleinerziehender Mütter und Väter u. a. (2007): *Gemeinsame Erklärung zum Regierungsentwurf zur FGG-Reform*, 10.10.2007, *vamv.de*, https://www.vamv.de/fileadmin/user_upload/bund/dokumente/Stellungnahmen/Gemeinsame_Stellungnahme_FGG-Reform_10.10.07.pdf, letzter Zugriff: 26.9.2022.

VAMV NRW – Verband alleinerziehender Mütter und Väter Nordrhein-Westfalen (2021): »Studie: Wechselmodell verbessert Wohlbefinden von Trennungskindern nicht«, 26.5.2021, *vamv-nrw.de*, https://www.vamv-nrw.de/de/aktuelles/studie-wechselmodell-verbessert-wohlbefinden-von-trennungskindern-nicht/, letzter Zugriff: 26.9.2022.

Wahl-Immel, Yuriko (2021): »Ergebnis von Studien: Alleinerziehende häufig von Armut betroffen«, 15.7.2021, *zdf.de*, https://www.zdf.de/nachrichten/panorama/alleinerziehende-arm-kinderarmut-100.html, letzter Zugriff: 26.9.2022.

Endnoten

Zwei Bemerkungen vorab

1 Fassler (2015); Schwan (2022).

1 Einleitung

1 Hammer (2022), S. 50.
2 Bundeskriminalamt (2021), S. 3; Deutscher Präventionstag (2021).
3 BMFSFJ (2014), S. 1.
4 BMFSFJ (2014), S. 1.
5 Goldenberg (2020).
6 Hammer (2022), S. 88.
7 Hammer (2022), S. 28f.
8 Hammer (2022), S. 28.
9 Wenn 270 000 Gutachten durchschnittlich 1,5 Kinder betreffen, werden jährlich über 400 000 Kinder begutachtet oder sind von Gutachten betroffen. Da manche Kinder mehrere Gutachten erleben, kann zwar nicht ganz geschlussfolgert werden, dass tatsächlich 60 Prozent aller Kinder eines Geburtsjahrgangs (400 000/665 000) von einer Begutachtung betroffen sind, jedoch liegt es nahe, dass immerhin rund die Hälfte aller Kinder eine Begutachtung miterlebt.
10 Hammer (2022), S. 13.
11 Spoileralarm! Überraschung: In den meisten Fällen, in denen Väter dafür kämpfen, dass die Kinder bei den Müttern ausziehen müssen, werden die Kinder nach der Herausnahme bei der Mutter *nicht* durch die Väter betreut.
12 Eine Form von psychischer Gewalt, bei der das Opfer manipuliert und seine Wahrnehmung stark verunsichert wird. Eine ausführliche Erläuterung folgt an späterer Stelle.
13 Seit 2020 werden unter dem Hashtag »White Lily Revolution« online in sozialen Netzwerken (Instagram, Facebook, Twitter) Berichte von Müttern veröffentlicht, die institutionelle Gewalt im Familiengericht erlebt haben. Immer rund um den 25. November (denn das ist der Internationale Tag gegen Gewalt an Frauen) legen Frauen

dafür ihre Berichte und weiße Lilien als Zeichen des stillen Protestes ab vor Amtsgerichten, Jugendämtern, Büros von VerfahrensbeiständInnen, Mediations- und Umgangsvereinen etc. Ebendort, wo ihnen und ihren Kindern Gewalt angetan wurde.

14 Hammer (2022).

2 Hintergrundwissen

1 Bündnis Istanbul-Konvention (2021), S. 106.
2 BMFSFJ (2014), S. 3
3 Bündnis Istanbul-Konvention (2021), S. 109.
4 Bündnis Istanbul-Konvention (2021), S. 109.
5 BMFSFJ (2021).
6 Cruschwitz (2021).
7 Keilitz (1997); Johnston (1994).
8 Barnett (2020), S. 20.
9 Bala und Schuman (2000), S. 191–241.
10 Bündnis Istanbul-Konvention, S. 94.
11 Ross (1996), S. 589–598.
12 Cruschwitz (2021).
13 Jaffe, Wolfe und Wilson (1990); Morrill u. a. (2005), S. 1076–1107; Edleson (1999); http://www.vawnet.org; http://www.acestudy.org.
14 Deutscher Präventionstag (2021).
15 Bundeskriminalamt (2021), S. 7.
16 BMFSFJ (2014), S. 3.
17 Frauenhauskoordinierung (2022).
18 Frauenhauskoordinierung (2022).
19 Katz (2020).
20 Beck u. a. (2021), S. 33.
21 Frauenhauskoordinierung (2022).
22 BMFSFJ (2014), S. 2.
23 Frauenhauskoordinierung (2022).
24 Sowohl als Freier/Zuschauer als auch als Zuhälter/Loverboy.
25 Thoennes und Tjaden (1990), 151–613.
26 Brown, T. u. a. (2000), 849–885.
27 Bala und Schuman (2000), S. 191–241.
28 Seith, Lovett und Kelly (2009).
29 Ich führte vor zwei Jahren eine Unterhaltung mit einer mir bekannten Polizistin. Diese kam gerade von einem Einsatz, bei dem sie eine Frau zu einer »angeblichen Vergewaltigung« befragen sollte. Sie stöhnte und berichtete mir, dass sie die »eh alle nicht ernst nehmen« könne, da sie gelernt hat, dass ja 97 Prozent aller Vergewaltigungsvorwürfe Falschbeschuldigungen wären. Ich war ziemlich schockiert und er-

klärte ihr, dass es nur 1 bis 3 Prozent Falschbeschuldigungen seien und somit 97 bis 99 Prozent der Frauen die Wahrheit sagten, wenn sie eine Vergewaltigung anzeigen. Sie wollte mir nicht glauben, sie hätte das bei der Polizei so gelernt.

30 Bancroft und Silverman (2002); Langford, Isaac und Kabat (1999).

31 Hammer (2022), S. 50.

32 Held (2021).

33 Köhler und Kulecki (2022); Immanuel (2022).

34 Bff (2021).

35 Bündnis Istanbul-Konvention, S. 94.

36 Goldenberg (2020).

37 Tatsächlich kam es in meinem Umfeld vor vielen Jahren zum Tod einer Frau, die Mitte 50 war und tot in ihrem Wohnzimmer gefunden wurde. Als sie entdeckt wurde, stand die Terrassentür offen und es konnte keinerlei Todesursache festgestellt werden. Es gab auch keine Tablettenpackungen oder Alkohol in der Nähe der Toten. Der Bestatter vertraute den Angehörigen an, dass ihre Leiche unnormal stark verwest war in der kurzen Zeit und dass es Anzeichen für eine Vergiftung gäbe. Nach einiger Zeit tauchten außerdem angebliche Abschiedsbriefe der Toten auf, die zerschnitten, neu aneinandergeklebt und mit unterschiedlichen Handschriften geschrieben waren. Der Bruder der Toten hatte hohe Schulden bei ihr. Von ihrem Mann hatte sie sich erst wenige Wochen zuvor getrennt. Der Polizei genügten diese Zweifel am natürlichen Tod jedoch nicht. Es fanden keine weiteren Ermittlungen statt.

38 Eichin (2008).

39 Eichin (2008).

40 Finke (2016), S. 23.

41 Langhans (2021).

42 Langhans (2021).

43 Dittmann (2022a).

44 Dittmann (2022a).

45 Hammer (2022), S. 55.

46 Hammer (2022), S. 48.

47 Mundlos (2015).

48 Cruschwitz (2021).

49 Dittmann (2021b).

50 Siehe der § 156 »Hinwirken auf Einvernehmen« im FamFG.

51 Hammer, S. 34.

52 VAMV (2007), Kostka (2007).

53 Scheidung.org (2022); Hammer (2022), S. 58.

54 VAMV (2007), Kostka (2007).

55 VAMV (2007), Kostka (2007).

56 VAMV (2007).

57 VAMV (2007), Kostka (2007).

58 Hammer (2022), S. 56.

59 Noll (2021).

60 Hammer (2022), S. 81.

61 Zum Vergleich: Das Cochemer Modell fordert eine Terminierung innerhalb von 14 Tagen, im FamFG § 156 gibt es zwar ein Beschleunigungsgebot, dieses sieht jedoch eine Terminierung innerhalb von einem Monat vor. Für Laien mögen sehr schnell stattfindende Verfahren kindeswohldienlich erscheinen. Das ist nicht völlig verkehrt. Zu schnelle Verfahren bewirken aber vor allem, dass Jugendamt, Verfahrensbeistandschaft und AntragsgegnerIn nicht ausreichend vorbereitet sind. Bis die Ladung Jugendamt und Verfahrensbeistandschaft überhaupt erreicht, vergehen schon mal ein paar Tage. Dann kann es sein, dass eine prozessbeteiligte Person an dem Termin gar nicht kann (Urlaub, parallel anderer Gerichtstermin etc.), der Termin nach hinten verlegt werden muss, wiederum alle den neuen Termin erhalten müssen und der neue Termin dann auch noch allen passen muss. Die VerfahrensbeiständInnen erhalten nicht die Telefonnummern der Eltern, sondern lediglich ihre Adressen. Sie müssen also zunächst ein Anschreiben verfassen, damit die Eltern sich bei ihnen melden, um einen Termin zu vereinbaren. Nach den Gesprächen wird dann noch ein schriftlicher Bericht verfasst. Es liegt also auf der Hand, dass bei einer Terminierung der Verhandlung innerhalb von 14 Tagen in jedem Fall die Qualität und Intensität der Arbeit von Jugendamt und VerfahrensbeiständInnen deutlich sinken würden sowie die Vorbereitung der AntragsgegnerIn inklusive Anwaltssuche und -vorbereitung stark beeinträchtigt wären. Komplexe Situationen, mit denen wir es bei Gewalt immer zu tun haben, können nicht mehr von den Verfahrensbeteiligten erkannt und durchdrungen werden.

62 BMJ (2009).

63 VAMV (2007), S. 1.

64 Salgo (2016), S. 20.

65 VAMV (2007), S. 1.

66 Hammer (2022), S. 83.

67 Hammer (2022), S. 83.

68 Dittmann (2022b).

69 Gesetz über das Verfahren in Familienfragen und in den Angelegenheiten der freiwilligen Gerichtsbarkeit.

70 Hammer (2022), S. 3.

71 Musafiri (2021).

72 Bündnis Istanbul-Konvention (2021), S. 106.

73 Korittko (2013), S. 5.

74 BVerfG (2005).

75 Bündnis Istanbul-Konvention (2021), S. 108.

76 Hammer (2022), S. 35.

77 Bündnis Istanbul-Konvention (2021), S. 106.

78 Korittko (2013), S. 5.

79 Hammer (2022), S. 34.

80 Hammer (2022), S. 87.

81 §36 FamFG Vergleich, *anwaltonline.com*, https://www.anwaltonline.com/betreuungsrecht/paragraphen/3885/%C2%A7-36-vergleich, letzter Zugriff: 06.10.2022.
82 §156 FamFG Hinwirken auf Einvernehmen, *anwaltonline.com*, https://www.anwaltonline.com/betreuungsrecht/paragraphen/1707/%C2%A7-156-hinwirken-auf-einvernehmen, letzter Zugriff: 06.10.2022.
83 §156 FamFG Hinwirken auf Einvernehmen, *anwaltonline.com*, https://www.anwaltonline.com/betreuungsrecht/paragraphen/1707/%C2%A7-156-hinwirken-auf-einvernehmen, letzter Zugriff: 06.10.2022.
84 §36a FamFG Mediation, außergerichtliche Konfliktbeilegung, *anwaltonline.com*, https://www.anwaltonline.com/betreuungsrecht/paragraphen/3886/%C2%A7-36a-mediation-aussergerichtliche-konfliktbeilegung, letzter Zugriff: 06.10.2022.
85 Bündnis Istanbul-Konvention (2021), S. 107.
86 Bündnis Istanbul-Konvention (2021), S. 107.
87 §1666 BGB – Einzelnorm, *gesetze-im-internet.de*, https://www.gesetze-im-internet.de/bgb/__1666.html, letzter Zugriff: 06.10.2022.
88 Tippe (2021).
89 §1666a BGB – Einzelnorm (wie Anm. 103)
90 Hammer (2022), S. 83.
91 Hammer (2022), S. 55.
92 Bündnis Istanbul-Konvention (2021), S. 107.
93 Hammer (2022), S. 2.
94 Hammer (2022), S. 50.
95 Vgl. BGB §1666a.
96 Hammer (2022), S. 55.
97 Bündnis Istanbul-Konvention (2021), S. 107.
98 Musafiri (2021).
99 Hammer (2022), S. 86.
100 Bündnis Istanbul-Konvention (2021), S. 107f.
101 Wahl-Immel (2021).
102 Finke (2016).
103 Hammer (2022), S. 82.
104 Hammer (2022), S. 84.
105 Statista Research Department (2022).
106 Hammer (2022), S. 79.
107 Hammer (2022), S. 89.
108 OLG Brandenburg (2010).
109 Hecht (2021); Hammer (2022), S. 38.
110 Hecht (2021).
111 Hammer (2022), S. 38.
112 VAMV NRW (2021).
113 Mundlos (2017).
114 Hammer (2022), S. 38.

115 Hammer (2022), S. 38; Schneider (2021).
116 Noll (2021).
117 OLG Dresden (2021).
118 Hecht (2021).
119 Haben Väter im Residenzmodell die Hälfte der Wochenenden, Ferien und Feiertage, dann sind die Kinder durchschnittlich an 8 von 30 Tagen im Monat bei ihnen. Für das Wechselmodell reicht eine Aufteilung von 40:60 zum Teil aus. Das heißt, sie könnten bereits eine Betreuung an 12 von 30 Tagen als Wechselmodell deklarieren und je nach Gehalt sehr viel mehr Unterhalt einsparen, als vier Tage zusätzliche Kinderbetreuung sie kosten. Gerade bei mehreren Kindern kommt dabei je nach Gehalt der Eltern schnell ein eingesparter Betrag von 500 bis 1 000 EUR zusammen. Die Kosten für die Mutter sinken hingegen nicht wesentlich, da sie natürlich ihre Fixkosten weiterhin hat. Ihre Einnahmen steigen auch kaum, denn eine Stundenaufstockung an bestimmten Tagen ist in vielen Berufen gar nicht möglich. In wie vielen Jobs kann man schon sagen, dass man zum Beispiel immer im Wochenwechsel mal mehr und mal weniger arbeitet. Das Wechselmodell bewirkt also nicht selten, dass eine ohnehin prekäre Situation bei den meisten Alleinerzieherinnen noch dramatischer wird, wenn ihnen plötzlich noch Hunderte von Euros an Unterhalt fehlen. Das ist auch eine Form finanzieller Gewalt.
120 Steinbach u. a. (2021).
121 Hammer (2022), S. 26.
122 Hammer (2022), S. 26.
123 Hammer (2022), S. 16.
124 Hammer (2022), S. 22.
125 Hammer (2022), S. 29.
126 Hammer (2022), S. 29.
127 Hammer (2022), S. 29.
128 Hammer (2022), S. 31.
129 Langhans (2021).
130 Langhans (2021).
131 Salewski und Stürmer (2014).
132 Ernestus (2017).
133 Bündnis Istanbul-Konvention (2021), S. 107.
134 Diesen Vorfall berichtete eine betroffene Mutter der Mütterinitiative für Alleinerziehende e.V.; Musafiri (2021).
135 Kräuter-Stockton (2018).
136 Frauenhauskoordinierung.de (2022).
137 Musafiri (2021), Zitat von Stefanie Ponikau (Vorstand MIA e.V.).
138 Dittmann (2022b).
139 Bündnis Istanbul-Kovention (2021), S. 108.
140 Deutschland verstößt noch gegen reihenweise weitere Artikel, aber diese beiden seien hier vor allem in Bezug auf institutionelle Gewalt im Familiengericht genannt.

141 Hammer (2022), S. 4.
142 Naumann (2021), Sommer (2021), Röhr (2020), Nadolny (2020).
143 Hartmann (2022).
144 Tippe (2021).
145 Frauen verdienen im Laufe des Lebens in Deutschland rund eine Million Euro weniger als Männer. Vgl. Mundlos (2018).
146 Hammer (2022), S. 43.
147 Hammer (2022), S. 41.
148 MIA (2021a).
149 Vgl. Beck u. a. (2021), S. 32. Emotion (2021)
150 Halfwassen (2022).
151 Vgl. Hammer (2022), S. 59ff.
152 Vgl. Hammer (2022), S. 27.
153 Vgl. Hammer (2022), S. 64.
154 Hammer (2022), S. 60ff.
155 Vgl. MIA (2021a).
156 Müller (2017).
157 Hammer (2022), S. 60f.
158 Dallam (1998). Gardner (1991).
159 VAfK (2011).
160 Vgl. Beck u. a. (2021), S. 29ff.
161 Vgl. Musafiri (2021), Kampling (2022).
162 Langhans (2021).
163 Hammer (2022), S. 85.
164 Dittmann (2021c).
165 MIA (2021b).
166 MIA (2021b).
167 Rosenbach, Stadler (2022), Süßmann (2021).
168 Köhler und Kulecki (2022), Langhans (2021).
169 Hödl (2021).

4 Das sagen die ExpertInnen

1 Kontakt zur MIA-Selbsthilfegruppe über Hallo@die-mias.de, die MIA-Homepage www.die-mias.de oder die Homepage zur White Lily Revolution www.whitelilyrev.de.
2 Vgl. Barnett (2020), S. 20, Tab 4.1.
3 Vgl. dazu zum Beispiel die Forschung der Kriminologin Jane Mockton-Smith.
4 Vom 25.11. bis zum 10.12. eines jeden Jahres legen betroffene Mütter weiße Lilien vor den Gebäuden nieder, in denen ihnen institutionelle Gewalt angetan wurde oder in denen die Personen arbeiten, die ihnen/ihren Kindern Gewalt angetan haben. Die Mütter fotografieren zum Teil die Niederlegung der Lilien, legen Schreiben dazu, die

schildern was ihnen geschehen ist und posten die Fotos in den sozialen Netzwerken bzw. senden sie an die MIAs.

5 Österreichisches Institut für Familienforschung (2017): *Endbericht – Evaluierung des KindNamRÄG 2013. Obsorge- und Kontaktrechtsverfahren*, https://www.bmj.gv.at/service/publikationen/evaluationsstudie-kindnamraeg-2013.html, letzter Zugriff: 12.10.2022; Der Rechnungshof (2017): »Bericht des Rechnungshofes – Familiengerichtsbarkeit«. *Reihe BUND 2017/24*, https://www.rechnungshof.gv.at/rh/home/home/Bund_Familiengerichtsbarkeit_2017_24.pdf, letzter Zugriff: 12.10.2022; diverse parlamentarische Anfragen.

6 Das Wechselmodell ist nur sinnvoll, wenn beide Elternteile dies wollen und Konflikte und Gewalt keine Rolle spielen.

7 50 Prozent der Väter bezahlen gar keinen Unterhalt und weitere 25 Prozent bezahlen zu wenig für ihre Kinder. Nur 25 Prozent bezahlen den Mindestunterhalt laut Düsseldorfer Tabelle.

8 Das ist falsch, da es nicht nur um die Vertretung des Kindeswillens geht, sondern auch um das Kindeswohl.

5 Folgen für Mütter, Kinder und Gesellschaft

1 Beck u. a. (2021), S. 33.
2 VAMV (2007), S. 2.
3 Frauenhauskoordinierung.de (2022).
4 Katz (2020).
5 Sommer (2021), S. 54ff.
6 Vgl. Sommer (2021), S. 30.
7 Bündnis Istanbul-Konvention (2021), S. 94.
8 Hammer (2022), S. 22.
9 Hammer (2022), S. 39.
10 Hammer (2022), S. 17.
11 Nadolny (2020), S. 69, 205. Bancroft und Silverman (2002), S. 39f.
12 VAMV (2007), S. 1.
13 Hammer (2022), S. 4.
14 Dittmann (2022a).

6 Strategie-Tipps für Mütter

1 Mehr Informationen zum Coaching für Mütter, die sich vom toxischen, narzisstischen und/oder gewalttätigen Kindsvater trennen, finden Sie auf meiner Homepage: www.umgang-sorgerecht-coaching,de.

7 Lösungen für die Familienjustiz

1 Hammer (2022), S. 94, 97.
2 Hammer (2022), S. 96.
3 Bündnis Istanbul-Konvention (2021), S. 110.
4 Bündnis Istanbul-Konvention (2021), S. 96.
5 Cruschwitz (2021).
6 Hammer (2022), S. 94.
7 Bündnis Istanbul-Konvention (2021), S. 118.
8 Bündnis Istanbul-Konvention (2021), S. 118.
9 Bündnis Istanbul-Konvention (2021), S. 110.
10 Bündnis Istanbul-Konvention (2021), S. 110.
11 Bündnis Istanbul-Konvention (2021), S. 110.
12 Hammer (2021), S. 97.
13 Cruschwitz (2021).
14 Hammer (2021), S. 97.
15 Bündnis Istanbul-Konvention (2021), S. 109.
16 Langhans (2021).
17 Bündnis Istanbul-Konvention (2021), S. 96.
18 Cruschwitz (2021).
19 Bündnis Istanbul-Konvention (2021), S. 110.
20 Hammer (2022), S. 96.
21 Hammer (2022), S. 95.
22 Hammer (2022), S. 96.
23 Bündnis Istanbul-Konvention (2021), S. 110.
24 Bündnis Istanbul-Konvention (2021), S. 94.
25 Hammer (2022), S. 95.
26 Hammer (2022), S. 95.
27 Hammer (2022), S. 95.
28 Langhans (2021).
29 Hammer (2022), S. 97.
30 Hammer (2022), S. 97.